民國歷史與文化研究

五 編

第 **4** 冊

民國時期廣東國語教育

喻 忠 恩 著

花木蘭文化出版社

國家圖書館出版品預行編目資料

民國時期廣東國語教育／喻忠恩 著 — 初版 — 新北市：花木
蘭文化出版社，2017〔民 106〕
目 2+180 面；19×26 公分
（民國歷史與文化研究 五編：第 4 冊）
ISBN 978-986-404-888-5（精裝）
1. 教育政策 2. 國語運動 3. 廣東省
628.08   106000599

民國歷史與文化研究
五 編 第 四 冊   ISBN：978-986-404-888-5

民國時期廣東國語教育

作　　　者	喻忠恩
總 編 輯	杜潔祥
副總編輯	楊嘉樂
編　　　輯	許郁翎、王筑　美術編輯　陳逸婷
出　　　版	花木蘭文化出版社
社　　　長	高小娟
聯絡地址	235 新北市中和區中安街七二號十三樓
	電話：02-2923-1455／傳眞：02-2923-1452
網　　　址	http://www.huamulan.tw 信箱 hml810518@gmail.com
印　　　刷	普羅文化出版廣告事業
初　　　版	2017 年 3 月
全書字數	160039 字
定　　　價	五編 6 冊（精裝）台幣 10,000 元

民國時期廣東國語教育

喻忠恩 著

作者簡介

喻忠恩（1970～），男，江西省彭澤縣人，博士，副研究員，廣東技術師範學院教師。近年來，發表教育史、職業教育領域專業論文 40 餘篇。

提　　要

　　國語教育是中國語言教育現代化乃至中國教育現代化的重要組成部份。從社會歷史學的角度，深度探討國語教育與地方社會發展變動之間的關係，是教育史學界尚未深入研究的一個領域。基於這一認識，本書以民國時期廣東國語教育為切入點，試圖從區域國語教育的角度，勾勒出民國時期國語教育政策在廣東省實施的基本過程、具體形態，並對制約國語教育政策在廣東發生變形的主要因素進行分析。

　　總的來看，在 1920 至 1937 年間，無論是與中央政府國語教育政策的相關要求相比，還是與國內其它地區國語教育實施的情況相比，廣東國語教育所顯現的特點是極其明顯的滯後性。而進一步考察廣東國語教育的演進過程，人們會發現，導致廣東國語教育滯後的因素卻極其複雜。為便於考察民國時期廣東國語教育演進的基本過程，並分析其間制約其發展的諸項因素，本書結合民國時期廣東政治局勢發展的重大變化，以中央與地方之間的關係為參照點，將廣東國語教育的主要進程劃分為四個時期。

　　一、20 年代初，廣東國語教育開始了艱難的起步。這一時期廣東國語教育的基本特點是，新的語言教育思想、內容以及方式在一定範圍內被接納，但是既有的教育思想、觀念乃至做法勢力更加強大。本書認為，造成這一局面的主要原因是廣東比較特殊的政治身份。即廣東既是北洋政府治下的一個省份，又是國民黨建立獨立政權的所在地。這種特殊的政治角色與省內複雜混亂的政局，使得廣東的國語教育受到來自多種勢力及其觀念的複雜影響。

　　二、國民黨「二大」至南京政府基本統一中國時期，廣東的國語運動曾經一度形成高潮，但仍沒有走出國語教育落後的困境。本書認為，儘管從國民黨「二大」到南京國民政府基本完成全國統一之時，廣東的身份已經由「中央」演變為革命後方，但在國民黨人內部各派系爭權奪利的過程中，語言成為了革命以及革命正統的重要象徵。國語教育的一時勃興，以及國語教育不能取得應有的成效，在很程度上是因為受制於廣東籍國民黨要人與蔣介石集團之間的政治爭鬥。

　　三、陳濟棠主粵期間，廣東的國語教育處於邊緣化的地位。由於幾乎沒有受到來自南京中央政府的干預以及影響，廣東的國語教育邊緣化與語言教育多元化同時並存。一方面，文言文教育、方音教學的盛行；另一方面，英語、世界語以及拉丁化新文字的傳播與教育在這一時期的廣東盛行一時。本書認為，這一時期廣東政治上的半獨立狀態使得廣東具備了一個對內封閉、對外開放的文化教育環境。在這種相對獨特的文化環境下，廣東的語言教育受到來自地方當局主政者以及外來的影響大於來自中央及國內其它地區的影響。

　　四、「兩廣事變」解決後，作為國民黨中央統治下的一個普通省份，廣東幾乎是不折不扣地按照教育部的相關指令推行國語教育，但成效仍然不著。本書認為，在廣東被納入國民黨中央統治以後所開展的國語運動、國語教育，本質上這一時期廣東國語教育完全被政治化，成為實現政令統一、意志統一的工具。另一方面，這種被異化了的國語教育政策，在很大程度上又被地方政府所利用。在此政治意圖之下，中央政府和地方當局均不大可能真正努力推行國語教育。

民國時期的廣東國語教育是廣東相對獨特的政治、文化以及語言發展綜合影響下的產物，因此本書在結語中還從總體上對廣東國語教育滯後的原因進行了綜合分析。同時，本書認爲在一個相對統一語言的國家裏，地方方言的封閉圈只能使得本區教育難以吸納整個社會教育革新與發展的新成果，最終難免處於落後的狀態。而廣東國語教育雖然以滯後性爲特點，但在一定程度上代表了當時國內國語運動及國語教育發展的基本軌跡。最後，本書還以歷史爲參照，結合當代中國語言教育的現狀，爲國家語言規劃、語言改革以及語言教育政策的制定與實施提供一些參考性的建議。

目

次

導　言

一、選題緣起

　　英國社會歷史學家彼得・伯克（Peter Burke）認為，語言具有重要的歷史意義，不能只讓語言學家去研究它。語言和社會交流、社會變化的關係如此緊密，研究社會史的史學家們應改變以往的態度，對語言傾注更多的精力。〔註1〕對於這一看法，華裔史學家唐德剛也提出過類似的觀點。只不過，唐德剛主要從思想史的角度，強調人類語言與人類思想之間的密切關係。他指出，語言變革與社會思潮雖然屬於兩個完全不同的領域，但語言文字並不是一種純粹的人與人之間的交流工具，而是一種與社會變動息息相關的人類思想上的「交通工具」。而這一「交通工具」本身，既是人類思想與社會變動之間的重要媒介，也是宏觀社會發展變化的一個具體體現。〔註2〕

　　從世界範圍來看，近代以來，語言的變革、演化以及圍繞著語言「話語權」而展開的鬥爭確實是東西方國家歷史發展進程中一個難以被忽略的重要內容。以中國而言，晚清以降尤其是 20 世紀既是社會發生巨大變化的歷史時期，同樣也是數千年來漢語語言文字劇烈變革的重要時期。不過，在大多數人的視野中，語言的演變往往被認為是社會變遷的衍生物，而且極易被更顯在、更波瀾壯闊的社會政治、經濟以及文化領域內的變化所遮蔽。因而，語言、語言教育的研究在多數情況下自然只能成為語言學界的「專利」了。

〔註 1〕Burke, Peter & Porter, Roy 1987(eds.). The Social History of Language. Cambridge University Press. p.17.

〔註 2〕唐德剛：《胡適雜憶》，桂林：廣西師範大學出版社，2005 年，第 128 頁。

　　考察中國近代以來的語言大變革，可以追溯到晚清時期由民間發起並推動的白話文運動和語音統一運動。而語言統一的思想，按照羅常培先生的說法，則是自明末清初就已肇始。他認為，「當明末清初之初，方以智、劉獻廷一班人受到了耶穌會教士利瑪竇、金尼閣的影響，頗想創造一種拼音文字來輔助國字的讀音。後來龔定庵也打算搜羅中國十八省方言和滿洲、高麗、蒙古、喀爾喀等語纂成方言一書，他說，『音有自南而北而東西者，有自北而南而東西者，孫會播遷混混以成，苟有端倪可以尋究，雖謝神瞽，不敢不聽也。旁舉字母翻切之音，欲撮舉一言，可以一行省音貫十八省音，可以納十八省音於一省也』。這就是早期的國語統一論。」〔註3〕

　　不過，如果從國家政策的層面來看，真正意義上的國語運動或國語教育應是在 1920 年才開啓的。事實上，國語教育在某種程度上可以看作是新文學改良運動的直接產物，同時又是新文化運動的重要組成部份。該年 1 月，北洋政府教育部接受全國教育會聯合會和國語研究統一會的共同要求，通令全國各校，自當年秋季起，凡國民學校一二年級，先改國文為語體文，並以國語講授。〔註4〕這一訓令的頒佈，意味著幾千年來中國讀書人眼裏高深且神聖的文言文將要為「引車賣漿」之徒所使用的白話文所替代，而各地學校具有悠久傳統的方言教學也將轉變為統一語音的標準國語教授。

　　與清末白話文運動與國音統一運動主要活躍於民間不同，在民國時期尤其是中後期，中央政府有意識地強調對這一運動的主導地位，並且極力加速這一進程。這在一個處於內外交困時期的國家裏是不難理解的——語言的統一化、標準化畢竟與政治的統一與集權化是一體兩面的；〔註5〕在民間社會，尤其是教育界、語言學界的知名人士，出於增強國內各民族、各省區人們凝聚力的角度出發，延續了清末知識分子的憂患意識和使命感，對於國語統一運動以及國語教育不僅是持支持和肯定的態度，還先後組織了各式各樣的國語教育機構，主動投身到推動國語教育的運動之中。大體可以說，在政界、學界的合力推動下，作為國內通用語言的國語在民國時期已經初步形成，並已基本上得到了多數國民的認可。而且，在當時國內教育界人士的許多言論

〔註3〕羅常培：《中國人與中國文》，上海：開明書店，1945 年，第 77 頁。

〔註4〕費錦昌主編：《中國語文現代化百年記事》，北京：語文出版社，1997 年，第 34 頁。

〔註5〕參見〔澳〕費約翰著，李恭忠等譯：《喚醒中國——國民革命中的政治、文化與階級》，北京：三聯書店，2004 年，第 235 頁。

中，國語教育已經成爲新教育的一個重要組成部份和重要特徵。

由此可見，國語運動、國語教育是民國時期教育領域內的一件大事，是中國語言教育現代化乃至整個教育現代化的重要組成部份。新文化運動的主要領導者胡適對 1920 年教育部的國語教育令給予了極高的評價。他曾非常樂觀地指出：「這個命令是幾十年來第一件大事。他的影響和結果，我們現在很難預先計算。但我們可以說，這一道命令把中國教育的革新，至少提早了二十年。」〔註6〕但是，到目前爲止，從社會歷史學的角度，深度研究中國現代語言變革與社會變動之間關係，還未引起國內學術界足夠的重視。顯然，這無論是對於教育史研究，還是對於社會史研究，都不能不說是一種缺憾。基於這一認識，本書將民國時期廣東的國語教育作爲研究對象，試圖勾勒出現代國語運動背景下的國語教育政策在廣東省實施的過程以及其間所發生的具體變化，探究國家語言教育與地方社會之間的互動關係，並試圖以這一視角對民國時期國語教育進行一個整體上的把握。

毫無疑問，從語言學的角度來看，將民國時期廣東國語教育作爲研究課題並不是一個輕鬆而機智的選擇。因爲如果拉長歷史的鏡頭，我們會發現，在整個中國現代歷史上，廣東省可算得上是一個比較典型的國語（官話、普通話）教育落後地區。甚至到 21 世紀，普通話已經成爲大多數國人正式交流語言的情況下，在廣東的學校尤其是農村中、小學，方言教學的範圍仍然相當廣。〔註7〕這在國內其它通行漢語的地區是極少見的。這也是到今天爲止，廣東在國語（官話、普通話）使用問題上一直備受爭議乃至詬病，在中國恐怕還沒有第二個省份可以與之相比的一個重要原因。正因爲如此，國內學術界對廣東國語（官話、普通話）教育這一方面的研究尚不深入。顯然，缺乏必要的基礎，對於本課題的研究來說是一個極大的挑戰。

同時，史料也是一個不小的問題。一方面，作爲國語教育的落後地區，民國時期廣東社會對於這一領域的關注度明顯不高，因此存留下來的相關材料不多見。另一方面，在整個民國時期，廣東經常處於政局不穩定、戰爭頻仍的狀態（其實在整個近現代歷史上也是如此），即使當時的人們對於廣東國

〔註 6〕胡適：《國語講習所同學錄》序，《胡適學術文集・語言文字研究》，北京：中華書局，第 302 頁。

〔註 7〕據調查，到 2004 年，廣東省農村地區仍有過半數中小學校教師在課堂上使用方言教學。參見《是什麼保護了方言教學》，2004 年 4 月 24 日《南方都市報》。

語教育開展的情況有所記載，也多因此丟失或殘缺不全。在廣東省內數量不少的圖書館、檔案館內，關於民國時期廣東國語運動、國語教育的史料相當貧乏。因此，資料方面的缺陷，對於本書的撰寫同樣也是一個相當大的挑戰。

筆者之所以做出這樣的選擇，主要基於以下幾點：

（一）廣東國語教育落後，並不意味著當時的國語運動對廣東沒有產生任何影響。相反，廣東的國語教育雖然落後，但當時全國範圍內的國語教育運動依然對廣東這一「偏遠」省份發生了或多或少的影響，留下了時代大潮的痕跡。事實上，在抗日戰爭全面爆發之前，廣東不僅成立了相當一批國語教育與國語推廣機構，還曾先後掀起了被時人所號稱的四次國語運動「高潮」。〔註8〕儘管這些運動高潮並沒有改變廣東國語教育落後的現實，其中的一、二次所謂高潮顯然也名實不符，但廣東國語教育的具體歷史形態，正是廣東相對獨特的政治、經濟以及文化對語言教育發生影響的產物。

在這裡，當時全國範圍內的表面上轟轟烈烈的國語運動，或者見之於書報雜誌的熱鬧非凡的國語教育討論與爭議，其實在很大程度上掩蓋了地方當局對推行國語教育的真實態度以及運動開展的實際狀況。而無論是當時的人們，還是後世的研究者，所看到的恐怕更多的是這種轟轟烈烈的表象，而極容易忽視對歷史真實面目的洞察。本書試圖的研究目標，即是考察國語教育教育政策在廣東省的地方化進程，國家政策變形的具體形態，以及造成這種變形的社會原因。

（二）廣東國語教育儘管落後，我們還是可以作出這樣的假設：廣東的國語教育在當時的中國應該具有某種程度上的代表性。美國政治學家阿爾蒙德和小鮑威爾曾對政治決策過程中的政策意圖和政策結果的關係進行過研究。按照他們的結論，這二者之間始終存在著巨大的差距，而導致這種差距的重要原因是：第一，政策要經過一個執行的過程，而在這個過程中，政策會被改變；第二，政策是同政策所要影響的國內和國際環境中的社會、經濟和文化過程相互作用的，而這種作用常常並未被決策者充分理解，或者受到無法預測的外部因素的影響。〔註9〕在一個政治不統一、經濟文化發展不平衡

〔註8〕黃鋼：《關於推行國語問題之我見》，1936年12月25日《廣州民國日報》。

〔註9〕〔美〕加布里埃爾・A・阿爾蒙德、小G・賓厄姆・鮑威爾著，曹沛霖等譯：《比較政治學：體系、過程和政策》，上海：上海譯文出版社，1987年，第331～332頁。

的國家裏，包括語言教育政策在內的國家政策在實施過程中發生程度不一的變形，顯然是在所難免的。

歷史研究的真正價值在於，研究者能秉筆直書，能在最大程度上復原歷史的本來面目，既能讓後人看到歷史長河中波瀾壯闊的巨浪，也能窺探到驚濤駭浪之下的潛流。本書試圖通過廣東國語教育這個個案，嘗試性地審視民國期間中國語言及其教育現代變遷的整體過程，尤其是那些通常爲研究語言政策、社會思潮的人們所忽視的在地方實施過程中所出現的多面相，使今人對於民國時期的國語運動、國語教育有一個更加全面、客觀的認識。

（三）從語言的角度切入，可能使今人對民國時期廣東的教育有一個比較眞切的認識。以往學術界對於區域史的研究，主要從政治、經濟、軍事以及文化等層面開展。即使以教育爲研究對象的，也主要是從教育政策、教育經費、教育行政、學校發展等角度切入，使得那一時期的教育發展狀況總難免缺乏應有的歷史感。本書通過對廣東各類學校以及社會教育中的國語教育這一微觀層面的研究，爲今人認識民國時期的廣東教育提供了一個新的視角，同時也可以使今人對民國時期廣東的政治、經濟及文化有一個更貼近歷史本來面目的認識。

（四）考察民國時期廣東的國語教育，總結其間的得失成敗，對於今天推廣普通話教育具有一定的借鑒意義。如前所述，廣東在近代以來都屬於國語（官話、普通話）教育落後的地區，因此本書無意在表明廣東國語教育落後這一論斷的求證上花費更多的筆墨，而是努力去發現造成這一現象的深層次原因。這種努力，對於今天中國的語言教育來說，無疑有一定的現實意義。在二十一世紀的今天，儘管中國在語言統一、規範語言使用以及語言文字改革方面取得了前所未有的成績，但也還面臨著比較多的問題和挑戰。比如，關於統一標準語問題，近年來，一些地方的學者從保護地方文化的角度出發，屢屢提出「保衛方言」的口號，而許多地方電視臺、電臺使用方言播音的現象似乎愈演愈烈。從歷史的角度來看，這些問題與挑戰中的大部份其實可算是「由來已久」。在人類社會發展的歷史進程中，合理的新政策總是產生於對已有政策在地方上實施過程所出現的不足進行矯正、調適的基礎之上。因此，通過對民國時期廣東國語教育狀況的研究，探討區域政治、經濟、文化對國家語言統一、語言教育生活以及語言文字變革所產生的影響，揭示國家語言教育政策地方化過程的一般特徵，對於當代國家語言規劃、語言教育政策的

制定、語言改革、推廣普通話教育以及合理處理普通話與方言之間的關係都具有一定的借鑒與啓示意義。

二、概念界定

「國語」一詞，在清末的諸多文集中就已有所見。正式提出把「官話」改稱爲「國語」一說，始自於 1910 年資政員江謙的建議。他在給《質問學部分年籌辦國語教育說帖》（1910 年）中曰：「凡百創作，正名爲先，官話之稱，名義無當，話屬於官，則農工商兵，非所宜習，非所以示普及之意，正統一之名，將來奏請頒佈此項課本時，是否須改爲國語讀本，以定名稱？」〔註 10〕在這裡，江謙提出語言的民眾化，實際上是反映了當時眾多改革者希望清廷能及時推行官話簡字，普及教育，打破語言的階級之分，提高民眾文化水平的訴求。

這一時期的「國語」和「官話」意思基本相同，但在稱謂上的不同卻反映了當時的語言改革和政治語境的關係。正如思想史專家王爾敏所言，清末民初「國語」一詞，啓導於民族主義思想，猶如「國地」、「國教」、「國民」，「國」字用意廣泛是當時民族主義思想日漸擴大的表現。〔註 11〕「國語」一定程度上是相對於「外國語」來說的，所以在民國時期也有人把「國語」解釋爲「在事實上是本國多數人所懂的，在法律上是大眾承認的，在作用上可作全國標準的，在實質上能夠表達本國文化的，在歷史上有堅固基礎的，合於上述條件的事物，才可以用國（例如國文、國法、國旗、國歌、國故……等）。」〔註 12〕這不能不說明，「國語」一詞的產生本身就是民族主義思想的一種流露。

1912 年中華民國建立以後，經過當時的教育部讀音統一會及之後的國語統一籌備會的討論和規定，民國時期的「國語」基本上有了比較明確的內涵。但是，在整個民國期間，關於國語的具體含義以及標準在學術界始終存在著較大的分歧。

語言學家呂叔湘認爲，「國語」一詞有三個含義。一、「中國語」，主要區

〔註 10〕 江謙：《質問學部分年籌辦國語教育說帖》，文字改革出版社編：《清末文字改革文集》，北京：文字改革出版社，1958 年，第 117 頁。

〔註 11〕 王爾敏：《中國近代知識普及化之自覺及國語運動》，《近代文化生態及其變遷》，南昌：百花洲文藝出版社，2002 年，第 328 頁。

〔註 12〕 馮杰民編著：《國語的基礎》，廣州青年會議職業學校出版，1944 年，第 4 頁。

別於外國語而言；二、「標準語」，主要區別於地方方言而言；三、口頭的和書面的、并且作爲中小學校課程的「國語」。「國文」一詞有兩個意義。白話文在未列入學校課程之前，「國文」和「外國文」相對，而內容則只包括文言。自從有了白話文之後，有人把「國文」和「國語」對立，把「國文」的涵義限於文言；也有人仍然把它作爲本國語文的簡稱，即包括國語在內。故中學課程的「國文」科包括語體，《國文雜誌》的討論並不限於文言。這兩個名詞（國語、國文）如都取狹義，就合起來不能包舉中國語文的全體；如都取廣義，則有相互重疊的地方。如同一篇《老殘遊大明湖》，在小學裏是「國語」，在中學裏則是「國文」。〔註13〕

　　語言教育家、國語運動的重要倡導者黎錦熙提出，「什麼叫國語？一種叫言語，就是把一民族的思想和感情用聲音來表示的；一種叫文字，就是把民族的思想和感情用符號來表示的。」〔註14〕本書中的「國語」綜合了上述兩位專家的觀點，包括三個方面。1、作爲學校教育科目、與「國文」科相對而言的國語，它既指以北方方言爲基礎的統一標準語音的口頭語，也包括以現代規範白話文爲語體的書面語。2、作爲純粹語言學意義上通用語言的國語，與之前的「官話」以及之後的「普通話」內涵基本一致。三、與外國語相對而言的作爲民族語言、國家語言的國語，以及作爲中國民族語言重要載體的漢字。

　　關於什麼是國語教育，在民國時期有狹義、廣義兩種界定。黎錦熙從學校教育的角度出發，認爲國語教育就是中小學國語（國文）課程的教育。據此，他提出國語教育主要包括「改用語體文，兼用國音教授」兩個方面。〔註15〕《第二次中國教育年鑒》的編纂者則從語言教育政策的角度對國語教育進行了廣義上的界定。他們雖然也認爲「國語教育實即語文教育」，但對語文教育的涵義作了極大的延伸，主要包括「讀音標準化，統一國語，研究方言，溝通邊語，普及識字，推行注音國字，拼譯國語新字，促進言文一致」等八大方面。〔註16〕從這裡可以看出，文字教育與改革也是國語教育的重要組成

〔註13〕 呂叔湘：《文言和白話》，《呂叔湘語文論集》，北京：商務印書館，1983年，第75～76頁。

〔註14〕 黎錦熙：《國語教育上應當解決的問題》，轉引自陳必祥編《中國現代語文教育發展史》，昆明：雲南教育出版社，1987年，第51頁。

〔註15〕 黎錦熙：《何謂國語教育》，《黎錦熙語文教育論著選》，北京：人民教育出版社，1996年，第6～7頁、11頁。

〔註16〕 教育部教育年鑒編纂委員會：《第二次中國教育年鑒》第九編第五章「國語教育」，上海：商務印書館，1948年，第1163頁。

部份。需要指出的是，作爲社會教育的國語與作爲學校教育的國語所包含的側重點是有所不同的。前者強調的是語言統一與文字改革，目的是提高普通民眾的國家、民族意識以及普及基本的語言文字教育；後者不僅同樣重視語言統一，還強調旨在有別於原中小學課程中「國文」科中文言文教育的白話文教育。

本課題主要以廣東中小學校國語（國文）課程教育、教學語言以及社會教育中的語言教育爲考察對象，揭示出國家語言教育與區域社會之間的互動關係，因此本書的論述範圍雖然不限於作爲學科課程的國語教育，但也無力就國語教育所涉及的所有方面進行整體考察，本書中的國語教育主要是指與學校教育、社會教育密切相關的語言問題，即統一國語標準音教育、文言文改白話文以及文字教育與改革。事實上，晚清以降的中國國語運動主要就是圍繞著這三大核心任務而漸次展開的，這與當時人們試圖通過語言文字的現代轉型、普及國民教育，喚醒普通民眾的國家民族意識，最終實現國家民族的統一與強盛的目的是一致的。因是之故，本書中的論述主題「廣東國語教育」也可理解爲「國語運動在廣東。」〔註17〕

三、研究綜述

到目前爲止，學術界對區域的國語教育還未開始進行系統的研究。不過，作爲新文化運動的直接產物，以及現代民族國家意識形成的一個重要表徵，國語運動、國語教育歷來是我國學術界尤其是語言學、文字學研究界比較關注的一個問題。因此，儘管學術界對於民國時期的區域國語教育還未進行過較系統的研究，也沒有出現關於某省區（包括廣東）國語教育的研究專著，但回顧迄今爲止關於國語運動、國語教育、語言與社會等方面的研究成果，一方面有助於瞭解本書研究論題的宏觀背景，另一方面使我們洞悉前人在相關問題上思考與研究所達到的高度。

現將 20 世紀 30 年代以來國內外關於這一領域的研究成果綜述如下：

〔註17〕有人認爲「國語運動」與「國語教育」是完全不同的兩個概念。筆者認爲，這兩個名詞在含義上大致是相同的。只不過，在一般情況下，它們被運用於不同的場合。「國語教育」當被作爲社會教育的一部份時，人們往往稱爲「國語運動」，而國語運動在學校內部即是國語教育。事實上，在民國時期，儘管前者的內涵略大於後者，但關於這種區分也並不嚴格，在很多時候，這兩者實際上是互用的。

（一）國內研究成果

1、民國時期

20 世紀 30 年代以來，國內學術界以語言學研究者、語文文字教育工作者為主體的研究群體對國語運動、國語教育進行了大量的研究。如黎錦熙、呂叔湘、王力、羅常培、吳研因、莊俞、王森然、阮真等。在這裡，值得特別提出的是黎錦熙和阮真的研究。

黎錦熙的《國語運動史綱》（上海商務書局，1934 年）對自清末至 20 世紀 30 年代的國語運動進行了全面的梳理。因黎氏本人其時身處國語教育運動之中，該著敘述全面、體例清晰、史料翔實，是民國期間國內研究民國時期國語運動最系統、最權威的一部力作。該專著的突出特點是，黎氏並沒有就語言論語言，而是將當時語言的變革運動納入到不斷變化的社會現實環境中去，比較深度地分析了在當時中央政府國語教育政策變化影響之下的國語運動與國語教育的得失成敗。不過，作為當時研究國語教育的代表作也還存在一些缺陷，就是與當時國內學術界的相關研究成果一樣，作者將考察與研究的視野主要定位於全國範圍內的、政策法規層面的國語教育，對國內各區域的、基層社會的國語運動和國語教育實施狀況的研究還很不充分。

20 世紀 20 年代中後期，語文教育家阮真在任國立中山大學教育研究所教授期間對當時廣東中學的國語（國文）教育進行一些研究。其中，《初中國文教材程度的比較研究》（《嶺南學報》第 1 卷 2 期）針對當時輿論界關於兩廣學生國文程度低下的問題，對初中國語國文教科書進行了比較分析。《中學國文課程之商榷》（《嶺南學報》第 1 卷 2 期）以廣州執信中學國文課程為個案，對當時中學課程標準進行了探討。

除此之外，國內學者關於民國時期廣東的國語教育研究一直少有人問津。即使作為專業語言研究機構的國立中山大學語言歷史學研究所主要關注的是全國的國語教育乃至世界各國的語言教育、語言史。這一方面與中山大學「國立」的名號有關：作為國立大學研究所，它應該超越對「地方」教育發展的關注。因此即便涉及到廣東方言的，也主要是側重於方言調查以及各民系方言產生與發展的文化源流問題；另一方面，這在很大程度上可能與當時廣東國語教育總體上比較落後、研究無從入手有關。

2、1949 年以後

中華人民共和國成立以後，國家推廣以北京語音為標準音、以北方話為

基礎方言、以現代典範的白話文著作爲語法規範的普通話（國語於 1955 年改稱爲普通話）。普通話的內涵與國語略有不同，但是運動的性質仍舊一樣，可以看作是國語運動的繼續。在國家大力推行普通話的政策指導下，語言統一進程發展非常迅速，國家統一語言基本形成。

在這種背景下，自中華人民共和國成立到 1978 年，國內學術界主要著力推行漢字簡化工作以及開展文字變革討論，只有極少的研究者對民國時期國語教育進行系統的研究。如譚彼岸的《晚清時期的白話文運動》（湖北人民出版社，1956 年）主要就晚清時期的文體變革運動進行了比較深入的研究。

改革開放後，以語文教育現代化爲主題的學科史研究方興未艾。著眼中國語言文字的現代轉型，語言學界、文字學界的專家學者比較多地從語言學科教育發展演變的角度，對中國現代歷史上的語言變革過程以及語言教育的經驗教訓進行總結性的研究。其中，具有代表性的專著有《中國語文教育史簡編》（社會科學文獻出版社，2002 年），和《中國現代語文教育史》（四川教育出版社，2004 年）。語言學家王松泉、錢威的《中國語文教育史簡編》敘述了從古代到當代中國語文教育的變遷，其間對民國時期的國語運動和國語教育的總體發展狀況進行了專章論述。語言學家李杏保、顧黃初的《中國現代語文教育史》對清末至改革開放時期的中國語文現代化歷程進行了全方位的研究，其中研究民國時期的語文教育也佔了相當的比重。

與此同時，歷史學、人類學界的一些專家學者開始對語言、語言變革以及語言與政治經濟文化的關係等問題給予了一定的關注。程美寶的《地域文化與國家認同：晚清以來「廣東文化」觀的形成》（北京三聯書店，2006 年）從近代廣東知識界「廣東文化」觀念形成的角度，對於方言與國語表達的政治用意、語言國家化以及國家意識之間的關係進行了富有創建的分析。黃淑娉主編的《廣東族群與區域文化研究》（廣東高等教育出版社，1999 年），有專章對廣東的語言進行了人類學研究。該著認爲，歷史上的漢語標準語一直對廣東的方言施加影響，但是由於廣東長時間與北方在地理上存在著隔閡，其方言具有比較穩定、相對獨立的結構。在改革開放之前，推廣國語運動與國語教育在廣東產生的影響和實際成效都不大。

專題論文有陳覺全的《廣州市推行普通話（國語、官話）史略》（《嶺南文史》2000 年第 6 期）。該文對廣州自清朝的官話運動到二十世紀末期的推廣國語、普通話的歷程進行了史料整理和論述，是筆者到目前爲止在學術期刊

網上能搜索到的僅有的一篇研究廣東國語教育的專題論文。該文為筆者的選題提供了一些重要的線索和基礎史實。當然，由於該著所論及的時間跨度較大，故敘述極為簡略，且有一些錯誤和缺漏之處。

（二）港臺和海外研究

與大陸學者多專注於語文學科史的角度不同，香港、臺灣地區的學者從語言變革與社會變動之間的關係出發對中國語言現代化問題給予了比較多的關注。如陳萬雄的《五四新文化的源流》（北京三聯書店，1997年）從五四新文學革命的起源的角度，對清末以降的白話文運動進行了研究。其間，對清末民初廣東的白話文報刊等方面的內容進行了比較詳盡的統計和介紹。王爾敏的《中國近代文化生態及其變遷》（百花洲文藝出版社，2002年）結合中國現代社會轉型的大背景，就清末民初時期的社會思潮演變與漢語文體變革運動之間的關係進行了深入的研究。他指出，「中國近代思潮，在諸般思想之中，有一支注意到中國全民覺醒問題，自甲午戰後日漸重要。中國知識分子先知先覺之士，醒悟到有責任喚起民眾，共同拯救國家危亡。……尤其重要者為民眾知識問題。若不提高民眾知識，一切努力將必落空。思考及於中國知識之提高，自然即引發知識普及化之醒覺。而先其所急，無過於語言文字之普及，使民眾得以迅速獲得知識，自為切實有效途徑。由此基本認識所啟示，隨後即進入語文普及思考之中，並輾轉形成百年來之各種語文改良活動。」〔註18〕唐德剛的《胡適雜憶》（廣西師範大學出版社，2005年）一書，以「國語、方言、拉丁化」為專章，對新文化運動與語言變遷之間的關係進行了研究。作者對於由胡適開創的國語運動與中國社會現代轉型之間的關係進行了比較深度的反思。這些臺灣學者研究成果的共同特點是，它們主要從思想史而不是社會史的角度來分析語言和社會變動之間的關係。

海外漢學界比較早地注意到區域的語言問題。其中，以廣東為研究對象探討語言與社會演變之間關係的成果令人矚目。美國學者卡爾‧多伊奇（Karl W. Deutsch）的《民族主義與社會交往：國家基礎之研究》（紐約，1953年）對廣東人的種族主義觀念進行了分析。該著認為，廣東人具有強烈的省籍意識，而這種意識的紐帶便是「我們」的「相同的語言」。美國學者魏斐德（Frederic

---

〔註18〕王爾敏：《中國近代知識普及化之自覺及國語運動》，《中國近代文化生態及其變遷》，南昌：百花洲文藝出版社，2002年，第293～294頁。

Wakeman Jr.）的《大門口的陌生人——1839～1861 年間華南的社會動亂》（中國社會科學出版社，1988 年）對廣東話、廣東人的地方主義情緒進行了極有見地的分析，並探討了十九世紀末、二十世紀前期的廣東人對於傳統文化與方言關係的認識問題。日本學者深町英夫的《近代廣東的政黨・社會・國家——中國國民黨及其黨國體制的形成過程》（社會科學文獻出版社，2003 年）對國民革命時期國民黨的革命精英與廣東省的地方精英之間（以方言差異爲主要身份標誌——引者注）關於政治主張的不同以及他們之間的衝突進行了較深入的研究。在作者看來，這兩種主張的差異主要表現在對於方言的認可程度。澳大利亞學者費約翰（John Fitzgerald）的《喚醒中國——國民革命中的政治、文化與階級》（北京三聯書店，2004 年）在「政治語言與語言政治」一節中，就中央集權者與聯邦主義者間的政治競爭，與語言改革運動中文字統一化和多樣化論爭之間的關係進行了深入、透徹的分析，揭示了國民革命期間國民黨領袖與廣東的省級軍閥之間的體現在語言問題上的政治理想分歧。

從總體上看，國內關於這一領域的研究成果，在研究方式、方法以及視角上存在著兩個明顯的不足。一是國語教育一般被納入語言學、文學或語文學科發展史的研究範疇，對這一領域的系統及深入研究極少進入歷史學者、教育史學者的研究視野，因此現有的研究主要是從語言學、文學以及語文教育的角度切入，對社會發展與語言教育、語言變革之間的互動缺乏深度的分析。二是現有的成果一般從中央政府語言教育政策層面，或以中國現代社會思潮演進的視角，對國語教育進行宏觀的、形而上的研究，而對於國家語言教育政策在某一地區的實際運行狀況缺乏深入的、微觀的探究，忽視了地方政治、經濟、文化等對國家政策的深刻影響，因而現有研究成果多出現對國語教育過於簡化、籠統甚至偏離基本史實的描述與結論。因此，深入民國時期國語教育研究，必須要有新的視角和新的方法。

海外的相關研究以及部份國內史學界的研究成果在很大程度上突破了上述局限，比較成功地將語言變遷史納入社會史研究的範疇。毫無疑問，他們的研究思路值得中國語言學者、語言教育史研究者借鑒。可以預見的是，這種「大視野」研究將是我國語言以及語言教育研究一個極具潛力的發展方向。不過，從筆者目前所見的成果來看，海外以及部份國內史學界研究成果的焦點並不是語言，而只是在論述中國社會尤其是政治變革過程中部份地涉及到語言或方言這一論題。到目前爲止，海外也還未出現系統化的關於中國區域

語言教育史或語言變遷史方面的專題研究。

　　由於作者視野的狹窄和搜集資料的不易，對於研究成果的綜述肯定有遺漏之處，絕非故意忽略，深盼指正。同時，爲求行文一致與規範，文中徵引前輩學者論著時，均直呼其名，不恭之處，請爲見諒。

四、研究思路

　　如前所述，到目前爲止，關於區域國語教育的研究學術界還沒有人進行過嘗試。這對於筆者來說，將民國時期的廣東國語教育作爲本書的研究論題將是一個極大的挑戰。因此，本書不打算對民國時期廣東國語教育所涉及的方方面面進行全面的論述。在這篇論文中，筆者所做的只是圍繞國家語言政策的地方變形以及產生這種變形的原因這一主題來展開，並試圖取得以下幾點突破。

　　（一）試圖突破以往關於國語教育的研究主要從語言學、文學角度出發的局限，緊密結合民國時期廣東相對特殊的政治、經濟以及文化環境，揭示出國家語言現代化轉型的曲折性、多樣性。

　　（二）試圖超越以往研究成果多專注於國家的語言教育政策、知識界的國語教育觀念的做法，以廣東各類學校的國語教育、社會教育中的語言教育和教學語言作爲研究對象，對民國時期國語教育政策在地方實施的具體狀況進行深入的考察。

　　（三）試圖結合中國社會現代轉型的實際，以中央/地方、傳統/現代之間的關係作爲分析框架和理論思考的出發點，系統地對國家語言教育政策地方化的一般特徵及其成因進行嘗試性的探索和總結，並在此基礎上深化中國教育現代轉型的研究。

　　需要提及的是，從全國範圍內的國語教育來看，20 年代是國語運動、國語教育的「黃金時期」。在廣東，被時人所稱謂的四次國語運動高潮則主要是在 20 年代初期至「兩廣事變」和平解決後的一段時期。抗日戰爭爆發後，廣東的政治、文化、教育領域的絕大多數機構、組織除了就地解散外，大多外遷敵後地區，中央以及地方政府基本喪失了對全省教育的控制和管理，國語教育尤其是日軍佔領區的國語教育完全陷入停頓。至於抗日戰爭結束後，由於國共兩黨之間戰爭頻仍，而且廣東的國語教育基礎本來就很薄弱，這一時期廣東的國語教育更是乏善可陳。因此，本書的論述範圍雖然著眼於民國時期的大背景，但考察的重點爲 1920 年至 1937 年。

五、研究方法

　　教育史研究屬於歷史研究的範疇，歷史研究方法論提供了教育史研究的基礎。因此在研究方法上，本課題主要依照實事求是的原則，在充分掌握第一手資料的基礎上進行實證研究。

　　同時，本課題屬於交叉學科性質的研究，涉及教育學、歷史學、語言學、文字學、社會學、人類學等學科領域。統計、比較等方法的利用，也是本課題研究應用的重要方法。

六、基本框架

　　在梳理民國時期相關檔案史料、利用已有研究成果的基礎上，本書以民國時期廣東中小學校的國語（國文）課程教育、學校以及社會民眾教育中的語言教育和教學語言爲主要考察對象，結合廣東的政治、經濟以及文化環境，對 1920年至 1937 年廣東國語教育實施的具體情況進行調研、分析與歸納，並通過與其它省區國語教育的比較，省內各縣市國語教育的比較，以國家語言教育政策地方化爲切入點，研究中國語言現代化以及中國社會現代化轉型的相關問題。

　　在 1920 至 1937 年間，無論是與中央政府國語教育政策相比，還是與國內其它地區國語教育相比，廣東國語教育所顯現的特點是極其顯著的滯後性。不過，進一步考察廣東國語教育的演進過程，並沒有呈現出某種整體性的「上升」或「下降」的發展軌跡，而且對其所產生影響的因素也相當複雜。爲便於考察民國時期廣東國語教育的基本過程，並分析其間制約其發展的諸項因素，本書主要依據民國時期廣東政治局勢的發展變化，以中央與地方之間的關係爲參照點，將廣東國語教育的主要進程劃分爲四個時期。

　　需要說明的是，本書各章節按照時間上的順延安排，並不意味著廣東的國語教育存在著一個符合某種邏輯的「完整過程」，而只是根據這一時期影響乃至左右廣東國語教育的重大事件或時代背景作一個大體的劃分。同時，本書就各個時期制約國語教育的因素分別進行討論，也不意味著在不同的時期制約廣東國語教育的因素完全不同且獨立地發揮作用，其目的主要是爲了便於對某一時期影響廣東國語教育的關鍵因素進行深入的討論。

　　論文的基本結構包括以下幾個方面。

（一）導言

　　分別介紹本研究的選題背景及意義、國內外已有相關研究成果綜述、本課題的研究思路、研究方法以及主要內容。

（二）廣東國語教育的源流

主要對清末民初期間廣東文化人對於語言變革、語言統一的觀點、實踐，以及當時廣東社會生活中語言狀況進行考察。

（三）廣東國語教育的艱難起步

主要考察全國國語教育運動不斷推進的背景下，廣東國語教育施行統一國語教學方面的情況，地方政府、教育界、社會民眾對北洋政府教育部、全國性國語教育組織制定的國語教育政策、開展的國語統一、白話文教育的認識、態度；對 20 年代初期廣東國語教育發展滯後的原因進行分析。

（四）廣東國語運動的勃興與困境

主要考察國民黨「二大」至南京國民政府成立期間，由廣州國民政府和南京國民政府分別主導下的廣東國語教育開展的基本狀況；結合當時國民黨內部政治分歧的背景，考察廣東推行國語教育過程中存在的困境。

（五）廣東國語教育的邊緣化

主要對處於半獨立時期的廣東國語教育情況，對各校文言文教育、方言教學的基本狀況進行比較、評價；考察這一時期英語、世界語教育以及方言拉丁化研究與教育在廣東開展的情形；結合政治半獨立與方言以及地方意識之間的關係，分析造成廣東國語教育邊緣化以及語言教育多元化的主要原因。

（六）廣東國語教育的迴光返照

主要考察「兩廣事變」後廣東社會在地方政治局勢發生重大變化的情況下對於國語統一教育的重新認識，以及在這一背景下政府、民間社會開展國語教育運動的基本狀況；著眼政治統一與語言統一之間互動關係的角度，分析廣東政局巨變對於廣東國語教育的影響及其程度。

（七）結語

著眼整個民國時期，對造成廣東國語教育滯後的政治、文化以及語言等諸因素進行綜合分析；探討廣東教育滯後對於民國時期廣東教育所產生的影響；以廣東國語教育為視角，分析民國時期全國國語教育的成效問題；結合當代中國語言教育的現狀，為國家語言規劃、語言改革以及語言教育政策的制定與實施提供一些參考性的建議。

第一章　國語教育的源流

　　1840 年鴉片戰爭之後，保種救國、富國強民逐漸成為近代中國的時代主題。西風東漸，使當時先進的中國人將強國的夢想寄託在「師夷長技」之上，向西方學習，成為一種時代的認知。中國在甲午中日戰爭中的敗北，使舉國上下大為震驚，此事也成為康梁變法的直接原因。康有為向清廷推薦日本的明治維新，將之作為中國改革的榜樣，並在向朝廷請願的同時努力爭取來自下層的支持。因為他們深知，單純上層的改革是遠遠不夠的，必須輔之以「開民智」。

　　而開啓民智這一措施首先遇到的困難就是文字上的問題：文言文實在是太難學了。在中國，一個兒童花在語文上的學習時間要長達十幾年。這使得他們在短時間內就能夠達到閱讀新理論、掌握新知識、接受新思想的水平成為一件非常困難的事。因而，要改變這種狀況，「先其所急，無過於語言文字之普及，使民眾得以迅速獲得知識，自為切實有效途徑。由此基本認識所啓示，隨後即進入語文普及思考之中，並輾轉形成百年來之各種語文改良活動。」〔註1〕這種思潮促成了清末時期規模相當的白話文運動和語音統一運動，延續、發展至民國時期，則是最終醞釀成了一個足具有劃時代意義的以白話文運動為核心的新文學運動。〔註2〕

　　20 世紀 20 年代中國的國語教育正是在這種歷史背景下開始的。在某種程度上講，國語教育是清末民初白話文與語言統一教育發展的在新時期的延

〔註1〕王爾敏：《中國近代文化生態及其變遷》，南昌：百花洲文藝出版社，2002 年，第 293～294 頁。
〔註2〕譚彼岸：《晚清的白話文運動》，武漢：湖北人民出版社，1956 年，第 3 頁。

續。在廣東，這種時代的思潮以及語言教育的發展也必然會或多或少地留下了一些痕跡。因此，研究民國時期廣東的國語教育，對於清末民初廣東的語言教育狀況的瞭解是有必要的。事實也已表明，清末民初廣東的語言狀況在很大程度上影響著此後廣東的語言教育與語言變革。

本章主要對清末民初期間廣東文化名人對於語言變革、語言統一的觀點、實踐，以及當時廣東社會生活中語言教育狀況作一簡要的追溯。

一、語言變革思潮

今人回顧國人對語言文字的反思及變革討論歷史時，一般多留意以江浙為核心的東南一帶的語言學家、教育家關於語言教育的言論，以及這些地區語言改革實踐。比如論及白話文興起的發起者時，人們自然想起新文學運動的重要發起者胡適。不過，在民國時期廣東人尤其是廣東客家人看來，白話文的真正首倡者並不是胡適，而是黃遵憲。在 40 年代，有廣東客家人氏在紀念黃遵憲時指出，「先生主張『我手寫我口』，後來成為胡適提倡白話詩之濫觴。」〔註3〕

還有廣府籍論者指出，在推動白話文教育方面，新會人陳榮袞也絲毫不讓於胡適。陳榮袞不僅提倡白話文教育，還編寫了大量的白話教科書。他的白話教科書「在廣東民間正式通用，比教育部頒佈編輯白話教科書出版早二十多年。胡適之還是小孩子呢。」〔註4〕

這種比較未必精當，多少顯示了國人在對鄉賢評價中向來不吝嗇哪怕過於誇張的溢美之詞的傳統。不過，人們確實不應忽視一個事實，即在清末以降的白話文運動、國語統一運動中，廣東籍的諸多文化名人發揮了開風氣的重要作用。而他們的言論與實踐，對於廣東社會的白話文以及語言統一也產生了程度不一的影響，是民國時期廣東國語教育的重要源流。在這些文化名人中，不能不提及的是黃遵憲、吳研人、梁啟超、康有為以及陳榮袞。

黃遵憲（1848～1905 年），字公度，廣東嘉應州（今梅州市）人，是中國近代文學史上詩界革命的最早倡導者。他在《雜感》組詩中有一首為後世流傳的膾炙人口的白話詩，最後的幾句為：「我手寫我口，古豈能拘牽？即今流俗語，我若登簡編。五千年後人，驚為古斑斕。」〔註5〕這首白話詩尤其是其

〔註3〕謝復生編：《梅縣概要》，梅縣新中華書局，1941 年，第 46 頁。
〔註4〕黃家強：《廣州市教育現況》，《教育研究》第 75 期，1936 年。
〔註5〕黃遵憲：《人境廬詩草箋注》，上海：上海古籍出版社，1981 年，第 44 頁。

中的首句「我手寫我口」，一直爲國人提倡白話文學作品的經典之語，更被粵人稱其爲「文學革命之先驅。」〔註6〕

　　早在 1887 年，黃遵憲就曾提出，「蓋語言與文字離，則通文者少；語言與文字合，則通文者多。」他認爲：「詩之外有事，詩之中有人，今之世異於古，今之人何必與古人同。」故他主張，「取其材也：……凡事名物名合於今者，皆採取而假借之。」「其述事也：舉今日之官書會典方言俗諺，以古人未有之業，未辟之境，耳目所歷，皆筆而書之。」「其練格也：自曹、鮑、陶、謝……，迄於晚近小家，不名一格，不專一體，要不失乎爲我之詩。」因此，中國需要「更變一文體，爲適用於今，通行於俗者。」〔註7〕

　　黃遵憲還將新材料、新思想付諸新詩創作，並以俗語作詩。他曾作《山歌》一首，曰：「買梨莫買蜂咬梨，心中有病沒人知。因爲分梨更親切，誰知親切轉傷離。」這首詩歌使用的是地道的民間社會中的口頭語言，而表現形式則取材於流傳在梅州一帶的客家山歌，詩文通俗直白，爲尋常百姓樂於誦讀。

　　吳趼人（1866 年～1910 年），原名沃堯，佛山人。他平生致力於淺顯語言的寫作，對現代白話文學起到了極其重要的開風氣的作用。

　　吳趼人幼年喪父，十七八歲至上海謀生，常爲報紙撰寫小品文，光緒二十九年始，在《新小說》雜誌上發表白話小說。吳趼人創作的小說有 30 多種，人稱「小說巨子」。其中《二十年目睹之怪現狀》、《白話西廂記》等作品，不僅流行於上海，更是在國內各地風行一時。故時人有「白話文之所以可貴新文學之價值，其在斯乎吳子研人」的評價。〔註8〕

　　梁啓超（1873～1929）字卓如，號任公，廣東新會人。他是現代中國傑出的政論家，被譽爲「輿論界之驕子」，對於中國社會觀念變化的影響尤爲顯著。

　　梁啓超主要從「國家」、「國民」的角度提倡白話文。他認爲，「今日欲救中國，無他術焉，亦先建設一民族主義國家而已。」〔註9〕而要建設民族國家，

〔註 6〕重之：《黃遵憲先生的詩》，《粵風》1 卷 4 期「雙十特刊」，1935 年 10 月 10 日，第 13～16 頁。
〔註 7〕黃遵憲：《日本國志·學術志》，上海：古籍出版社，2001 年，第 346～347 頁。
〔註 8〕吳研人：《白話西廂記》「陳序」，上海：新華書局，1924 年。
〔註 9〕梁啓超：《論民族競爭之大勢》，《梁啓超全集》，北京：北京出版社，1999 年，第 899 頁。

「必先塑造新型國民，然後國民」，「不有民，何有國？不有國，何有民？民與國，一而二，二而一者也。」〔註10〕1896年，梁啓超將《沈氏音書序》刊於當時影響巨大的《時務報》之上。在此文中，他繼承了黃遵憲的觀點，並作了進一步的闡釋：「抑今之文字，沿自數千年以前，未嘗一變；⋯⋯而今之語言，則自數千年以來，不窗萬百千變，而不可以數計。以多變者與不變者相遇，此文、言相離之所由起也」〔註11〕

至於梁啓超所獨創一種「新文體」，更是因其語言犀利流暢，明快爽達，文章汪洋恣肆，氣勢磅礴，一時風靡海內，影響極大。梁啓超的新文體大大提高了白話小說的地位，擴大了白話文的影響，發揮了教育民眾方面的巨大作用。《學燈》發表啓事稱：「新體詩歌及其它藝術上之創作，均極歡迎。」〔註12〕此外，「晨報副鑴在五四以來的新文化運動中扮演了相當重要的角色，對於新思想、新知識介紹之積極，不在新青年之下。」〔註13〕

新文化運動興起後，梁啓超本人也毅然改用白話文寫作。他的《歐遊心影錄》，用的就是白話文。該著在國內各地報刊長時間連載，影響甚大。他不僅自己用新式標點，嘗試寫新詩，而且還鼓勵年輕人寫新詩。〔註14〕

在論及廣東本土的白話文教育時，陳榮袞尤其是不能被忽視的一位教育家。儘管在中國現代歷史上，陳榮袞與上述文化名人很難相提並論，但是陳氏始終在嶺南一帶從事教育活動，因而他的教育觀念以及教育實踐對廣東社會還是產生了較大的影響。

陳榮袞（1862～1922），字子褒，號耐庵，廣東新會人，清末民初教育家。因提倡白話粵語教科書，改良婦孺教育，被譽爲晚清白話文運動的先驅者之一。

1895年，陳榮袞參加「公車上書」，並加入強學會，隨後又參加保國會。戊戌變法失敗，康梁逃亡，黨人被捕被殺，陳榮袞陳子褒逃亡日本。在日本，陳氏得以瞭解日本新式的啓蒙教育，並討教於日本著名啓蒙教育家福澤諭

〔註10〕 梁啓超：《愛國論》，《梁啓超全集》，北京：北京出版社，1999年，第272頁。
〔註11〕 《女報》，又名《女學報》，續出第一期，1902年5月8日。
〔註12〕 《學燈啓事》之六，中共中央馬克思、恩格斯、列寧、斯大林著作編譯局研究室編：《五四時期期刊介紹》第3集下冊，北京：三聯書店，1979年，第504頁。
〔註13〕 張朋園：《梁啓超與民國政治》，臺北，食貨出版社1978年，第287頁。
〔註14〕 參看劉海粟：《憶梁啓超先生》，夏曉虹編：《追憶梁啓超》，北京：中國廣播電視出版社，1996年，第293頁。

吉。回國後，於光緒二十九年（1903 年）在澳門創辦蒙學書塾，印行多種孺婦課本、字課及諸史小識供初入學者閱讀，一時聲名大噪。

　　陳榮袞主張報章應首先使用白話文。他在作於光緒二十五年（1899 年）的《論報章宜改用淺說》一文中說，「地球各國之衰旺強弱，恒以報紙之多少為準。民智之開民氣之通塞，每根由此。」而其時中國報紙「多用文言，此報紙不廣大之根由。」進而斷言，「大抵今日變法，以開民智為先，開民智莫如改革文言。」〔註 15〕他指責那些頑固使用文言不肯變通的，是對不曉文言的「農、工、商、賈、婦人、孺人」放於「不議不論」的地位，是「直棄其國民矣。」〔註 16〕

　　他指出，教學文言文不但浪費了時間和精力，更主要的弊病是使人們醉心於浮華藻飾的文字遊戲之中，而對現實生活中所亟需的知識經驗棄而不顧：「今考試若用淺說，不獨不耗人歲月，不費人精神，且可以練人心思也。學習文言之時，費許多精神，耗許多歲月，尚未得到恰可地步。若改為淺說，則從前須識六千字者，今則識二千字可矣。從前須解二千字，今則解一千字可矣。且以此試士，省去塗飾敷衍之陋習，苟見識未充，道理未熟，斷難制勝。欲制勝者，不得不留意於博物窮理矣，故謂考試若用淺說，正可練人心思也。雖文言者亦用心思，然用心思於無用之記號。孰若用心思於有用之實事實理也」。〔註 17〕

　　陳榮袞還大力提倡國語口語教學，並且身體力行，付諸教育實踐。1904年，主持編輯發行白話報刊《婦孺報》和《婦孺雜誌》。〔註 18〕在澳門創辦蒙學書塾期間，他廢止小學讀經，用白話編寫婦孺三字經、四字書、五字書，以替代《三字經》、《千字文》、《神童詩》，提倡以淺顯方言白話文，推動女子教育，並期通過家庭教育提高社會的教育水平。如三字經文有：

　　　　「大光燈，火輪船，雞毛掃，鵝毛扇，自鳴鐘，水煙筒，花旗遮，東洋車。男與女，本平等，欲興家，要勤力。爾女子，仔細聽，莫纏足，免受刑。不讀書，怎明理，不讀書，怎教子。蠢人多，國

〔註 15〕　《陳子褒先生教育遺議》，香港，1952 年版。
〔註 16〕　翦成文：《清季白話文運動資料》，《近代史資料》，1963 年 2 期，第 131 頁。
〔註 17〕　陳子褒：《俗話說》，陳子褒：《教育遺議》，香港：1952 年。
〔註 18〕　參見趙立人：《陳子褒、盧湘父在港澳的教育活動》，廣東炎黃文化研究會編
　　　　　《嶺嶠春秋：省港澳文化交流論集》，廣州：廣東人民出版社，1999 年，第
　　　　　399 頁。

就衰。欲知事，看新聞。甲午年，日本國，來打仗，我國敗，失臺
灣。當此時，失地多，有德國，占膠州，俄羅斯，占旅順，及大連。
廣州灣，法國占。」〔註19〕

陳榮袞的白話教材，生動活潑、通俗易懂，適合兒童心理，同時又富於
教育意義，故問世之後，即廣受社會歡迎。內地書商見有利可圖，也在廣州、
佛山等地大量地進行翻印。清末民初十數年間，陳榮袞的白話教材盛行於港、
澳、四邑、中山、南海等地的學塾和小學校中。〔註20〕據後人回憶，直到 30
年代，廣州等地的一些小學校還存在採用陳榮袞的白話教材。〔註21〕

在統一語音方面，廣東文化名人發出倡議的相對較少。這主要是因為長
期以來嶺南與內地之間交通梗阻，文化、經濟交流十分有限。在日常生活乃
至語言教育方面，廣東人多習慣於使用方言，並形成了相對獨立的文、讀系
統。不過，即便如此，上述主張白話文的廣東文化名人在語音統一方面也還
是提出了一些重要觀點。

黃遵憲比較早地提出言文合一的問題。只是，正如他的白話詩歌創作所
使用的多是方言俗語，黃遵憲主張各地使用各自的方言而不是全國統一的語
言。1895 年，他提出「若小說家言，更有直用方言以筆之於書者，文字幾幾
復合矣。」〔註22〕

梁啓超繼承了黃遵憲的觀點，並作了進一步的闡釋：「抑今之文字，沿自
數千年以前，未嘗一變；……而今之語言，則自數千年以來，不啻萬百千變，
而不可以數計。以多變者與不變者相遇，此文、言相離之所由起也」〔註 23〕
他認為，「今人出話，皆用今語；而下筆，必效古言。故婦孺農氓，靡不以讀
書為難事。」要改變這種狀況，「宜專用俚語。」〔註24〕

〔註19〕 李杏保等：《中國現代語文教育史》，成都：四川教育出版社，2004 年，第 44
～45 頁。
〔註20〕 參見梁如松：《陳子褒和盧湘父幾種啟蒙課本》，《新會文史資料選輯》第 17
輯；陳立：《陳子褒畢生致力蒙學》，《新會文史資料選輯》第 30 輯；《江門五
邑海外名人傳》第二卷，廣州：廣東人民出版社，1994 年，第 20 頁。
〔註21〕 參見趙立人：《陳子褒、盧湘父在港澳的教育活動》，廣東炎黃文化研究會編
《嶺嶠春秋：省港澳文化交流論集》，廣州：廣東人民出版社，1999 年，第
399 頁。
〔註22〕 黃遵憲：《日本國志·學術志》，上海：古籍出版社，2001 年，第 347 頁。
〔註23〕 《女報》，又名《女學報》，續出第一期，1902 年 5 月 8 日。
〔註24〕 梁啓超：《變法通議·論幼學》，《飲冰室合集》第 1 冊，北京：中華書局，1989
年，第 54 頁。

不過，與黃遵憲相比，梁啓超更能敏銳地體察時代正在發生的變化。因此在胡適發表文字改革的議論後，梁啓超也發表談話，指出言語分離是科學進步的障礙，主張統一語言，以一種地方言語爲國語。〔註25〕爲躬行國語統一主張，梁氏還曾虛心向其夫人學習官話。後來，他在自述中不無得意地宣稱，「得諳習官話，遂以馳騁於全國。」〔註26〕

陳榮袞雖以粵語方言編輯教科書，但他的目的在於對婦孺進行愛國主義教育，因而他的更長遠理想並非只教人熟習本地方言，而是最終實現國語統一。由是，他又分別於1900年和1907年出版《小學釋詞國語粵語解》，以利推行國語教育。〔註27〕

在統一語音文字方面，走得最遠的當屬廣東的另一位文化巨人——康有爲。康有爲（1858～1927），又名祖詒，字廣廈，號長素，晚年別署天遊化人，廣東南海人，人稱「康南海」。

作爲「世界大同」的鼓吹者，康有爲所關注的不僅是超越國內各地的方言，而是更上升至一種全球性的語言改良。1895年，康有爲在其《大同書》中，提出了世界語言文字大同的美好想像：

> 「全地語言文字皆當同，不得有異言異文。考各地語言之法，當製一地球萬音室。……既合全地之人，不論文野，使通音樂語言之哲學士合而考之，擇其舌本最輕圓轉簡易者製以爲音，又擇大地高下清濁之音最易通者製爲字母。」〔註28〕

後來在民國時期的廣東，世界語的宣傳與教育喧囂一時，應該與康氏這種觀念的流佈有一定的關係。據說，康有爲實現製作拼音文字的理想，自己還曾悄悄地付諸實踐。〔註29〕

〔註25〕1917年4月16日《時報》，轉引自張朋園：《梁啓超與民國政治》，臺北：食貨出版社，1978年，第231頁。

〔註26〕丁文江、趙豐田編：《梁啓超年譜長編》，上海：上海人民出版社，1983年，第252頁。

〔註27〕參見程美寶：《地域文化與國家認同：晚清以來「廣東文化觀的形成」》，北京：三聯書店，2006年，第158～160頁。

〔註28〕康有爲：《大同書》，上海：上海古籍出版社，2005年，第13頁。

〔註29〕從已收集整理的康有爲著作中，我們無法考證這一設想是否眞實存在。不過，據其弟子梁啓超說，「吾師南海康長素先生，以小兒初學語之聲，爲天下所同；取其十六音以爲母，自發凡例，屬其女公子編纂之，啓超未獲聞也。」見梁啓超：《沈氏音書序》，《清末文字改革文集》，北京：文字改革出版社，1958年，第48頁。

二、語言教育新風氣

廣東地處南部沿海，經歷著自晚清以來中國社會的急劇變化。同時，由於區域地理優勢，自海通以還，廣東社會在較多方面均能得風氣之先，亦能引領國內風氣之先。不過，正如有論者所指出的，由於受到其獨特文化傳統與自身的種種局限，以開埠通商為契機，文化的主流主要是工具性為特徵的工商文化，純文化、哲學的興味尚未建立。〔註30〕體現在在語言變革方面，儘管清末民初的廣東社會在白話文教育與統一語音教育均有一定程度的發展，但其發展速度極其緩慢。

中國的國語統一運動是否與外國傳教士的推動有著直接的關係，在學界還存在一定的爭議。但可以確定的是，早在鴉片戰爭前，西方傳教士在廣東就開始了使用白話文。德國新教傳教士郭實臘在廣州創辦的《東西洋考每月統紀傳》，所用語言即是淺近文言和古白話。郭實臘將中國用於小說敘述的古白話運用到新聞敘述中來：

> 在廣州府有兩個朋友，一個姓王，一個姓陳，兩人皆好學，盡理行義，因極相契好，每每於工夫之暇，不是你尋我，就是我尋你。且陳相公與西洋人交接，竭力察西洋人的規矩。因往來慣了，情意浹洽，全無一點客套，雖人笑他，卻殊覺笑差了，不打緊。忽一日，來見王相公說道：「小弟近日偶然聽聞外國的人，纂輯《東西洋考每月統紀傳》，莫勝歡樂。」〔註31〕

伴隨著清末白話文運動的，是國內出現了大量的白話文報紙。在 20 世紀初期，廣東的白話報刊主要有：《廣州白話報》、《潮州白話報》、《婦孺報》、《廣東白話報》、《嶺南白話雜誌》等。這些報刊多以淺顯語言編輯，甚至還有「婦孺讀書四年者，即可閱讀」的讀物。據史學家陳萬雄統計，同一時期國內的白話報和雜誌約有 140 份。其中，以江蘇、浙江、安徽三省為最盛。與這些地區相比，廣東的白話報刊為數還較少。這表明，廣東當時的文風與革新風氣尚不高。〔註32〕

早期的白話小說，一般被稱為新小說。在晚清的廣東，也產生了一定數

〔註30〕 參見龔雋等：《危機與轉機——從文化的價值、工具理性看當代嶺南文化》，廣東炎黃文化研究會編：《嶺嶠春秋：嶺南文化論集（二）》，中國社會科學出版社，1995 年，第 192 頁。
〔註31〕 《東西洋考每月統紀傳》第 1 號。
〔註32〕 陳萬雄：《五四運動的源流》，北京：三聯書店，1997 年，第 134 頁。

量的這種新形式的文學作品。廣東第一家出版發行新小說的是悟群著書社。該社在宣統元年（1909）創辦於廣州，是年出版了《禁煙偉人林則徐》、《黃蕭養演義》、《自由女佛山故事》等白話小說。宣統二年，廣東小說社出版了《自由結婚》石印本。宣統三年，嶺南小說社出版了《革命黨趙聲歷史》、《兩王入粵漢人記》等小說。這些小說均為白話體，以反清、反帝以及革命為主題。〔註33〕不過，總的來看，這些小說數量並不多，而且迫於官府查禁，文字及語意較為婉轉、隱晦，故這些白話文很不地道，市井百姓並不能輕易讀懂。

在倡白話、廢文言的運動中，為普及小學教育，廣東省內的一些地區曾編輯出版過小學教科書。如光緒散十二年（1906）廣州時中學校出版《廣東鄉土史》二卷，宣統元年（1909）汕頭啟新書局發行《潮州鄉土格致教科書》和澄海景韓學堂發行《澄海鄉土物產教科書》、《澄海鄉土地理教科書》，以及宣統二年嘉應啟新書局出版《嘉應新體鄉土地理教科書》等。這些教科書以教育本鄉子弟熱愛鄉土為出發點，故多取白話文，以求通俗易懂。當時這類作為初等小學堂課本的發行量頗大，多次翻印。如《澄海鄉土地理教科書》，直到1922年，仍由共和書局在汕頭印刷發行至第30版。〔註34〕

新文化運動期間，廣東的白話文運動也有了一些新發展。在廣東，最早發表白話新詩的刊物是《廣東省學生聯合會月報》。在1918年10月的創刊號上，主張新文學的作者發表了《暴風歌》等6首新詩。此外，《南風》、《勞動與婦女》、《光明》、《新海豐》等刊物也紛紛發表新詩。〔註35〕甚至遠在海南島的《良心月刊》也「宣傳反對尊孔讀經的舊教育制度，破除舊禮教，提倡婚姻自由，提倡以反帝反封建為內容的新文學和白話文。」〔註36〕這表明，在這一時期，廣東的白話文運動從面向市井百姓的報刊開始以白話文學的形式走進校園，並從繁華的都市逐漸波及至偏遠地區。

至於統一語言教育，在清末民初的廣東學校裏難得一見。一方面，如前

〔註33〕參見林子雄：《近代廣東圖書出版概述》，廣東炎黃文化研究會編：《嶺嶠春秋：嶺南文化論集（二）》，中國社會科學出版社，1995年，第374頁。
〔註34〕參見林子雄：《近代廣東圖書出版概述》，廣東炎黃文化研究會編：《嶺嶠春秋：嶺南文化論集（二）》，中國社會科學出版社，1995年，第373頁。
〔註35〕廣東民國史研究會編：《廣東民國史》上冊，廣東人民出版社，2004年，第364～365頁。
〔註36〕邢谷宜：《瓊崖早期革命報刊》，《廣東革命報刊研究》第1輯。

文所述，這一時期語言統一的呼聲在廣東一地本不強烈，同時這在很大程度上與廣東由來已久的方言教學傳統有關。事實上，由於廣東形成了相對獨立的文、讀系統，早在在科舉時代，廣東在國內就是一個固守鄉音、惰習官話的典型。

雍正六年（1728）頒佈的上諭說：

> 「凡官員有蒞民之責，其言語必使人人共曉，然後可通達民情，熟悉地方事宜，辦理無誤。是以古者六書之訓，必使諧聲會意，嫻習言語，皆所以成遵道之風，著同文之盛也。朕每引見大小臣工，凡陳奏履歷之時，惟閩廣兩省之人，仍係鄉音，不可通曉。……應令福建、廣東兩省督撫轉飭所屬府州縣有司教官，遍爲傳示，多方訓導，務使語言明白，使人易通，不得仍前習爲鄉音，則伊等將來履歷奏對，可得詳明，而出任地方，民情亦易達矣。」〔註37〕

據說，兩省長官當時都奉命設立了正音書院作爲教授官話之地。因爲詔書明令，凡要走讀書、考試、當官之路的讀書人都要懂得官話。不過，官話的使用場合，通常由省的最高教育長官學政對生童當面考問，而正式的科舉考試是不需要考核官話的，因此廣東人對於參加正音書院學習官話並不是太積極。據清末探花商衍鎏考證：「初時甚爲認眞，無如地方官悉視爲不急之務，日久皆就頹廢，至嘉慶、道光時福建僅存邵武郡城一所，然亦改課制藝，廣東則更無聞矣」。〔註38〕在專制時代，在以求功名爲讀書最終目的時代，皇帝的一紙詔書都不能引起廣東讀書人對於官話的重視，大體上可以說明這些讀書人對於粵語的堅守程度。社會「上層」尚且如此，「底層」的普通百姓更不可能講官話。

直到光緒之後，官話教育出現在廣東的個別學堂。這大致與光緒二十九年（1903）清政府頒佈的《學務綱要》中相關規定的推動有關。《綱要》指出：「中國民間各操土音，致一省之人彼此不能通語，辦事動多扞格。茲擬官音統一天下之語言，故自師範以及高等小學堂，均於中國文一科內附入官話一門。……將來各省學堂教員，凡授科學，均以官音講解，雖不能遽如生長京師者之圓熟，但必須讀字清眞，音韻朗暢」。〔註39〕

〔註37〕俞正燮：《癸巳存稿》，《俞正燮全集》，合肥：黃山書社，第369～370頁。

〔註38〕商衍鎏：《清代科舉考試述錄·科場案件與軼聞》。轉引自陳覺全：《廣州市推行普通話（國語、官話）史略》，《嶺南文史》2000年第6期。

〔註39〕舒新城：《中國近代教育史資料·學務綱要》上冊，北京：人民教育出版社，1961年，第167頁。

　　光緒三十年（1904 年），在廣東貢院開辦的兩廣速成師範館兼學堂管理員練習所，便開設了正音課。興學之初，在省城新辦的初級師範和中小學堂都要求兼習官話，但沒有規定各科教學非用官話不可。沒有官話教材就沿用《聖諭廣訓直解》來進行講讀。〔註40〕宣統二年（1910 年），孔贊廷（南海人）把他在學堂教官話的講義編成《廣東公立官話講習所講義》第一、第二冊出版，內容包括去弊法、預備法、正聲法、辨似法、雜話名稱法、雜話談法、成段話法、分門別類話頭等八項。他的講義能結合地方特點，比講讀「聖諭」更爲實用，故學員稱便。〔註41〕

　　早期潮陽官話教育，比其它地區稍好。據有關史料記載，「廣東省潮屬地方設立約正直月之外，照黎瑤設立官學之例，多設官學。仍飭令地方官於該村附近生監內，另選學行素優者爲師，酌量給以廩餼。聽零星村落子弟入學讀書，訓以官音，教以禮儀，學爲文字。」〔註42〕

　　潮州地區的官話教育相對發達，可能跟毗鄰的方言相近的福建官話教育較爲普遍有關。因爲自晚近以來，福建的官話推廣要明顯好於廣東。如果從更遠的視角來看，或許是韓愈早年在潮州地區大規模舉辦教育影響之下的結果。

　　但是總的來看，在當時的廣東，我們很難找到比上述更多關於學校裏開展官話教學的實例。而嚴謹的語言史學考據結果所顯示的是，長期以來，廣東學生在日常學校生活中絕少使用官話，即便文章也多是用方言來念誦的。〔註43〕

　　辛亥革命後，廣東在國音統一方面的教育仍然比較落後。民國元年，兩廣優級師範學堂改稱國立廣東高等師範學校，該校就曾出現過這樣的一幕：「外省教習以不諳方言，教授不便解職去，自是本校各科教習，悉鄉先生矣。」〔註44〕作爲廣東的最高學府、中下學校教員的培養地出現這種現象，無疑可以推斷出在當時的中小學校使用官話教學是不大可能的。

　　其實，在當時國內的許多語言學家以及國語統一主張者都已意識到，粵

〔註40〕　《廣東教育官報・文牘》第 1 期。

〔註41〕　參見陳覺全：《廣州市推行普通話（國語、官話）史略》，《嶺南文史》，2000 年第 6 期。

〔註42〕　《欽定大清會典事例》卷 396，光緒己亥夏御製本。

〔註43〕　李新魁：《廣東的方言》，廣州：廣東人民出版社，1994 年，第 312～314 頁。

〔註44〕　《廣東高等師範學校同學錄・分年紀事》。

語已經成爲國內一種重要的「強勢方言」。1907 年，被譽爲晚清「國語統一大家」的勞乃宣，在其著作《簡字全譜》中提出，簡字運動不能一步到位，而應分成兩個階段。第一步是「方言統四」，第二步才是「國語統一」。在他所謂的「方言統四」中，就有閩廣音。在他看來，國語統一無法跨越經由像粵語這樣的強勢方言統一了周邊方言土語的過程。他還曾以粵語作白話文《勸人要有心足》。以粵人觀之，此文雖算不上地道，但也是粵味十足。茲錄全文如下：

> 舊時有個人，好貪心嘅，佢有一隻鵝，一日生一隻金蛋彼佢，佢都重唔心足。佢自己心裏頭想嚇，佢話：我如果湯左個隻鵝，我就即刻得曬□嘜□個的金蛋啦。佢甘樣想完，佢就眞係走去湯左個隻鵝咯嚕。點知道個隻鵝肚裏頭，直成同第的鵝一樣嘅，唔洗講話冇金蛋庶咯，就係金糠都冇半粒庶。個個人都恨錯啦，總係恨錯都恨唔番咯，呢陣時連一日一隻嘅金蛋都冇咯！你地想嚇：一個人好甘貪心唔好呢？好唔知足唔好呢？〔註45〕

　　由上觀之，上述廣東籍文化名人以當時的社會地位和聲望，對現代國語的產生與發展無疑發揮了重要的推動作用。不過，正如梁啓超經常說的近似自嘲的一句話「但開風氣不爲師」，這些廣東名人並非語言學者，他們的語言變革論說，也還只具有「啓蒙」的意義。同時，除了陳榮袞在嶺南地區開展教育實踐外，其餘的這些廣東名人多活動在國內的「大舞臺」上，對廣東的影響並不直接。因此，這些嶺南名人的言論儘管爲後人傳誦，但些他們的聲音大多並沒有在廣東社會以及教育界引起多大的反響。

　　關於這種只開風氣但未能付諸實踐的現象，30 年代在國立中山大學任教授的崔載陽認爲，這是廣東人的傳統弱點。他指出，「廣東民性自亦有其弱點，那就是粗莽不文、短於禮貌、無書卷氣，更復涵養未足、缺乏沉著、欠堅韌力。因此許多事業，廣東人雖能開其端，而不一定能完成目的。」〔註46〕崔載陽是廣東增城人，曾獲法國里昂大學哲學博士學位，歷任國立中山大學教

〔註45〕 這是一個類似「殺雞取卵」的故事。其大意是，一個很貪心的人，有一隻每天都會下一個金蛋的鵝。爲了獲得更多的金蛋，此人將鵝剖殺，結果發現鵝肚裏什麼也沒有。參見黎錦熙《國語運動史綱》「序」，上海：商務書局，1934 年，第 18 頁。

〔註46〕 崔載陽：《廣東教育幾個問題》，《教育研究》第七十二期第 6 頁，1936 年 12 月。

授兼師範學院院長、教育研究所主任、大學研究院院長。對於廣東民性的評價，顯然不存在地域之見。而如果結合整個晚清民國期間的廣東語言教育，崔氏的這一分析的確很值得玩味。

綜觀清末民初的廣東，人們不難看出，不管是白話文教育，還是官話教育，清末民初並沒有為後來的國語教育留下多少值得稱道的歷史遺產。毫無疑問，這種狀況使得此後的廣東國語教育缺乏必要的基礎。

第二章 國語教育的起步

　　在全國教育會聯合會以及國語研究統一會的合力促成之下，北洋政府教育部於 1920 年 1 月頒發訓令，要求全國各國民學校自該年秋季起，將一、二年級國文改爲語體文，以收言文一致之效。〔註1〕稍後，教育部又以正式公文修改《國民學校令》和《國民學校令施行細則》，將國民學校「國文」均改爲「國語」，〔註2〕同年 12 月，教育部正式發佈《國音字典》。〔註3〕1923 年，全國教育會聯合會刊佈《新學制課程標準綱要》，對小學國語教育的各個方面進行了規範，並要求在中上學校也實施國語教育。〔註4〕

　　與此前的白話文與語音統一運動主要活躍在民間社會不同，此次北洋政府教育部以法令的形式要求學校實施國語教育，標誌著國語教育開始從民間社會上升爲國家意志。因此，國語教育令頒佈後，全國範圍內掀起了國語教育的浪潮。這種時代的浪潮，自然也會波及到即便遠處南海之濱的廣東。

　　本章主要對 20 世紀 20 年代初期廣東國語教育的起步以及學校開展國語教學的情況進行考察，並試圖對造成這一時期廣東國語教育遲滯的主要原因進行分析。

〔註 1〕黎錦熙：《國語運動史綱》，上海：商務書局，1934 年，第 109～110 頁。

〔註 2〕樂嗣炳：《國語學大綱》：上海：大眾書局，1935 年，第 210 頁。

〔註 3〕費錦昌主編：《中國語文現代化百年記事》，北京：語文出版社，1997 年，第 33 頁。

〔註 4〕葉紹均：《新學制課程標準綱要初級中學國語課程綱要》，課程教材研究所：《20 世紀中國中小學課程標準·教學大綱彙編——語文卷》，北京：人民教育出版社，2001 年，第 274～276 頁：胡適：《新學制課程標準綱要高級中學公共必修的國語課程綱要》，課程教材研究所：《20 世紀中國中小學課程標準·教學大綱彙編——語文卷》，北京：人民教育出版社，2001 年，第 277～279 頁。

一、國語教育機構的產生

北洋政府教育部一系列國語教育訓令的頒佈，標誌著幾千年來中國讀書人眼裏神聖的文言文將要爲市井百姓日常所使用的白話文所替代，而各地學校歷史悠久的方言教學將轉變爲統一的標準國語教授。這對於當時各校的國文科教學來說，無疑面臨著一個巨大的挑戰——國文改國語意味著教科書、師資、教育方法等一系列的轉變。因此，國語教育令頒佈之後，在各國民學校將國文科改國語科的同時，國內語言教育專家學者積極參與新式國語教科書的編撰以應急用，地方教育行政與民間社會組織則成立國語講習所、補習所等國語教育機構，以培養國語教育師資人才。

但是，對於由北洋政府教育部發起的國語教育運動，廣東省的教育主管部門、語言教育專家以及絕大多數學校並沒有及時地做出相應的舉動。對北洋政府的國語教育令最快作出回應的，倒是廣東高等師範學校的大學生。當年 2 月，廣東高師學生向教師請願，要求在課堂上使用新的標準國語，並援引陳炯明的教育政策來支持自己的主張。他們認爲，在聯邦制之下，地方方言的保存並不需要以拒絕國語爲代價。〔註5〕

目前尚無證據表明，廣東高師學生的這次請願活動在當時是否得到了校方以及廣東省高層的支持。不過，在當年秋季，廣東省第一所國語教育機構——「廣東省立國語傳習所」在廣東高師正式成立，從而艱難地拉開了廣東國語教育的序幕。

（一）廣東省立國語傳習所

儘管廣東省立國語傳習所是廣東成立最早的公立國語教育機構，但它本身卻是一個「難產兒」。早在 1918 年 6 月，北洋政府教育部訓令國內六所國立高師附設國語講習科，以便在全國範圍內推行注音字母。按照教育部的要求，廣東高師國語講習科接受學員的區域爲廣東、廣西、福建三省。〔註6〕但是，由於當時廣東政局混亂，廣東高師國語講習科未能如期成立。

1920 年 5 月，鑒於國語教育令已公佈實施，國語教育實施的範圍比此前更爲廣泛，教育部遂改變原來全國只在六所高等師範學校設立國語講習科的

〔註5〕1920 年 2 月 2 日《華字日報》。轉引自費約翰：《喚醒中國——國民革命中的政治、文化與階級》，北京：三聯書店，2004 年，第 238 頁。

〔註6〕《廣東高等師範雜誌》第 1 期；《廣東省國語傳習所章程、續招學員、選派學員、國文改爲語體文等文書材料》，廣東省檔案館藏檔案，檔案號 33-1-4。

做法，通令各省在當年秋季前就地籌辦國語講習所，以適應各省區國民學校國語教育的需要。此時，由於全國各地國語教育運動日益高漲，廣州政局也因陳炯明率領援粵軍回粵以及軍政府恢復而日益趨向穩定，「廣東省立國語傳習所」遂得以在廣東高師設立。

該所生源主要是在省教育委員會（後由省政府）的統一部署下，由各縣市知事會同教育局或勸學所在所屬學校教員中選送。學習期限按級分爲甲、乙兩級，甲級爲 4 個月，乙級爲兩個月。主要學習科目有「注音字母」、「聲音學」、「國文讀本」、「會話文法」、「成語」、「翻譯」、「演講」、「國語練習」、「國語教授研究」等。教員均由廣東高等師範學校教員兼任。〔註 7〕

1920 年底，孫中山在廣州宣布恢復軍政府，不承認北方政府的一切號令。〔註 8〕在這種形勢下，廣東高師國語傳習所作爲應北洋政府教育部訓令要求所設的機構，自然很難得到來自廣州軍政府以及下屬各縣市的支持，故在具體運行上面臨著諸多的問題。國語傳習所在最初開辦了幾期國語師資培訓班後，基本上處於停頓狀態。此後，國語傳習所雖然沒有被廣州當局明令裁撤，但原本爲國立性質的國語教育機構只得成爲廣東高師的一個內設部門，主要承擔日常教學之外的國語教授任務。〔註 9〕

（二）廣東省立注音字母教導團

1921 年 1 月，廣州軍政府設立廣東省全省教育委員會。〔註 10〕同月，受陳炯明邀請，新文化運動的主要領導者、前北京大學教授陳獨秀任委員會委員長。作爲新文化運動的重要領袖之一，陳獨秀早年就在安徽辦理白話文報刊，反對文言文，提倡白話文，並積極推行國語教育。爲改變廣東國語教育落後的狀況，陳獨秀於當年 6 月創辦了「廣東省立注音字母教導團」。

注音字母教導團設總教導員兼編審 1 人、副教導員 2 人、助手若干。注音字母教導團成立之後，教導員每天帶著助手，拿著「字母燈牌」，分赴廣州

〔註 7〕《廣東高等師範學校附設廣東省立國語傳習所的文書材料》，廣東省檔案館館藏檔案，檔案號 33～1～4。

〔註 8〕廣州市政協文史資料研究委員會編：《廣州百年大事記》（上），廣州市文史館稿，1984 年，第 214 頁。

〔註 9〕馬鶴天：《新廣東教育考察日記》，北京國民大學，1924 年，第 69 頁。

〔註 10〕廣州市政協文史資料研究委員會編：《廣州百年大事記》（上），廣州市文史館稿，1984 年，第 220 頁。

市的繁華地段講解、宣傳注音字母，並擬在取得經驗後再向市外推行。〔註11〕同年夏，陳獨秀以省教育委員會的名義，向省長呈送《呈請省長通令各縣市提倡注音並准在公共建築物上張貼注音字母及說明書》，要求省內各縣市也應注重推廣注音字母教育。同時，他還向廣州市市長孫科發出《咨請廣州市市長特飭所屬各國民學校遵照省長通令對於國語及注音字母認真講習文》，要求「市教育局分飭所屬公私各國民學校一體遵照」。教導團除向普通市民進行國語教育、宣傳的工作外，還對廣州市在任小學國語國文教員進行注音字母培訓。根據有關資料，在陳獨秀任廣東省教育委員會委員長期間，教導團先後培訓廣州市小學教員 100 多人。〔註12〕

但是，陳獨秀來廣東的一個很重要的目的是在廣東進行馬克思主義宣傳和發展黨的組織。因此，教導團既是一個進行規範國語教學的機構，也是陳獨秀藉以對教員進行馬克思主義思想教育的場所。〔註13〕後來，陳獨秀在廣州開展的一系列教育改革與政治活動，遭到了廣東教育界守舊勢力的極力反對，並於 1921 年 9 月被迫離開廣東。陳獨秀離開廣東後，注音字母教導團失去了重要的領導者和支持者，不久就自行解散了。

（三）廣州市市立國語講習所

全國性的國語教育運動發起後，中小學國語教育已成為大勢所趨。1922年，廣州市內部份學校開始實行新學制，並逐步採用與新學制配套的新版國語教科書。新版國語教科書改變了民初國文科完全以文言文為內容的格局，大大擴充了淺顯易懂的白話文內容，因而易為學生所接受。

在此情況下，以粵語教授這種以北方方言為基礎的白話文自然成了廣州各校國語科教學中面臨的一個窘境。為從根本上解決這一問題，時任廣州市教育局局長的許崇清決定由市教育局視導員、語言教育專家趙九疇牽頭組建市立國語講習所，培養中小學尤其是小學所急需的國語師資人才。是年，廣

〔註11〕《廣東省教育會雜誌》第 1 卷 5 號。根據黃佐的回憶，廣東省教育委員會曾在廣東高師學校附設國語傳習班，以注音字母來注國語，以利國語和注音字母的傳播；把注音字母作壁上宣傳，使人人都有學習注音字母的機會。在這裡，黃佐將廣東省立注音字母教導團誤作廣東高師學校附設國語傳習班。參見黃佐：《我所知道的廣東全省教育委員會》，《廣東文史資料存稿選編》第四卷，廣州：廣東人民出版社，2005 年，第 812 頁。
〔註12〕《廣東教育公報》第 8 周 4 期。
〔註13〕《「一大」前後（二）》，北京：人民出版社，1980 年，第 446 頁。

州市市立國語講習所正式成立。〔註14〕同年，廣州市教育局決定從 1923 年秋季起，市內各小學開始實施國語教育。〔註15〕1923 年春，市立國語講習所開始正式舉辦國語培訓班，招收各小學教員入所學習。

　　講習所成立初期只辦理普通班（師範班），主要招收對象爲在任或曾任市立各校教職員、師範本科畢業生以及主管教育機關的人員。後由於國語教育形勢發展，招生範圍也逐漸擴大到平民學校教員、政府公務人員以及對國語有興趣的普通市民。與此相適應，除繼續開辦普通班外，還相繼增開了注音字母補習班、國語研究班。不過，學員因「其環境之關係，作深一層之研究，尚有不能」，國語研究班中最終畢業的只有兩屆共 10 人。〔註16〕

　　講習所的主要課程有：注音字母（講明音理、正確讀音、練習拼音、辨正五聲），發音學（發音的機關、發音的原理、發音的符號），會話（語法、語音、語詞、語調），模範語（成語、通俗語），讀文（語體文、文言文），文法（詞類的分析、語句的構造），教學法（教材的研究、教法的革新），演講（來賓演講、教員演講、學員演講），實習（實習談話、實習教授）等。隨著社會政治形勢的變化，國語所開設的課程也相應作了一些增加或調整。如在國民黨改組後，國語所同其它學校一樣，增加了「黨義」（後改爲「三民主義」）課程。此外，根據廣州中小學國語教學的實際需要，後來還相繼增加了辯論、國語速記術、粵音國音比較、北劇、國語旗語等課程。〔註17〕

　　講習所的建制非常簡陋，沒有屬於自己的教室和辦公場所，均係向市立師範學校借用。〔註18〕教職員人數也很少，到1934 年時還只有教員 4 人、職員 2 人。〔註19〕不過，講習所屬於公立機構，培養中小學教員所需的款項全部由市庫教育經費中撥付，因此經費相對充足，對學校教員只收取書籍費、

〔註14〕　關於廣州市市立國語講習所成立的時間，學術界的說法不一，民國時期的有關史料所顯示的差異也很大。目前學術界比較認可的是 1926 年。見《廣州市志》，廣州市地方志編纂委員會，廣州：廣州出版社，1999 年，第 181 頁；陳覺全：《廣州市推行普通話（國語、官話）史略》，《嶺南文史》，2000 年第 6 期。經筆者考證，該所成立時間應爲 1922 年，而不是 1926 年。詳見拙著《方志編纂的史學訴求——以《廣州方志》個案爲例》，《中國地方志》2008 年第 7 期。

〔註15〕　《通令實施國語辦法》，1923 年 8 月 11 日《廣州民國日報》。

〔註16〕　《廣州市教育局報告書》，廣州市教育局，1924 年，第 15～17 頁。

〔註17〕　《國語講習所之擴充》，1923 年 8 月 23 日《廣州民國日報》。

〔註18〕　廣東省教育廳編印：《廣東全省二十一年度教育概況》，1933 年，第 85 頁。

〔註19〕　廣州市教育局編印：《廣州市教育局報告書》，1934 年，第 99～100 頁。

講義費等費用，學費、堂費以及膳宿費則一律免收。除普通班實行免費外，廣州國語所還不時向市民開辦免費國語培訓班。

在整個民國時期成立的廣東國語教育機構中，廣州市市立國語講習所是持續時間最長、培訓人員最多、影響最大的一個國語師資人才培訓機構，對廣東尤其是廣州普及國語教育發揮了一定的推動作用。按照時人的評價，該所是廣州「國語統一和普及運動之中樞」。〔註20〕

上述三個國語教育機構，分屬國立、省立以及市立的公辦機構。在民間社會，國語教育還遠沒有引起足夠的關注，社會團體參與國語教育人才培養的情況還沒出現，僅有極少數觀念上接近新文化、支持國語統一的人士才有可能去從事一些國語教育的基礎性工作。北洋政府教育部國語教育令頒佈後不久，國語統一籌備委員會會員、熱心從事國語教育的廣東新會人李醒在廣州成立了「廣州市雙門底注音字母學校」，並自任主任。由於當時廣州本地國語教育尚未有起色，李氏還專程到上海考察學習注音字母推廣教育的做法及經驗，以促進廣州的國語教育。〔註21〕這一學校，是筆者所查找到當時的唯一由民間人士組織成立的國語教育機構。

廣州是中國南方的大都市，是廣東省的政治、經濟、文化中心。由於與國內其它省區人員交流相對較多，成立或改造成的新式學校數量也不少，因而國語教育無疑較省內其它下屬縣市先進。可以想見，就連廣州的國語教育機構數量也不多，廣東省屬下縣市此時成立的類似機構更是寥寥無幾。據筆者查找這一時期各縣市相關史料，發現當時只有廣東大埔縣成立了「注音字母討論會」。〔註22〕很顯然，這還不能算得上是一個正規的國語教育機構，因為「討論會」即意味著當地教育界尚未完全接受注音字母。而在當時，國內各地的同類國語教育機構比普遍地採用「注音字母推行委員會」之名，以便與教育部的相關機構保持一致。

總的來看，在 20 年代初期，廣東社會國語教育機構還很不發達。這種低落的情形與國內國語教育發達地區的盛況相比，差距非常大。以浙江省為例，1920 年教育部國語教育令頒佈之後，大批的國語教育機構相繼成立。而且，成立國語教育機構的浪潮不僅限於省垣。在省教育會的推動下，「各縣聞風而

〔註20〕 《市立國語講習所第二屆免費招生》，1929 年 8 月 9 日《廣州民國日報》。
〔註21〕 1920 年 9 月 27 日《申報》
〔註22〕 《大埔縣教育會季刊》第 2 期，1922 年 9 月 30 日出版，第 46 頁。

動，紛紛採取措施對當地教師進行語音和國語教授的培訓。」如遂昌縣，勸學所於 1922 年暑假設國語傳習所，招收小學教員進行培訓。在清末語言改革家勞乃宣的家鄉桐鄉縣，更是早在 1921 年開始開辦國語講習所，並明確規定縣內所有小學教員均須入所學習。〔註23〕

二、國音與白話文教育

如前所及，1920 年的國音教育國語教育令主要是倡導白話文教育。國音教育則早在 1919 年 10 月召開的全國教育會聯合會上即已提出。當時，全國教育會聯合會要求全國師範學校依據《國音字典》教授注音字母，各縣勸學所及教育會則利用寒暑假時間，設立國語傳習所，招集本境小學校教員，一律傳習國語，並依據《國音字典》補習注音字母。〔註24〕當然，無論是教育部還是全國教育會聯合會，當時均只要求國語教育在小學實施。

在中上學校實施國語教育，是在 1923 年教育會聯合會公佈的課程標準內正式提出的。如《初級中學國語課程綱要》提出，「使學生發生研究中國文學的興趣。其要旨在與小學國語課程銜接，由語體文漸進於文體文，並為高級中學國語課程的基礎。」〔註25〕《高級中學公共必修的國語課程綱要》提出，「繼續發展語體文的技術。」〔註26〕《高級中學第一組必修的特設國文課程綱要》提出，國文科教授的內容包括，「第一時期包括從詩經到史記，第二時期包括從司馬相如到初唐四傑的貴族文學和平民文學，第三時期包括唐五代的古文、韻文和白話文，第四時期包括兩宋與金元的古文和韻文，第五時期包括明清的貴族文學與科舉文學、成熟的平民文學和小說，第六時期包括革命與建設當中的中國文學。」〔註27〕

〔註23〕 參見張彬：《從浙江看中國教育近代化》，廣東教育出版社，1996 年，第 227 ～229 頁。

〔註24〕 《推行國語以期言文一致案》：邰爽秋：《歷屆教育會議議決案彙編》（第五屆全國教育會聯合會大會議決案），上海：教育編譯館 1935 年，第 19 頁。

〔註25〕 葉紹均：《新學制課程標準綱要初級中學國語課程綱要》：課程教材研究所：《20 世紀中國中小學課程標準・教學大綱彙編——語文卷》，北京：人民教育出版社，2001 年，第 274～276 頁。

〔註26〕 胡適：《新學制課程標準綱要高級中學公共必修的國語課程綱要》：課程教材研究所：《20 世紀中國中小學課程標準・教學大綱彙編——語文卷》，北京：人民教育出版社，2001 年，第 277～279 頁。

〔註27〕 胡適：《高級中學第一組必修的特設國文課程綱要》：課程教材研究所：《20 世紀中國中小學課程標準・教學大綱彙編——語文卷》，北京：人民教育出版

可以看出，在 20 年代初，實施國語教育不僅是政府所要求的，也是國內教育界的共同期望，而廣東各級學校開始實施國語教育正是在上述諸因素影響下的結果。

（一）國音教育

廣東省最早在學校實施國語教學的是廣州。在教育部國語教育令頒佈後，就有部份學校開始實行國音教授。如嶺南大學附屬小學，在 1921 年開始了實施國音教學。〔註 28〕不過，在當時的廣州市，這種情況還不多見，而國音教育開始比較多的出現則是在 1923 年之後。

1923 年初，鑒於廣州市立國語所已經成立，且全國範圍內的國語運動日漸高漲，廣州市小學聯合會向教育局提出推行國語教育案，主張先期在小學實行國語教授。8 月，市教育局通令市內各小學，要求於當年 9 月 1 日起第一年級（秋季生）一律以國語讀文。第二年級則展遲一年，由次年起以國語讀文。至於有些學校國語基礎較好，可由該校組織各年級與第一年級同時實施國語教學。各校不熟習國語的教員，應分期派往廣州市市立國語講習所接受培訓。〔註 29〕

1924 年，北京國民大學教員馬鶴天專程到廣州考察教育。在廣州期間，他注意到一些學校已經開始了國語教育。如在市立第二十四國民學校，已經開始了注音字母的教學。「該校係廣州市內小學中學生人數最多者。秋季三年級國文，學生每人有注音字典一本，由各生將各生字寫在黑板上，加上注音，再由教員一一問之，使講解。春季始業三年級國文，亦係由各生將生字寫在黑板上，以注音字母注音，以白話注義，如食吃也等。差誤的由教員補正。」〔註 30〕在省立第一女子師範學校，「師本一年甲級國文，男教員高聲範讀，全堂隨著朗讀，用普通話。」〔註 31〕

在廣東高等師範學校，儘管其附設國語講習所開展國語教育進展並不順利，但是作為中小學師資培養地，普及國語教育的觀念已經開始深入人心。該校文史部下設的國文系稱作「國文系（附國語）」，在該系的課程安排中，

社，2001 年，第 280～281 頁。
〔註 28〕嶺南大學風社編印：《風社》「小學概況」，1921 年。
〔註 29〕《通令實施國語辦法》，1923 年 8 月 11 日《廣州民國日報》。
〔註 30〕馬鶴天：《新廣東教育考察日記》，北京國民大學，1924 年，第 54～55 頁。
〔註 31〕馬鶴天：《新廣東教育考察日記》，北京國民大學，1924 年，第 69 頁。

儘管文言文仍爲主要內容，但也將國語作爲第一學年的選修科。〔註32〕在廣東省立一中，學校開始按照 1923 年全國教育會聯合會刊佈的《新學制課程標準綱要》要求，在高中部所設的普通科、文科和商科三大科中，將國語作爲選修科目。〔註33〕

在廣東省下屬縣市，部份學校也開始了國語教學。如在新會縣，全縣小學於 1923 年將國文科該爲國語科。雖然縣教育主管部門並沒有提出國音教學要求，但一些學校教員主動開展國音教學。如邑人李淡愚，爲國語教育支持者，早年曾加入全國國語讀音統一研究會，作爲廣東省代表出席過全國讀音統一會議，後回鄉任教員，在自己任教的學校內實施國音教學，推行國語教育。〔註34〕

在澄海縣，注音字母教育並不僅限於國語科教學及國語教材上，在其它科目的教科書上也有體現。如國民學校學生使用比較廣泛的《最新澄海鄉土地理教科書》，係宣統元年出版的讀物，「到 1922 年再版時，新版教科書每課的題目上均標注注音字母。」〔註35〕

金山中學是潮屬地區著名的省立中學。1924 年，該校學生朱光典在學校周刊上發表《統一中國言語問題》，號召學生主動學習國語，以國語統一鞏固國家統一的基礎：

> 「自從民國成立，中國紛擾了十多年，南北意見鬧個不休；那些渴望和平的人，感覺著廢都裁兵的空氣，以爲不久便可以成爲事實了；誰知道萬般希望，都成泡影！有人說，武力才能夠統一中國；我以爲統一中國，還有一個重要問題。這個問題不能解決，依舊是統一前途的大障礙。那是什麼呢？就是言語不統一的問題。……四萬萬民眾的智識，能夠藉言語介紹出來，使『小我』的意識，擴充到『大我』的意識，使一個『小我』，合攏成一個『大我』，由意識上結合而成一個堅固的團體，豈不是統一國家的基礎嗎？共和國家

〔註32〕馬鶴天：《新廣東教育考察日記》，北京國民大學，1924 年，第 76、78 頁。

〔註33〕《廣東省廣雅中學》，北京：人民教育出版社，1998 年，第 46～49 頁。

〔註34〕新會縣地方志編纂委員會編：《新會縣志》，廣東人民出版社，1995 年，第 1091 頁。

〔註35〕參見程美寶：《由愛鄉而愛國——清末廣東鄉土教材的國家話語》，《歷史研究》2003 年，第 4 期。引文的「注音符號」應爲「注音字母」。1930 年，國民黨中央執行委員會爲「免歧誤而利推行」，將「注音字母」名稱改定爲「注音符號」。故「注音符號」之說是 1930 年後才有的。——筆者識。

的基礎，建設於國民總意之上，誰都承認的。所以我敢說統一國家的初步，就是統一言語。」〔註36〕

在一些比較偏遠的縣市，甚至還有學校結合本地方言的實際，遵章實施注音字母教育。如廣東客屬大埔縣，縣教育局認為，閩音字母為兒童及失學男女練習國語、認識漢字之利器。為此，教育局於1922年通令各高小、國民學校，1、按照縣注音字母討論會提出的23個閩音字母統一國語方音教授；2、編纂鄉土課本國民學校初年級用話法教授書及其材料，並與各科聯絡；3、國語科話法時間每周應占六小時以上。難能可貴的是，該縣注音字母討論會還對教育部公佈的國音字典進行了深入的研究。同年，大埔縣縣注音字母討論會向教育局提出，向教育部國語統一籌備會請願，要求教育部修正國音字典，將結合韻母變音的地方進行刪改。〔註37〕

與國內其它省區一樣，學校是廣東國語教育的主要陣地。在學校之外，學講國語的情況尚不多見。30年代，有廣東人在總結此前本省的國語教育時指出，「國語運動在廣東也曾熱烈地來過兩三次。第一次是護法之役時期，第二次是在一九二四年在廣東國民黨改組的時期。」〔註38〕顯然，就廣東當時實施國語教育的實際情況來看，其標準程度與真正意義上的國語教育並不在同一個層次。這源於廣東在國語（官話）教育方面確實基礎薄弱。因此，以北方方言區的標準來衡量，廣東人所謂的國語運動與國語教育難免攙雜了較多的水分。其實，上述兩次所謂的國語運動，正如作者自己所說，無非是這兩個時期比較多的「北方人」聚集在廣州，本省官員與民眾比較多地與他們講國語而已。

（二）白話文教育

白話文運動是國語教育的重要部份，也是新文化運動的重要內容。在廣東，受新文化運動影響的在校學生充當了鼓動與傳播白話文的主要人群。一篇回憶劉思慕的文章中寫道，1920年前後，劉思慕在廣州南武中學就讀，熱衷於閱讀《新潮》、《新青年》等雜誌，被「新文化思潮和白話文學所吸引」，與同學一起舉辦新文化性質的小刊物。〔註39〕在這裡，所謂新文化性質，既包含新思想、

〔註36〕朱光典：《統一中國言語問題》，《金中週刊》第46期，1924年3月30日，第5頁。
〔註37〕《大埔縣教育會季刊》第2期，1922年9月30日出版，第46頁。
〔註38〕黃鋼：《關於推行國語問題之我見》，1936年12月25日《廣州民國日報》。
〔註39〕劉士昀等：《劉思慕傳略》，廣東省政協文史資料委員會編：《廣東文史資料》

新觀念，也包括新語言，而新語言即是新文學運動所倡導的白話文。

1922 年，金山中學一位四年級的學生在本校校刊上撰文，提出了他對白話文的一些觀點。人們很難想像，如果不是深受身邊的白話文言論與運動的影響，一個中學生對於白話文的認識如何能達到這樣的高度。他在文中寫道：

> 「我國何以識字的人太少？因為文字高深；何以民智不發達？因為做文的人，不肯把他的意思直接說出來；全用那些古話僻典，所以要看書報的人非「十年寒窗苦用工」的，就不能知他的意思。如是，則要普通人民，智識能夠發達，非笑話嗎？……所以現在就有白話文出現。白話文是白話的，故能說話就能看文，能看文就能夠明白。如是，民智才能發達，國家才能強盛。由是可知白話文是有益於國民兼有益於國家。」〔註40〕

如前所及，國語教育令的頒佈，意味著不僅課程要改變，教科書也要相應地由文言文改為白話白話文。就在教育部通告頒佈的同時，商務印書館出版《新體國語教科書》（八冊），這是中國第一部小學國語教科書。接著，商務印書館又出版了《中等學校用白話文範》（四冊），這是中國第一部中學國語教科書。此後，國語教科書大增。〔註41〕

在此情況下，廣東省內已將國文科改為國語科的學校開始陸續採用新式國語教科書。尤其是 1922 年「新學制」實施後，廣東較多新式中小學所使用的教科書就是當時由上海各大書局出版的新式國語教材。到 1924 年，有人注意到，廣州「各坊出版界，已有多種適用之教本。」〔註42〕在省立第一女子師範學校，馬鶴天也發現，師範本科一年級甲級的國文課堂上，教員、學生使用的就是當時國內師範學校內通用的《注音通俗白話文範本》。〔註43〕

由於新式教科書一時洛陽紙貴，一位欽廉籍人士在為仍行舊制的母校到廣州購買教科書時頗感困難：「每購書一批，搜遍全市，未能齊備，甚至完全無書」。這是因為，「年來省中中學校多改新制，試點販售亦多新制之書。舊

第 52 輯，1987 年，第 121 頁。劉思慕，中國社會科學院世界歷史研究所所長。新文化運動時期，就讀於廣州南武中學，併兼任廣州市學生聯合會學藝部長。

〔註40〕 王維集：《白話文和文言文的我見》，《金中月刊‧進化》第 1 卷 5 號，1922 年 7 月，第 13～14 頁。
〔註41〕 費錦昌主編：《中國語文現代化百年記事》，語文出版社，1997 年，第 34 頁；黎錦熙：《國語運動史綱》，上海：商務印書館，1934 年，第 121 頁。
〔註42〕 《改行新制之先聲》，《培英雜誌》第 7 卷 1 期，1924 年 3 月。
〔註43〕 馬鶴天：《新廣東教育考察日記》，北京國民大學，1924 年，第 69 頁。

制所用者，時告罄缺。」〔註44〕在大埔縣，一位中學教員發現，在該縣各小學校，文言教科書改白話教科書的風氣越來越盛：「比較發達的地方，已完全改用；一般的地方，也在漸次改用。」〔註45〕

由此可見，不管是省垣，還是下屬縣市，擯棄舊時國文教材、採用新式國語書已經成為一種時尚。以至於一位金山中學的學生在一篇文章中寫道，在學校尤其是小學，都是用新式國語課本的。〔註46〕儘管這位學生的說法有些武斷，並不完全符合事實——新學制實行後，省內仍有較多學校在施行舊制，使用舊時教本的也為數不少。一位中學生的所見，畢竟是有限的。但是，這無疑表明，當時學校尤其是小學採用國語課本的現象已經比較普遍。

三、方言與文言文教育

如前文所述，到 20 年代，國語教育在國內已經具備了相當的思想基礎與社會基礎。從這個意義上講，與其說 1920 年國語教育政策的出臺是政府或知識界對國語教育有意識的推動，還不如說是晚清以來白話文運動和語音統一運動的延續發展。在這裡，政府其實只是順應了社會的這一發展趨勢。因此，當北洋政府教育部國語教育令頒佈之後，全國範圍內的國語運動和國語教育進入了迅猛發展的時期。因是之故，無論是政策的制定者，還是當時國內知識界以及民間國語教育的推動者，對中國在短時期內普及國語還是充滿了樂觀的情緒。

在這種大環境的影響之下，廣州的部份人士對廣州的國語教育也充滿了期待。而且，在 1923 年秋，曾親自參與組設廣州市立國語講習所的許崇清出任廣東省教育廳廳長。在當時許多人看來，這無疑是廣東國語教育將會得到長足發展的一個重要信號。加之廣州國語所成立伊始，即大規模地開辦國語師資培訓班。因此，市教育局有關人士對於廣州在較短時期內普及國語教學持非常樂觀的態度：「自實行（國語教育——引者注）以來，各教員對於改用國語讀文，尚無窒礙。且各級多已一律改用國語教授者。預計十四年秋季，當可一致用國語直接教授矣。」〔註47〕

〔註44〕 鍾喜焯：《欽廉教育問題與解決的方法》，《海天潮》，欽廉留省學會出版，1924年。

〔註45〕 聘伊：《小學改用白話文問題》《大埔縣教育會季刊》第 2 期，1922 年 9 月 30日出版，第 8〜10 頁。

〔註46〕 《金中周刊》第 74 期，1924 年 12 月 7 日，第 6〜7 頁。

〔註47〕 《改用國語教授之過程》，廣州市教育局編印：《廣州市教育事項報告》，1925年，第 14 頁。

　　顯然，這種預測無疑是過於樂觀了。事實上，在此後相當長的一個時期內，無論是外省人還是本省人，對廣州乃至整個廣東國語教育批評的聲音從來就沒有停止過。當然，這位市教育局的人士之所以得出如此樂觀的結論也未必就是憑空臆想。不難理解的是，在主管部門有關官員視察各學校時，教員的國語教學與他們日常教學中的習慣做法肯定存在著較大的差距。

　　對於中國各地民眾來說，正確讀出標準國音是一個問題。另一方面，由於各地民眾日常生活中的口語存在著程度不同的差異，致使當時許多國語教科書中的白話文與一些方言區白話文發音也不相同。因此，金山中學有人提出標準白話文的問題：「我國的語言，太過複雜，不能統一；所以甲地的話，到乙地就不能通行；又乙地的話，到丙地又是不能通行。假使各做各的白話，則白話才通行一地，還有什麼價值呢？若要以國語為標準，則又有北音與南音的區別又是不能普遍全國了。所以我萬望主張白話文的人，快快標準一種合式的白話出來，使世人通通從目的話做去，則白話文自能統一，使看的也容易一點，這就是世人的幸福了。」〔註48〕其實，這個問題恰恰是當時國語統一本身存在的一個兩難的問題。

　　毫無疑問，在這個兩難的問題沒有解決之前，國語教育還是很難從已有的方言和文言文教育中解脫出來。針對這個現實問題，黎錦熙曾提出過過渡的辦法。他認為，教育部國語令中不提「國語」而說「語體文」，「那是因為國語是要用國音教授的」，「部中恐怕鄉村小學，一時沒有國音教員，便不妨將本地的方音來讀語體教科書」。〔註49〕這也即是說，從普及教育的角度來看，在語音統一和白話文教育之間，優先白話文更符合實際一些。因此，在方音與北京音差異較大的廣東地區，方言教育還具有相當強大的勢力。

（一）方言教學

　　一般來說，國文科改為國語科並不是一件阻力很大的事情。在大都市自然不必說，就是在一些比較偏遠山區的學校遵教育部令照辦。1920年，從化縣的朱山下村小學即按照縣政府的要求，設置國語、珠算、常識、算術等課程。〔註50〕不

〔註48〕王維集：《白話文和文言文的我見》，《金中月刊‧進化》第1卷第5號，1922年7月10日。
〔註49〕黎錦熙：《國語教育上應當解決的問題》；《教育雜誌》，第13卷第2期，1921年。
〔註50〕朱灼基、朱銳廉：《朱山下小學創辦史話》，廣東省從化市政協文史資料委員會編：《從化文史資料》第15輯，第120頁。

過，如上文所及，國語教育更實質性的內容是白話文與國音教授，僅僅改變科目名稱是不夠的。而在廣東，這種只改換學科名稱的情況比較普遍。在省立金山中學，國文已然改爲國語，但有學生透露，他們念書時還是沿用文言文時代的做法，用土音誦讀。〔註51〕學生用方音誦讀，顯然是教員在課堂教學中長期以方音講授、讀文影響之下的後果。

在文化教育發達的廣州，馬鶴天在考察教育期間也發現，市區學校教職員只能操方言以及教員以方言講授的情況並不少見。

在參觀番禺縣立女子高等小學校時，由該校學監某女士招待。該女士一開始還非常客氣。但因爲馬鶴天全然不懂廣州話，在交談了幾句話之後，該女士大爲不悅，弄得馬氏不得其解。等到馬氏醒悟過來，將欲說的話寫字在紙上要求與對方筆談時，被對方斷然拒絕。最後，馬氏還是一頭霧水：是她眞的不明白，還是不願意搭理我呢？〔註52〕

在市立第十二國民學校，四年級的《國文讀法》課堂上，教員講授《李三和》一課。教員在講授和與學生問答的過程中均用廣州話，馬氏不知所然。〔註53〕在市立第二十二高小校，二年級的歷史課堂上，教員也完全用廣東話，馬氏根本無法聽懂。〔註54〕在省立第一女子師範學校，師範本科二年級的《論理學》課堂上，教員、學生也全用廣東話，馬氏同樣無法理解。〔註55〕

國語教育在小學校不如人意，在廣州市的一些大學裏，情況也並沒有好多少。1924 年，曾就讀於北京大學的熱衷於傳播世界語的馮省三到廣州，準備受聘到廣東大學任世界語教員。由於初到廣州不懂廣州話，馮省三感覺如步入異國。在給錢玄同的一封信中，馮省三對他與廣東大學員工交流困難的窘境進行了描述：

> 「廣州的人民，除開廣州話外，所最注意的便是英文；至於中國的國語，在他們是毫不相干。……到了廣州城，便是到了外國了，有耳不能聽，有口不能説，成天像個啞巴，又像個傻子，要是到了不得已而必須説話時，便求之於筆的寫。我以爲這校是高等師範（即廣東高等師範學校。其時已被併入廣東大學——引者注），會國語的

〔註51〕《金中周刊》第 74 期，1924 年 12 月 7 日，第 6～7 頁。
〔註52〕馬鶴天：《新廣東教育考察日記》，北京國民大學，1924 年，第 52 頁。
〔註53〕馬鶴天：《新廣東教育考察日記》，北京國民大學，1924 年，第 61 頁。
〔註54〕馬鶴天：《新廣東教育考察日記》，北京國民大學，1924 年，第 55 頁。
〔註55〕馬鶴天：《新廣東教育考察日記》，北京國民大學，1924 年，第 69 頁。

一定很多很多，哪裏知道他們的國語的程度，十個學生裏挑不出一二個會懂的來；至於會說的，一百個裏或者有三四個！國語運動了這些年，而運動得又那樣熱烈，中國的一個國立高師還是這樣，豈不奇怪！」〔註56〕

需要提及的是，廣州市的許多國民學校本有意開展國語教學，但苦於「學校教員，諳習國語者無多，」致使國語教授無法實施。〔註57〕嶺南大學附屬小學之所以較早便能實施國語教授，並非因爲其有合格的國語教員，而是到北京專門聘請。〔註58〕嶺大附小是教會辦學校，辦學資金相對充裕，專門聘請北京教員應不存在經費上的問題，但是對於當時多數廣州學校來說，顯然是不大現實的。

另一方面，1920年教育部教育部發佈《國音字典》的字音仍然是1913年由讀音統一會議決的。故國語統一會隨後刊佈《國音字典附錄》，即修正國音字典的說明及字音校勘記。1921年，教育部公佈校改國音字典。1924年，國語統一籌備會再次修改國音（俗稱「新國音」）。〔註59〕標準國音如此頻繁的改動，當時社會各界對此議論紛紛，「以爲教育部還沒有將標準語頒佈全國，國語語法和國語詞典都沒有一定的標準；乃驟然改用國語，好比黃鶴樓上看翻船的一樣」。〔註60〕

因此，當時的國音教學就連地道北方方言區的教員都覺得無所適從，更不用說南方方言區的師生了。在這種情況下，有人建議乾脆將國語讀本和會話本分開來編寫：

「至於國語說話一項，我以爲也有另編國語會話書的必要。橫豎國語教本中的詞句，多數不是我們日常生活的通用語；而且作文和說話也各有其特別的風格，在不違反言文一致的原則中，我以爲不妨使國語讀本和會話本分立。」〔註61〕

〔註56〕　錢玄同：《悼馮省三君》，《錢玄同文集》第二卷，北京：中國人民大學出版社1999年，第87～89頁：另載1924年6月24日《晨報副刊》。
〔註57〕　廣州市教育局編：《廣州市教育局報告書》，1924年，第15～17頁。
〔註58〕　嶺南大學風社編印：《風社》「小學概況」，1921年。
〔註59〕　費錦昌主編：《中國語文現代化百年記事》，語文出版社，1997年，第33～34頁。
〔註60〕　黎錦熙：《國語教育上應當解決的問題》；《教育雜誌》，第13卷第2期，1921年。
〔註61〕　區磐石：《改善高級小學國語科教材的我見》，《廣州市教育月刊》第2卷2期。

在大埔縣，也有人提出：

> 「教授注音字母之法，先擇實物教以土音認識注音字母然後再
> 授漢字，似比較他先教注音字母后教漢字，及注音字母與漢字並授
> 二法稍為完善。吾埔土音，在城與同仁異，三河與高陂異。若欲覓
> 齊全埔同音實務來做鄉土課本教材，恐非容易。鄙意以為仿照上海
> 商務印書館方寶觀手編注音字母比聲圖，斟酌變更，似較明切易行。」

〔註62〕

顯然，這些想法與國語運動的初衷是背離的。因為在新文化運動的領導
者看來，提倡國語就是要把生活中的日常語言納入學生的國語教科書；如果
將國語科中的語體文教學和語音教學分隔成兩個獨立的部份，顯然又成了另
一種形式的言、文不一致了。不過，這些想法恰恰反映了廣東多數學校教員
習慣於操方言而不願講國語的一個重要原因。

（二）文言文教育

學校國文改語體文之初，也是新文學剛剛勃興之時，可供選進小學教科
書作為典範文章非常有限。這種國語文本身的不成熟，使得新式國語教科書
很難為國內方言陳雜、語音各異的地方民眾欣然接受。語言教育家何仲英曾
提出：

> 「第一，已有的國語文太少：不是太長，就是過短；不是雜亂
> 無章，就是思想陳腐。要找一篇完完全全沒有毛病的，實在是鳳毛
> 麟角。第二，現在新作的國語文儘管多，但在創造試驗時期，難免
> 有拉雜刻露等流弊，而且適合於學生程度的很少。從嚴格上說來，
> 似乎已有的國語文，難以取材，惟有靜待將來創造。」〔註63〕

在廣州，有人對當時一些學校採用廣州市面上流行的上海各書局的國語
教科書表示了疑惑與不滿。「實際上課本的內容，多以散碎文字雜湊而成，都
是枯燥無味，強迫兒童去讀，怎樣能使他們發生興趣呢？」而至於教學方法，
也還襲用老舊的一套，「以課本為中心。先生讀一遍，學生讀一遍。」〔註64〕

馬鶴天在市立第三十三國民學校發現，該校原為平民小學校，由學生聯
合會所辦，1920 年始改市立國民學校。在一年級的國文課上，教員在講授《一

〔註62〕《大埔縣教育會季刊》第 2 期，1922 年 9 月 30 日出版，第 19 頁。
〔註63〕何仲英：《國語文底教材與小說》，《教育雜誌》第 12 卷 11 號，1920 年 11 月。
〔註64〕溫立信：《小學國語科教學之我見》，《廣州市教育月刊》第 2 卷 4 期。

人兩手兩足》課，「女教員令學生讀講，多不大了了。」而四年級國文教員課外特別教論說文，「用論說文範作教本，文內故點很多。」〔註65〕

　　普通民眾對於白話文的「排斥」主要基於兩點，一是傳統教育的影響還很大，二是語體文教材的識字量遠低於文言文課本。另外，白話文在當時的主要陣地是學校，而在社會領域，如政府公文法律條文，公私請柬，報紙社論，民間墓銘等，文言文的使用遠多於白話文。正如當時有論者指出的，「現在社會上，白話文還未通行，正是受了科舉時代教育的毒。寫起信來，不是古雅的小簡，就是駢儷的八行；至於那些壽序、頌詞、祭文、輓聯，總是虛偽社會生產的虛偽文學。還有些學校，特地請了書啓名家，教這一類文字；美其名曰『實用主義』。〔註66〕

　　如前所述，陳榮袞的白話教材，在嶺南地區受到歡迎。但在廣州，他的教材改革的試驗成效並不大。一個很重要的原因是，這種教育改革不僅受到官府、士紳的壓制，也往往為家長所抵制。〔註67〕在農村學校，新式教材更難得到教員以及家長的支持，他們主要是從實用的角度來看待文言文改白話文的。「小學低年級國語教科書，裝滿了大貓、小狗、狐狸、白兔的故事，……書坊裏只求普遍適用，也不管鄉下小孩子學到了有何用處。」〔註68〕

　　遊移於新舊之間，是許多初級學校在處理文言與白話關係時的一個比較典型的特點。關於這一點，花都縣長湖村私立聯正高級小學的做法恐怕應算是比較有代表性的。該小學的教師多為清末秀才，有本村人，也有從外地請來的。國語教育令頒佈後，學校也按部就班地改國文為國語。但教材的使用情況是，舊課本（八股文）和民國政府部編的新課本同時使用。舊課本只暗地裏講，不用考試，以防督學檢查時被發現；新課本公開用，由教師自己命題考試。〔註69〕

　　對白話文的抵制，不僅有家長，讀舊書出身的教員也極力反對。在揭陽縣某一國民學校，一位參觀者發現，該校教員是位六七十歲的老八股秀才，

〔註65〕　馬鶴天：《新廣東教育考察日記》，北京國民大學，1924年，第62頁。
〔註66〕　洪北平：《中等學校與國語》，朱麟公編：《國語問題討論集》，上海：中華書局，1921年，第頁。
〔註67〕　參見陳察吾：《陳子褒先生事略》，《廣東文史資料》第12輯，第125頁。
〔註68〕　莊澤宣：《鄉村建設與鄉村教育》，中華書局，1939年3月，第112～114頁。
〔註69〕　葉治平：《桃園教育四季花》，《從化文史資料第15輯》第122～123頁，政協廣東省從化市委員會文史資料委員會編。

在上課時間這位教員一直躺在煙床上，讓學生讀「子程子曰」、「粵若稽古帝堯」等。參觀者問一位小學生，為什麼先生不讓他們讀「人、手、足、刀、尺」的新式書本，學生回答說，「先生常言，『那種書，誰不會教，讀了又怎麼用處。』」〔註70〕

此外，一些地方的政府部門也不主張白話文教育，極力推崇古文教育。1925 年，粵北地區教育當局在高小在學制規定的課程外增加讀經一科。有人對家鄉教育部門的這種做法忿忿不平：「近年新學制盛行，一切教科書，概改用語體文，亦求淺顯以便兒童易解。奈何桑梓之小學教師，對文言課程，反恐不深，而再加專門士子所研究之經書耶？何怪境內之小學生，雖至畢業，對國文一科，尚茫無頭緒者，比比皆是也。」〔註71〕

至於比較偏僻的地方，許多學校索性置國語教育令於不顧。在大埔縣，「好多風氣不甚開通的地方，還是懷疑著，堅不肯用，仍舊拿著古代的『四書五經』、『古文評注』，及民國二三年以前審定的教科書來用，以為能夠做文言文，自然會做白話文，不必多此一舉，徒紛學生的腦力。」〔註72〕這說明，越是偏遠的地方，無論是對於來自官方的教育訓令，還是對於來自新文化運動反映都不靈敏，學校教育依然依著慣性運行。

對於主張國語教育的人士而言，白話文與文言文之間是新與舊、進步與落後的關係。但是，鍾情於文化傳統的人們則更多地從白話文會導致國粹喪失的角度來保護文言文。金山中學的一位名為劉萬鎰的學生，在《金中周刊》上發表了一篇以文言寫就的文章，表明了對白話文極端反對的態度：

> 傳曰：「言以足志；文以足言」。言即白話，文即文言，是知文言可以代白話，而救其所不及也；未聞白話足以代文言也。今夫騷人之抑鬱，遷客之窮愁，此非白話能工其事也；又如勞人思婦之情；孤臣孽子之心，其幽怨芳悱之隱，白話輒窮於形容；而文言乃可曲折佪復以達其意。如繪者之畢繪其狀，無一不肖也；吾是以知白哈不足以代文言也。若夫勒諸金石，播之詩書，將以啟後世；範圍來者，斯為文化之表徵；國粹之所寄託者，捨諸文言，實不足以傳後

〔註70〕 李振聲：《揭陽小學教育腐敗的原因及今後整頓的方法》，《榕聲》第 2 期，1925年。

〔註71〕 朱含民：《南韶連最近教育之概觀》，《北江潮》1 卷 1 號，1925 年。

〔註72〕 聘伊：《小學改用白話文問題》《大埔縣教育會季刊》第 2 期，1922 年 9 月 30日出版，第 8～10 頁。

世也。書曰：「道德仁義，非文不明；禮樂刑政，非文不立！」吾是以知白話不足以代文言也。或謂言文一致：言即文，文即言。文之所能者，言無不能之。此歐美所以言文一致也。余謂此乃自欺欺人之說耳！吾曾讀歐美文學，察其言文，判然兩別。……彼非不注重白話文字也，非不識白話文字能使人人俱獲領悟之益也。其所以不取乎此者，非故爲艱深也；良以寓言政事，如吾國尚書，文化所關，白話不足垂型百世耳。是故環讀歐美傳世之文選，未曾見一白話文字也，其又何疑於我國哉！世之所傳語錄者：乃宋儒程頤程灝之講堂筆記，初甚草創；後以方言修飾之，潤色之蓋其徒恐沒其真也；非故爲此白話也。且其所藉以傳道者，在經注，語類其雜見者也。彼張載之西銘，朱熹之四箴，固無取於白話也。而顧強代之，其如國粹何？今將文言強代以白話，現時似無甚影響於國粹；以尤有存者學者得以窺吾國學藩籬也；若百十年之後，後生小子，將必以吾祖國舊有文字爲糟粕。六經覆瓦，論語當薪，其宣諸口者：惟「甚麼」、「怎樣」名詞也；其著諸書者：亦惟「甚麼」、「怎樣」名詞也；其如「焉」、「哉」、「乎」、「也」者，將必化爲「嗎」、「嚇」、「呀」、「呢」也。是吾國學精華，將次無形消滅矣。〔註73〕

　　而持這種態度顯然並不是個別的。在素來爲嶺南文化教育重鎮的梅州，也有人發出類似的聲音。有學生在《梅中月刊》上發表文言文章，明確表示對文言文的支持。〔註74〕

　　如果說，一般學校教員實施國語讀音確實是一個現實困難而只得放棄是出於無奈的話，那麼講授文言古文則是私塾教員的刻意主張了。事實上，使用的舊課程、舊教材，不僅是私塾先生賴以生存的技藝，也是他們最重要的特長。

　　因此儘管有個別私塾中較年輕的老師受新文化的影響，也會跟著國民學校設置新科目，講授新文學。〔註75〕但是，對於大多數私塾來說，依舊使用

〔註73〕劉萬鎰：《我對於白話代文言之研究》，《金中周刊》第7期，1922年12月17日，第4～頁。
〔註74〕郭芝俊：《自述對於文學之意見》，《梅中月刊》第2期，1923年，第45～46頁。
〔註75〕梁松生：《清末民初廣州西關私塾概況》，廣州市政協文史資料研究委員會《廣州文史資料》第35輯，第152～155頁。

舊課程、舊教材。在富商大戶薈萃關的廣州西關，私塾讓初入學的學生「必先讀《三字經》、《千字文》和《千家詩》等。四書也是必讀之書，還多從《古文觀止》、《古文評注》中選讀文章。」〔註 76〕在大埔縣，許多私塾先生「將艱深的四書五經讓兒童背。」由於這種做法比較普遍，以至於很多人「一見新式課本，便在旁冷笑，以爲『人手足刀尺山』這樣淺顯的東西不配當課本。」〔註 77〕

新式學校產生以後，私塾一直就爲教育主管部門嚴加管束的對象。不過，在官府的嚴查之下，私塾教員也學會了與教育主管部門的督學或學監玩「捉迷藏」的遊戲。教育局的人來檢查，私塾趕快改用新式教科書。教育局的人一走，又用老課本。〔註 78〕對於私塾教員來說，儘管他們知道這種做法與「官方」的要求不一致，但他們認爲他們所做的是正確的，至少是符合學生家長的意願的。

在民國時期的廣東，私塾一直是一個極其龐大的教育機構群體。儘管進入民國以後，政府對私塾一直採取整頓、改良乃至取締政策，但即便是在廣州這樣的大都市裏，在許多學校實施了新學制以後，私塾也還大量地存在。1924 年 3 月，廣州市教育局曾對私塾進行調查，市內共有男塾 636 所，女塾 129 所，學童 3 萬多人，與公私立小學在學人數相當。〔註 79〕

私塾的大量存在，既有經濟方面的原因，也體現了民眾對於新、舊教育的理解與教育界存在著較大的差距。無論如何，社會巨大的需求爲私塾這種舊式教育的繼續存在留有足夠的空間，單靠政府一紙禁令顯然難以見效。但是，另一方面，私塾的大量存在，無疑又是舊式古文教育得以賡續、白話文教育難以取得進展的一個重要因素。

四、政治「角色」與國語教育

在 1920 年代，袁世凱獨斷專橫的時代已過去，但國內軍閥混戰，民不聊生。在這種情勢下，知識界寄希望於國語的推廣能加強地方軍閥對整體的認

〔註 76〕 孟魯：《廣州西關私塾及英文館概略》，廣州市政協文史資料研究委員會：《廣州文史資料》第 35 輯，第 158～159 頁。

〔註 77〕 藍餘熱：《普通對於教育上幾個錯誤觀念》，《大埔旅省年刊》，1924 年。

〔註 78〕 《私塾寫眞》，《廣州民國日報》，1925 年 12 月 4 日「小廣州」版。

〔註 79〕 廣州市政協文史資料研究委員會：《廣州近百年教育史料》，廣東人民出版社，1983 年，第 263 頁。

同，實現全國的統一。對於當時知識界的這種認識，國語教育專家倪海曙作了極其精妙的歸納：「國語統一的要求：同時舊的封建勢力又很快的轉變成軍閥割據的狀態，連年內戰，使當時每一個中國人都感到政治統一的需要，於是許多人又都從統一上著想，這種意識反映到語文改革上，便造成了注音字母與國語運動的合流，使『待用文字』的注音字母轉變成了『統一國語』的注音字母。」〔註80〕而為解決當時嚴重的南北政權對立，也有人提出，語言的統一，對於國家的統一與民族團結尤為重要。「方今南北紛爭，憂國之士力謀統一，但統一南北，非先聯絡感情，則言語之效力乃大。」〔註81〕

由於國語教育與國家民族的統一之間存在著不可分割的聯繫，因此國語教育訓令的頒佈，得到了當時文化界、教育界的廣泛認可和支持。國語教育訓令頒佈後不久，有國語運動的積極鼓動者甚至提出，是否學習國語，是能否成為合格國民的重要標準：「凡為國民者，無一不當諳習國語，其理分明。若但能講土話者，則僅可謂之土兒不可謂之國民。故欲養成國民之資格，諳習國語其一也。」〔註82〕新文化運動的主要領導者胡適則從教育教育的角度，對北洋政府國語教育令給予了極高的評價和樂觀的預計：「這個命令是幾十年來第一件大事。他的影響和結果，我們現在很難預先計算。但我們可以說，這一道命令把中國教育的革新，至少提早了二十年。」〔註83〕

但是，在中國這樣一個超大國家裏，政策的頒佈是一回事，而在社會上執行恐怕又是一回事。正如有美國政治學研究者所指出的，政治決策過程中的政策意圖和政策結果之間始終存在著巨大的差距。而導致這種差距的一個很重要原因是，政策要經過一個執行的過程，而在這個過程中，政策會被改變。〔註84〕對照北洋教育部國語教育令的基本要求與20年代初期廣東的國語教育現狀，人們不能不服膺論者的高明。

從上文可以看出，就當時的廣東社會而言，雖然國語教育有了一定程度

〔註80〕 倪海曙：《中國拼音文字運動史簡編》，上海：時代書報出版社，1948年，第89頁。

〔註81〕 新：《國語與國體之關係》，1924年5月30日《申報》。

〔註82〕 漸：《國語之關係》，1922年10月18日《申報》。

〔註83〕 胡適：《國語講習所同學錄》序，《胡適學術文集‧語言文字研究》，北京：中華書局，第302頁。

〔註84〕 〔美〕加布里埃爾‧A‧阿爾蒙德、小G‧賓厄姆‧鮑威爾著，曹沛霖等譯：《比較政治學：體系、過程和政策》，上海：上海譯文出版社，1987年，第331～332頁。

的發展，但在國語教育與「非國語教育」之間，後者的勢力更顯強大。人們不難理解，在國語教育的初期，難免會出現這種「新語言」與「舊語言」之間的此消彼長、往復交錯。但是，正如上文中所提及的浙江省當時的國語教育盛況，與之相比，廣東的國語教育則明顯遜色得多。而從語言的角度看，浙江省內各校同樣受到當時「國語」本身不成熟的困擾。至於省內方言複雜程度以及與北京方言之間的差異程度，浙江並不亞於廣東。因此，人們有理由相信，在 20 年代初期的廣東，國語教育之所以遲滯，無疑存在著比語言因素更重要、更深層次的原因。

筆者認爲，主要原因在於當時廣東比較特殊的政治身份。對於廣東當時的這種特殊「身份」，有論者提出，「廣東省的政治角色，和中央政權互爲牽動，或升或降。有時候，廣東『是』中國；有時候，廣東只能守住它省的本分。」〔註85〕其實，筆者認爲，在 20 年代初期，廣東在很大程度承擔著「中央」和地方的雙重身份。即在這一時期，廣東既是一個獨立於北洋政府之外新政權的基地，也代表著作爲北洋政府治下一個省。

儘管在國語教育運動初期，無論是北洋政府，還是大力支持並極力推動國語教育的知識界，他們均聲稱試圖通過國語的統一實現國家意識的形成、國內民眾內聚力的提高，而對於政治統一的意圖避而不談，但正如有外國漢學家所指出，「在語言改革運動中，至少當它針對政治的時候，問題不在於民族統一，而在於統一的民族國家裏地方與中央的關係。」〔註86〕

毫無疑問，廣東這種政治角色在當時的中國沒有第二個省份可以與之相比。而也正是這雙重身份，導致了當時廣東的國語教育出現了受到多方面因素的影響而呈現出多面性，並在整體上進展遲滯。

（一）在「中央」與地方之間

自孫中山南方護法以後，孫中山三次在在廣州建立獨立於北洋政府的政權，並與北洋政府處於嚴重的對峙狀態。1917 年，南下護法國會議員選舉孫中山爲陸海軍大元帥，在廣州設立中華民國軍政府；1920 年，粵軍自閩返粵，孫中山通電宣佈在廣州恢復軍政府，並於翌年被國會非常會議選舉爲大總

〔註85〕 程美寶：《地域文化與國家認同：晚清以來「廣東文化」觀的形成》，北京：三聯書店，2006 年，第 158～160 頁。
〔註86〕 〔澳大利亞〕費約翰：《喚醒中國——國民革命中的政治、文化與階級》，北京：三聯書店，2004 年，第 233 頁。

統，在廣州設立中華民國政府；1923 年，在驅逐陳炯明後，在廣州設立大元帥大本營。

孫中山始終並不認為自己的南方政權是「地方性」的。相反，他始終強調，廣東並不是北洋政府治下的一個省份，而是一個獨立於北洋政府之外的另一個政權下的一部份。而南方政權，比北洋政府更符合革命正統和全國民意。1921 年 1 月，孫中山在一次演說中表明了南方政府的最終目的，「北方政權實在不是國民政府，我等要造成真正民國，還要將辛亥革命未了事業做個成功。」〔註 87〕在此之後，南方政府為表明自己的「中央」地位，還不斷地任命廣東省外圍區域的官職。如閩贛邊防督辦（李烈鈞，1923 年 3 月），粵贛邊防督辦（謝國光，1924 年 12 月），等。

另一方面，對於當時多數國人以及多數外國政府來說南方政權還只是一個地方性的反對武裝勢力，而遠非全國性的政權。1921 年 4 月，孫中山被國會議員非常會議選舉為中華民國大總統。〔註 88〕孫中山此舉不僅被北方輿論視為「破壞法統」，也招致了廣東周邊倡導聯省自治的湘、滇、川、黔等省份的反對。〔註 89〕在當時的美國看來，南方政府充其量也只是一個地方政權，不能代表中國。1921 年 11 月，華盛頓會議如期召開。北京政府派出龐大代表團，象徵性地邀請南方政府外交部長伍廷芳為代表團成員。12 月，廣州政府向美國國務卿提出，要求各國撤回對北京政府的承認，由南方政府組派代表團參會。但美國國務院聲明，「儘管廣州政府給外國觀察家留下了積極的印象，但是在它得到至少一半省份擁護以前稱自己為全國性的政府似乎是站不住腳的。」〔註 90〕

事實上，在 1926 年之前，南方政府所控制的範圍和影響的區域非常有限，而且即使在廣東，也沒有真正實現統一。相反，在此期間，廣東省的內部紛爭異常激烈。自護法運動以來，在廣東省內，南方政府一直面臨著對立勢力

〔註 87〕 轉引自廣州市政協委員會文史資料研究委員會編：《廣州百年大事記》（上），廣州市文史館稿，1984 年，第 220 頁。

〔註 88〕 廣州市政協文史資料研究委員會編：《廣州百年大事記》（上），廣州市文史館稿，1984 年，第 224 頁。

〔註 89〕 丁旭光：《孫中山與近代廣東社會》，廣州：廣東人民出版社，1999 年，第 151 頁。

〔註 90〕 Comment on the Programme submitted by the Canton Government, RDS893, 1921.轉引自王立新：《美國對華政策與中國民族主義運動（1904～1928）》，北京：中國社會科學出版社，2000 年，第 225～226 頁。

的威脅。先是桂系軍閥把持廣東，與孫中山領導的軍事勢力抗衡。1920 年，孫中山命令援粵軍總司令陳炯明回師廣東後，廣東局勢稍爲安定。但是，時隔未幾，南方政權內部也存在孫中山與陳炯明之間的衝突。

到 1922 年，這種衝突愈演愈烈，最終導致成孫、陳之間戰爭的爆發。平定陳炯明勢力之後，廣東的局勢有所緩解。但是，直到國民黨「二大」以及國民革命軍北伐之際，南方政府才基本統一廣東，並開始對廣西等外省產生影響。從這個角度來看，在 20 年代初期，包括各種對立勢力的廣東仍然還只是中國內部的一個省份，而且北洋政府對這個省份無疑還發揮著重要的影響。在本省，甚至一直存在著擁護北洋政府的軍事力量，而號稱民國正統的南方政權只是省內眾多勢力派別中的一個。

（二）政治對峙中的國語教育政策

作爲民族主義者，南方政權中國民黨要員當然不會反對國語。事實上，國民黨的重要領袖孫中山、汪精衛、譚平山雖然均爲廣東人，在日常私下場合會講廣東話，而一旦在公開場合，他們都是講國語，儘管他們廣東式國語遠算不上標準。〔註 91〕但是，對於北洋政府以及來自這一政府的任何號令，他們以及他們的南方政權是堅決反對的。1920 年底，孫中山通電宣佈在廣州恢復軍政府之後，在接受《字林西報》記者採訪時指出，「北方政府統一命令，不能承認。吾人不欲有私人間之秘密瞭解，且不欲有敷衍和局。」〔註 92〕

這種局勢對於國語教育的直接影響是，南方政府部門以及其勢力所影響的地區，對於北洋政府的國語教育政策多不可能採取積極的態度，以至於各學校使用方言、文言文教學並沒有受到來自上層的主動干預。而在政府高層，對這一政策更是根本不予聞問。

1921 年，全國教育會聯合會第七次年會在廣州召開。在此屆年會的議決案中，涉及的議題共 17 項，重要的包括學制系統草案、促進教育經費獨立。但是，國語教育並未被納入議決案之中。〔註 93〕這種情形與當時國內發起不

〔註91〕 參見尚明軒等：《孫中山生平事業追憶錄》，北京：人民出版社，1986 年，第170 頁；車吉心：《民國軼事》，濟南：泰山出版社，2004 年，第 2775 頁；夏以洛主編：《中國革命史話》，長沙：湖南少年兒童出版社，1995 年，第 22頁。

〔註92〕 廣州市政協委員會文史資料研究委員會編：《廣州百年大事記》（上），廣州市文史館稿，1984 年，第 214 頁。

〔註93〕 《第七次全國教育會聯合會會務紀要》，廣州：全國教育會聯合會，1921 年。

久的國語教育運動形勢顯然是不太相合的，也與全國教育會聯合會重視並大力支持國語教育的一貫主張與做法不一致。

　　廣東省教育會是此次年會的東道主，對年會討論以及議決的重大問題自然會有著十分重要的影響。而廣東省教育會完全在軍政府的掌控之下，擔任廣東省教育會會長的就是當時軍政府的重要領導、國民黨領袖汪精衛。不難看出，在北洋政府頻繁頒佈國語教育政策之際，以獨立政權自詡的南方政府自然不願意也不甘心去附和北洋政府的這一做法，因為這樣做無疑顯示了自身的從屬地位。而對於來自各省教育會的代表們來說，國語統一問題在廣州顯然也是一個比較敏感的話題，不予討論也算是避免難堪的一種策略。

　　1922 年，北洋政府教育部依國語統一籌備會四屆年會通過的「徵集中等以下學校語體文成績開展覽會，並擇優刊行案」，專門行文至各省區，命令各省區教育主管部門向本屬中下各學校徵集語體文教育成績的相關材料。但是，廣東省有關方面對這一部令不予理睬，未向展覽會送交任何作品。〔註94〕

　　另一方面，在名義上為南方政府控制或勢力影響的廣東，北洋政府的包括國語教育在內的教育政策、法規仍然產生著不可忽視的重要影響。這種影響的存在，很大程度上源於廣東教育界對南方政權的認可程度。孫中山一直把廣州作為革命的起點，「是建設中華民國成功的地方。」〔註95〕但是據鄒魯回憶，在 20 年代初期，廣州教育界有一種風氣，就是以不過問政治為清高，對於本黨贊成的，實在很少。〔註 96〕而且，南方各派勢力主要精力在政治、軍事，無暇顧及教育。南方政府雖然比較重視教育，但工作重心主要在各類學校內實施「黨化教育」。〔註97〕因此，廣東省內的許多學校雖然在行政上隸屬南方政府，但在教育業範圍內的諸如課程、教學改良等方面的具體做法，卻不得不在很大程度上被迫去接受來自北洋政府的由教育專家制定的諸多教育政策的指導。

　　人們可以看到，即使在南北政權處於對立乃至軍事衝突最激烈的時候，廣東省內的諸多教育機關、地方學校的內部刊物，仍然不斷地轉載著來自北洋政府教育的重要政策和教育改革措施。在國語教育方面，也是如此。在教

〔註94〕《國語月刊》第 2 卷 1 期「報告」，1923 年，第 3～4 頁。
〔註95〕《孫中山全集》第 9 卷，北京：中華書局，1986 年，第 61 頁。
〔註96〕鄒魯：《回顧錄》，嶽麓書社，2000 年，第 117 頁。
〔註97〕Yuan Zheng：《The Partification of Education: A Pivotal Turn in Modern Chinese Education, 1924~1929》, Twentieth-Century China, Vol.1, April 2000.

育部國語教育令頒佈之後，即使在廣東在南方政府的心臟地區廣州，國語教育機構也如北方省份一樣可以成立，許多學校實際上也是在執行來自北洋教育部的部令，改換國文課程、實施國音教學以及使用由北洋政府教育部審定的新式國語教科書，只不過比其它省份來得更遲緩些。

（三）新舊雜糅的語言教育

廣東這種特殊的政治角色與省內複雜混亂的政局，給廣東國語教育帶來了諸多的消極影響。因為南北對峙，北洋政府的國語教育政策在廣東沒有像在北洋政府統一號令下的其它省份一樣得到比較順利地執行。同時，省內政治上的對立與紛擾，連年的戰爭，致使各方面均無力兼顧其它，致使廣東的文化、教育各項事業陷於無政府狀態。〔註98〕為此，馬鶴天曾感歎：「（廣東）干戈相尋，頻年不息，生民塗炭，百物凋零。……新廣東之名詞，亦遂如曇花之一瞥。」〔註99〕

當然，廣東這種特殊的政治角色和省內複雜混亂的政局，社會缺乏統一的政令，以及主流的思想意識引導，也使得在廣東各種思想、勢力都具有各自的發展空間。因而在文化、教育上，體現了亦新亦舊、新舊雜糅的複雜一面。

如上文所及，對於統一國語教育，廣東高等師範學校學生及時給予了回應。而在接受發起於「北方」新文化運動影響方面，廣東高師的學生亦走在前列。1920 年 1 月，該校部份學校組織新學生社，創辦《新學生》雜誌，宣傳新文化，提出反對孔子、舊倫理、舊道德，誓言要把舊日的不合時勢的東西「連苗帶根斬除得乾乾淨淨，不留一滴兒在今日的新世界裏。」〔註100〕1924年，馬鶴天在考察廣東教育期間，看到廣東教育部門以及各校改革運動風起雲湧。故其在考察日記中寫道，「廣東進步得很速，新空氣很濃厚。」〔註101〕在這裡的所謂新空氣，即是指新文化運動影響之下的教育改革的新風氣和新風尚。

〔註98〕 自 1921 年起，廣東省教育主管部門對省內教育進行督導的工作陷入停頓，至 1928 年才恢復。詳見《廣東教育公報》第一卷第 7 期。
〔註99〕 馬鶴天：《新廣東教育考察日記》「序」，北京民國大學，1924 年。
〔註100〕 廣州市政協文史資料研究委員會編：《廣州百年大事記》（上），廣州市文史研究館稿，1984 年，第 193 頁。
〔註101〕 馬鶴天：《新廣東教育考察日記》，北京國民大學，1924 年，第 20 頁。

　　同時，舊的、保守的思想、文化以及勢力也在沒有遇到多大阻力的情況下得以存留下來。1920 年，陳公博在給胡適的一封信中，對當時廣東的現象感到十分不滿。他在信中寫道，「廣東的空氣，充滿嫖賭及勢力發財的空氣，簡直與新文化絕不相容。……如果一般青年，能夠得點知識，受杜威先生及﹍先生的影響，能夠覺悟，我們也是很滿意的了。」〔註 102〕針對陳獨秀在廣東的遭遇，葉楚傖撰文指出，「廣東是孔教保皇黨等最多的，還有許多學棍，將學校霸佔著做自己產業的。廣東教育的整頓和革新，都是和他們的舊頭腦老飯碗有關，他們恨的人不止一個，卻又只借陳獨秀做由頭。」〔註 103〕嶺南大學教授譚卓垣曾就新文化時期廣州出版物進行過調查統計。他認為，「北方新文化運動如火如荼的時候，在廣州卻沒有出現什麼有影響的刊物；雖則是學校裏舉辦的雜誌，有不少關於新思潮的文章發表過，但事實上確找不到一個純粹的刊物。」〔註 104〕很明顯，在中國文化教育處於大變革的時代潮流中，廣東文化教育的現代轉型沒有能跟上全國的步伐。

　　在當時的中國，新語言、新文化以及新教育實質上是多面一體的。由是，廣東社會的新舊雜糅體現在國語教育上，就是新的語言教育思想、觀念在一定範圍內被接納，國語教育作為新文化的成分也產生了一定的社會影響，而很多既有的、舊時的教育思想、觀念乃至做法，也同時被保留了下來的。

　　如上文所述，在學校語言教育方面，國音與白話文教育取得了一定的發展，而方音教學和文言文教育的強大勢力仍然在教育領域得到很大程度上的保留。事實上，這種兩歧性不僅體現在省內各縣市、各校之間，甚至還廣泛地存在於一校之內。如在上文中所述及，馬鶴天所考察的一些學校裏，就存在著國語與方言並存、文言與白話共處的奇觀。〔註 105〕在金山中學之內，學生中間關於文體的觀點也不盡一致。實際上，在絕大多數的學校裏，國語教育是否實行以及實行的程度，主要取決於學校領導人乃至於某一國語、國文教員的政治與文化態度。

　　因此，從當時廣東的政治局勢對國語教育起步的影響而言，可謂是「成

〔註 102〕《陳公博致胡適》（1920 年 8 月 2 日），《胡適來往書信選》上冊，北京：中華書局，1979 年，第 107 頁。
〔註 103〕1921 年 7 月 28 日《民國日報》（上海）。
〔註 104〕譚卓垣：《廣州定期刊物的調查（1827～1934）》，《嶺南學報》第四卷第 3 期，第 4 頁。
〔註 105〕馬鶴天：《新廣東教育考察日記》，北京國民大學，1924 年，第 69 頁。

敗皆蕭何」。毫無疑問，這種複雜性對廣東國語教育的消極影響遠多於積極影響，從而導致了廣東國語教育整體上的發展遲滯，並且對此後廣東國語教育產生了難以消除的不良影響。

第三章　國語運動的勃興與困境

　　如前所及，廣東的國語教育在 20 年代初期的起步並不順利。但是，這種狀況在 20 年代後期曾一度發生了重大變化。這種變化，始於國民黨第二次全國代表大會。

　　1926 年初，國民黨「二大」召開，國民革命形勢高漲，軍事北伐、統一中國被列入廣州國民政府議事日程。這樣，廣州國民政府統一中國的革命目標，與國內同時期民間社會發起的國語運動所追求語言統一的宗旨之間具備了共同的元素。因此，就在全國國語運動處於「蟄伏」狀態之際，〔註1〕廣州國民政府發起了一場聲勢浩大的國語運動。

　　1928 年，國民黨基本實現了全國的統一。國家統一使得語言統一成為必要，也為國內語言統一提供了不可多得的條件。國民黨南京政府不僅延續了北洋政府的國語教育政策，而且進一步加強了對國語教育的統一領導和推進力度。

　　本章主要就國民黨「二大」後至 30 年代初廣東國語教育的發展進行考察，並結合這一時期廣東政治身份的演變，就廣東國語教育所面臨的困境進行分析。

一、國民黨「二大」與國語運動

　　1926 年 1 月，國民黨第二次全國代表大會在廣州開幕。在大會召開之際，國民政府軍取得了南征的勝利，清除了盤踞在廣東的最後一股反對勢力。這是自 1917 年孫中山南下護法以來，號稱革命基地的廣東初次實現了統一。1

〔註 1〕黎錦熙：《國語運動史綱》，上海：商務印書館，1934 年，第 153 頁。

月 19 日，鮑羅廷在一次演說中提出，努力向北擴展國民革命勢力，「希望此第二次全國代表大會閉會之後一年內的工作能夠猛進。到了第三次全國代表大會是要在北京開的，至少也須在南京或武昌開會。」〔註2〕

當月 26 日，國民政府主席汪兆銘與譚延闓、宋子文、甘乃光，由白崇禧陪同到梧州與李宗仁黃紹竑及湘軍唐生智、黔軍彭漢章之代表商兩廣統一及北伐問題。2 月 1 日，國民政府任蔣介石為革命軍總監，準備整軍北伐。因此，在某種程度上講，國民黨「二大」其實是國民黨統一全國的一次動員大會。

在國民黨召開「二大」的同時，熱衷於國語研究的民間人士在北京舉行中華民國國語研究會 10 週年紀念會，並決定發動全國範圍內的國語運動大會。〔註3〕由於全國國語運動大會由當時的文化教育界著名人士發起，並以「有統一的國語，才有統一的國家」相號召，國內的國語運動風起雲湧。據有關部門不完全統計，僅從 1925 年年底國語運動發動之時到 1926 年 1 月 3 日，國內舉行國語教育演講會、遊藝會以及遊行會的就達到 100 多處。〔註4〕

如果說國民黨「一大」前後，是嚮往國民革命的「北方人」來投奔廣東這一革命策源地。到了「二大」時期，則是偏居一隅的國民黨政權準備突破廣東、走向全國的時候了。為此，《廣州民國日報》發表署名社論指出，「現在的國民政府，沒有獲得地盤上的『中央』，但是，他獲得人心上之『中央』。」〔註5〕這樣，廣州國民政府從廣東走向全國的目標，與此次由民間組織發起的國語運動所追求語言統一的宗旨之間具有了共同的元素。因此，廣州國民政府在國民黨「二大」召開期間就對國語運動作了積極的回應，並在廣東國語運動大會的舉行中發揮了重要的領導作用。

（一）輿論推動

前一章中已敘及，在 20 年代初期，廣東的國語教育聲勢本不大，且多限於教育領域，社會民眾對國語以及國語重要性並不十分瞭解。因此，對普通民眾進行普及性的國語宣傳、教育顯然是十分必要的。

〔註2〕《鮑羅廷在中國有關資料》，中國社會科學出版社，1983 年，第 72 頁。

〔註3〕費錦昌主編：《中國語文現代化百年記事》，北京：語文出版社，1997 年，第 42 頁。

〔註4〕《全國國語運動特刊》，1926 年 1 月 3 日《申報》（上海）。

〔註5〕曙風：《十五年一定是北洋軍閥結束的一年》，1926 年 5 月 13 日《廣州民國日報》。

　　1926 年 1 月 15 日，國民黨機關報《廣州國民日報》發表了一篇《不諳國語之吃虧》的文章，說明學習國語的重要性和必要性。在文章中，記者以一個故事說明了不學習國語的危害性。

　　　　當民國改元之初，龍濟光率濟軍數萬，禍粵數載，其蹂躪之慘，粵人至今，猶談虎色變。蓋其面目既猙獰可畏，而語言又啁啁莫辯。所到之地，動輒姦淫，宜乎婦孺視之若蛇蠍矣。

　　　　本市小北某街，有貧婦某，頗具姿首。以時賞盛暑，室內炎熱，因在門前縫褲。濟軍過其前，見婦居高貼五福臨門，認為娼僚，頓起淫念。用趨前致詞曰：「你們是做貨的嗎？」婦遂點頭答曰：「是。」濟軍聆言，不禁狂喜，即掏出小洋六枚：「六個小洋一次，夠不夠？」婦又誤為縫一條褲，以六角代價，亦不假思索答曰：「夠。」至是兩皆誤會。濟軍急不暇待，竟牽婦入房，償其獸欲。婦恐極而號，大呼救命，鄰近之人雖聞，然均懾於濟軍之威，無一敢出面干預。此事畢，婦不甘受辱，喊警糾纏濟軍到區，由區轉解軍法處。當時處長亦濟軍一流人，自然偏聽濟軍一面之詞。置婦言於不聞。竟以彼此誤會，薄責濟軍數言，即將兩造遣回，和平了結。然而婦以六角小洋，蒙一生之差，亦太不值。苟婦略諳國語，事未成前，嚴詞拒之，濟軍雖強，終無如之何也。觀夫此，不諳國語之吃虧，益信而有微矣。〔註6〕

　　這當然是一個通俗得多少有些無聊的故事。不過，媒體也只有通過這樣既通俗易懂又吸引眼球的故事，才會引起普通民眾對國語重要性的關注，才會產生宣傳國語教育的效果。事實上，這種做法在當時是一種比較的現象。〔註7〕

　　1 月 23 日、31 日，《廣州民國日報》連續刊發「國語運動號」，發表了關於國語教育的四篇文章，正式拉開宣傳國語教育的序幕。

　　由於此前廣東國語教育推動乏力，民眾對於國語的瞭解實際上並不多，「國語運動號」先後發表了國語教育專家、廣州市市立師範學校教員鄭漢明的普及性文章，向民眾介紹「國音字母」，並說明為什麼應該學習國語。

〔註 6〕梁季文：《不諳國語之吃虧》，1926 年 1 月 15 日《廣州民國日報》。

〔註 7〕同月 26 日，在上海的《國民日報》也有一篇文章，通過兩個小故事告誡民眾要學習國語。故事內容分別是一位教員因不懂國語，買車票時多付了錢；三位上海居民因不懂當地駐軍士兵的國語命令，被發槍擊中致二死一傷。詳見昌：《不懂國語的害處》，1926 年 1 月 26 日《國民日報》（上海）。

　　鑒於當時一般民眾容易將「國音字母」誤解成一種新文字，他爲此進行了解釋：「國音字母」本身並不是一種新文字，而是一種音標。其主要目的是在漢字的勢力沒剷除之前，「救濟漢字的困難。」〔註8〕

　　至於爲什麼要學習國語，他提出，由於中國語言文字的繁難，導致中國教育的不普及，科學、文化、政治的不發展，因此，爲中國的教育、科學、文化、政治的發展，國人應該提倡說國語話，應用國語文。而對於個人來說，只有學習研究國語，才能求得智識、謀取職業以及服務社會。〔註9〕

　　如前所述，國民黨「二大」召開，意味著南方政府將從一個地方性的政權向全國性政權的轉變。在這種情況下，國語教育不單是一種普及國民教育、個人求知識謀職業的一種手段，而是與統一中國的國民革命有著密切的聯繫。在鄭漢明的《國語教育與國民革命》一文中，提出國語教育與國民革命是一致的：

　　　　我以爲國民黨如果想全國的學生、農人、工人、商人、軍人，……都完全明白本黨的主義，那麼，就不是隨便宣傳可以收到圓滿的效果，必一定先要做一番「國語」的工夫，使全國人都懂國語；那麼，才有使全國人明白，研究、信仰、宣傳本黨主義的希望。否則，語言龐雜，任你怎樣去宣傳，都是收不到多大的效果呢！

　　　　中國政局今日弄得這樣糟，不革命是不行的。如果是有良心的人們，就必一定記著孫總理的遺囑，繼續努力於國民革命。那麼，才不愧是青天白日旗下的國民呢！中國文化，現在弄得不生不死的田地，語言不統一也是不行的。所以凡屬國民，都應該懂得國語，應該一同去加入國語運動！

　　　　國民黨和國語，可以說是有密切關係的；國民黨現在正努力於統一全國的領土、軍政、財政、民政……。這固然是挽救中國的目前要途，我以爲黨中也要計劃到統一中國語言的重要。

　　　　在目前國民革命的推進中，凡屬國民，都應該一同去努力，不能存一種觀望或中立的心，否則，不革命就是反革命！在這個推行國語的時候，凡是中國的國民，都應該明白國語。如果反國語，就不配做中國的國民！〔註10〕

〔註8〕鄭漢明：《國音字母產生的原因》，1926年1月23日《廣州民國日報》。
〔註9〕鄭漢明：《爲什麼提倡國語》1926年1月31日《廣州民國日報》「國語專號」。
〔註10〕鄭漢明：《國民革命與國語運動》，1926年1月23日《廣州民國日報》。

　　1 月 31 日，「國語專號」發表鄧華卿的文章《推行國語與打倒帝國主義的關係》。在這篇文章中，作者更將國語教育與廣州國民政府外交政策中「打倒帝國主義」的口號結合起來：

> 我們要打倒帝國主義，先要統一言語。能夠統一語言，國民的感情才能融洽。能互相融洽，則五族成為一家了。成為一家後，則無「彼疆此界之分」；「爾詐我虞之患」，部落之爭，就可以免除了。然後團結起來，向帝國主義進攻。帝國主義，自然會被打倒了。〔註11〕

　　同一時期，在全國國語運動的重要城市上海，《申報》也專門刊發了「國語運動特刊」，發表了大量的號召民眾學習國語的文章。不過，值得注意的是，在上海，無論是包括俞子夷、沈百英、陳啓天等在內的知名國語教育專家，還是出自民間社會的一般讀者，多強調通過國語統一實現教育普及以及國內團結的目的。〔註12〕而在廣州，在廣州國民政府主導下的國語運動，並沒有延著北洋政府和「北方」知識界的老路走，而是將廣東國語運動注入了更多的政治內涵和革命元素。毫無疑問，國民革命與國語運動的結合，既反映了廣州國民政府「民眾化、革命化」的教育方針，更表明了國民政府希望通過國語運動以及國語教育的開展促進國民革命的出發點。

（二）省垣國語運動大會

　　1926 年 1 月 17 日，全國國語運動大會廣東籌備會召集各團體、學校代表召開成立大會。與當時國內其它城市的國語運動大會完全由民間力量一手操辦不同，在廣州，廣東國語運動大會的領導權則完全為廣州國民政府的重要官員所把持。在籌備會議的選舉中，伍朝樞、陳公博、陳其瑗、馬洪煥、吳鐵城、伍大光等被推選為會長。

　　伍朝樞（1887～1934），伍廷芳之子，廣東新會人。時任國民政府委員、軍事委員會委員、司法行政委員會主席等。陳公博（1890 － 1946），廣東南海人，時任國民黨第二屆中央執行委員、廣東省工農廳長。陳其瑗（1888～1968），廣州市人，時任中國國民黨第二屆中央執行委員、廣東省政府財政廳廳長。吳鐵城（1888～1953），廣東香山人，時任國民革命軍獨立一師師長、

〔註11〕 鄧華卿：《推行國語與打倒帝國主義的關係》，1926 年 1 月 31 日《廣州民國日報》。
〔註12〕 《全國國語運動特刊》，1926 年 1 月 3 日《申報》。

第六軍十七師師長兼廣州衛戍司令。伍大光（1887～1936），廣東新會人，時任廣州市教育局長、黃埔軍校教授部少將高級教官。由黨政軍方重要人物出任國語運動大會會長，可以想見國民政府對此次國語運動的重視程度。

1月21日，全國國語大運動廣東運動會呈請教育局備案，並通飭各小學校參加。廣州市教育局認爲「吾國語言龐雜，文言紛歧，於交換智識聯絡感情，在在均形窒礙。該員等發起舉行國語運動大會，表演國語重要，以促進文字革命，誠當務之急。所請備案及通飭各校之處，准予照辦。」同時，市教育局還通飭市轄各校積極參加國語運動大會的遊行活動和遊藝晚會。〔註13〕

1月23日，全國國語運動大會廣東籌備會對外公佈了《全國國語運動大會廣東運動會宣言》，向社會發出號召：

> 咱們的中國，人心散渙，同床各夢，無論什麼運動，都難收偉大的效果。他的原因，雖很複雜，可是國語不推行，是極有關係。因爲中國方言的複雜，文字的煩難，在世界各國當中，推爲第一。而識字的人又很少很少，所以民意難於溝通，人心便像散沙一般了。如果要實行統一的國家，就要實行統一的國語。語言便能相通，宣傳便易於著手，各地的民眾和各階級的民眾，便能夠發生感情，那麼，人民就容易團結，人心便不會散渙，咱們敢說一句乾脆的話，同志們，提倡國語，便是繼續努力革命的工作，革命才能成功！
>
> ……
>
> 在廣東的「文言霧」還未受著「國語風」的吹散。所以咱們便聯合在廣東的同志，於全國國語運動期內——本年一月——舉行國語大運動。把國語如何重要，如何好處，都表演出來；宣傳到民間去。革命的同志們，起來！起來做文字的革命！起來做文化的革命！這才是實行咱們的三民主義！這縱是實行咱們的救國運動！〔註14〕

當日，廣州市各公、私男女學校學生千餘人，舉行了大規模的巡行。各校師生高舉「國語一致」、「文化進步須學國語」等標語旗幟，沿途散發傳單。

1月31日晚上，廣東國語運動會還舉行了規模浩大的遊藝會，報刊稱此次晚會爲廣東空前未有的盛舉。參加遊藝會的達3000多人，不僅有各學校的

〔註13〕 《批准國語運動會備案》，1926年1月22日《廣州民國日報》。
〔註14〕 《全國國語運動大會廣東運動會宣言》，1926年1月23日《廣州民國日報》。

師生，還有文化、演出等社會團體、組織。在遊藝會上，參加者舉行國語演講比賽、話劇，組織者甚至邀請大新公司京戲班來會演唱雙簧、京腔等北方劇目。〔註 15〕

二、國語運動大會餘波

國語運動大會舉行之後，省內各有關部門紛紛響應，已有的以及新成立的國語教育組織、機構也相繼開展國語教育活動。

（一）國語教育活動

省垣國語運動大會舉辦後，一些縣市先後舉行了國語運動大會，作為對國民政府開展國語運動號召的回應。

2 月 4 日，清遠縣召開「國語促進會」成立大會。成立大會的基本程序與省國語運動大會毫無二致：既有國語演講，還有以國語表演的各種遊藝節目。〔註 16〕

在潮屬普寧縣，2 月下旬舉行了國語運動大會。大會號召，本縣各界的同志們聯絡起來，使到本縣的男女同胞們都知道研究國語、使用國語的好處。大會期間，不僅在縣城舉行了大規模的活動，各區市鄉也分別組織分會，舉行巡行、講演、遊藝、展覽以及宣傳活動。〔註 17〕

在學校方面，中等學校成為推廣國語教育的重點。1 月 30 日，省教育會舉行中等學校國語演講比賽。該會提出，「誠以國語一科，為聯絡感情安置工具，尤為團結民族之利器。在三民主義之民族主義第七頁當中，先總理亦認語言為造成民族的要素。」故該會特舉行國語大比賽，以促進中等學校「鼓勵該學科學業，以策競進。」〔註 18〕

推動中等學校國語教育，一方面是力求中學國文教育能夠延續從小學開始的國語教學，使得整個基礎教育的學生能夠使用國語表達，並基本掌握語體文的應用。另一方面，也是為了進一步鞏固小學的國語教育。這是因為，在當時的廣東，中學的國文科多沿用舊時國文教材及教學方式，致使人們認為，小學國語教育對於以後升學和繼續教育沒有作用。

〔註 15〕1926 年 2 月 1 日《廣州民國日報》。
〔註 16〕1926 年 2 月 9 日《廣州民國日報》。
〔註 17〕1926 年 2 月 24 日《申報》。
〔註 18〕1929 年 11 月 26 日《廣州民國日報》。

　　如前所及，金山中學是廣東省內國語教育開展得比較早並產生較大影響的中學之一。在嶺東國語運動會的籌備以及開展過程中，金山中學是重要的發起者和組織者。〔註 19〕早在國語運動會籌備之時，校方就廣泛發動學生參與討論，以擴大國語教育的影響。1 月 3 日，金山中學的藍兆泂發表文章，號召師生為普及國語而努力：

> 　　無論世界的那一國，都有一定的普遍語言：我國的國語，也就是我國最通行的語言了。我很相信大家都極明白國語的重要，與國家前途的利益有極大的關係！……不然區區咫尺之間，即感受語言的隔膜，而不能發展各人的意思，這是多麼的痛苦而憂鬱呵！甚至言語隔絕往往失了濃厚的友誼和感情，這又是何等的懊喪？大家同志啊！要救國，非實行打破語言的隔膜，劃除地方主義的方言不可。〔註 20〕

　　金山中學為省立中學，主要招收潮梅地區的學生。由於兩區分屬潮州方言區和客家方言區，在學校日常生活以及課堂教學中，時常出現因語言分歧而起的學生之間以及師生之間的糾葛。國語運動大會之後，金山中學明確規定，教員課堂教學必須使用國語，不再允許校內任何學生向教員提出方言教授的無理要求。〔註 21〕

　　國語運動還拓展到社會教育領域。在國民革命期間，以喚醒民眾、動員社會參加氣勢磅礴的國民革命為目的的平民教育蓬勃發展。由於勞工階層多為文盲或半文盲，因此課本的編輯要求使用「最接近語體之淺顯文字」。而在課堂教學中，平民學校教員也被要求一律避免使用方言。〔註 22〕甚至關於國語教育的方法，也開始成為平民教育刊物上討論的問題。〔註 23〕

（二）國語教育組織機構

　　國語教育組織、機構的多少是一個地區國語教育是否發達的一個重要標誌。尤其是南方方言地區，沒有教育機構對國語教員的培訓，國語教學就根

〔註 19〕《發起嶺東國語運動大會》，《金中周刊》第 106 期，1925 年 11 月 15 日。

〔註 20〕藍兆泂：《對於普及國語底意見》，《金中周刊》第 113 期，1926 年 1 月 3 日，第 3～4 頁。

〔註 21〕《金中周刊》第 121 期，1926 年 4 月 18 日，第 16 頁。

〔註 22〕中國國民黨廣東省黨部青年部平民教育委員會：《廣東平教月刊》第 2 期，1927 年 10 月 1 日。

〔註 23〕何甘泉：《平校國語科教學實例》，中國國民黨廣東省黨部青年部平民教育委員會編印：《平教月刊》第 3 期，1927 年 11 月 20 日。

本無法實施。國內各省區多在 20 年代初期就設立了大量的、普遍於基層縣市的國語教育機構。在廣東，國語教育組織、機構的大規模設立，是在 1926 年之後。顯然，這是廣東國語運動聲勢浩大發展形勢下的產物。

如前文所述，在 20 年代初，省垣廣州曾成立過三個國語教育機構。至此時，實際上還在運行的只有廣州市立國語講習所。而且，廣州市立國語講習所，在成立之初辦理過幾次國語師資培訓班後，由於廣州時局極不穩定，師資培訓並無多大起色。在聲勢如此浩大的國語運動形勢下，廣州市教育局為加快廣州市各校、普通市民普及國語教育的步伐，將工作不力的在任所長梁日如撤換，委任畢業於北京注音字母傳習所師範班的國語專家戴仲傑為第三任所長。

戴仲傑（後改戴宗傑），早年畢業於兩廣方言學校。畢業後，曾任番禺縣立女子師範學校國語教師，極力推行官話教學。1916 年，專程到北京學習國語注音字母，後在廣州成立國語注音字母傳習所。廣州市市立國語講習所成立之時，任該所教務主任兼教師。戴仲傑任所長後，對廣州市立國語講習所進行整頓，將已陷入停頓狀態的各種培訓班重新辦理起來。同時，擴大國語講習所的招生規模。當年，在讀學員達到 259 人，教員從當初的 3 人增加至 5 人。〔註24〕到 1927 年，在所學習的學員更增加至 320 人。〔註25〕

在這一時期新成立的國語教育組織中，規模和影響最大的是「國語教育促進會廣東分會」。該組織的設立，對廣東國語教育機構的大發展起到了非常重要的推動作用。當然，「國語教育促進會廣東分會」，是蔡元培、吳稚暉領銜的國內文化界、教育界組織發起的「全國國語教育促進會」直接幫助與促成下成立的。

在全國國語教育促進會籌備期間，總籌備處即委託廣州方面的有關人士在廣東廣泛徵求會員。〔註26〕1926 年 9 月，全國國語教育促進會在上海成立後，〔註 27〕鑒於方言紛歧的兩廣國語教育比較滯後，故選派該會總務幹事曾可光為「駐粵幹事」，到廣東組織分會，以促進廣東國語教育的普及。〔註28〕

〔註24〕《十五年度教育統計》，廣州市教育局編印：《廣州市教育統計》，1929 年，第 21～22 頁。

〔註25〕《十六年度教育統計》，廣州市教育局編印：《廣州市教育統計》，1929 年，第 27～28 頁。

〔註26〕《國語教育促進會廣徵會員》，1926 年 6 月 26 日《廣州民國日報》。

〔註27〕《全國語教促進會昨成立》，1926 年 9 月 2 日《民國日報》（上海）。

〔註28〕《全國國語教育促進會幹事到粵》，1926 年 11 月 11 日《廣州民國日報》。

11 月，曾可光、黃友圃、劉暢九、郎擎霄四人，在廣州召集熱心國語教育的人士開會，籌備成立粵分會事宜，公推曾可光爲臨時主席。同月 28 日，國語教育促進會廣東分會正式成立，曾可光被選爲主席，會址設在文德路文德樓 3 號。〔註29〕

國語教育促進會廣東分會成立後，隨即公佈了《國語教育促進會粵分會簡章》（詳見附錄 1）。分會以「研究國語學術調查廣東國語教育實況，力謀國語教育進行，協助總會辦理廣東會務」爲宗旨。主要會務包括，一、調查廣東方言；二、研究國語學術；三、培養國語人才；四、調查廣東國語教育實施狀況；五、編行國語書報；六、促成國語統一、言文一致，以期教育普及；七、其它關於國語教育進行事項；八、執行總會議決進行事項。〔註30〕

如前所及，隨著國民革命形勢的進一步發展，國語教育得到了廣州國民政府的大力支持。在廣東國語運動的推動下，廣州國語教育組織機構得到了極快的發展。隨著國民革命軍出師北伐，國民黨統一全國的基本完成，國內語言統一的要求也呼聲日高。在這種國家統一形勢的推動下，廣東成立了比較多的國語教育機構。不過在此期間，廣州國民政府、廣東省縣市政府的主要精力都相對集中於軍事、政治工作，包括國語教育在內的教育事務自然難以顧及。因此，這時成立的官方國語教育機構極少。

「廣東省國民黨黨員俱樂部國語講習所」成立於 1927 年 11 月，是廣東民國歷史上爲數不多的黨務機關設立的國語教育機構之一。廣東省國民黨黨員俱樂部認爲，「本黨發展直抵長江及黃河流域一帶。近革命軍仍奮鬥猛進，節節勝利，不日便打倒奉魯一切軍閥。倘語言不能相通，則對於工作上及宣傳上更形不便，語言即應力求統一。」因此，有必要設立國語講習所，培養省內黨務機關工作人員。

爲方便學員利用業餘時間學習，該所主要的課程安排在每星期一、三、五晚上，在黨員俱樂部授課。鑒於黨務機關工作人員學習國語主要以黨務宣傳工作爲主，故所需教員沒有從師範學校或國語講習所專門聘請，而由機關內部通識國語的人士充任。而課程設置也力求簡單、實用，主要有「國音學說」、「會話」、「注音」、「讀音統一之歷程」等。〔註31〕

〔註29〕《國語教育促進會與粵分會成立》，1926 年 11 月 30 日《廣州民國日報》。
〔註30〕《國語教育促進會與粵分會簡章》，1926 年 12 月 1 日《廣州民國日報》。
〔註31〕《省黨員俱樂部舉辦國語講習所》，1927 年 11 月 15 日《廣州民國日報》。

　　由於上述原因，這一時期領導全國範圍內國語教育的表面上是北洋政府教育部附設的「國語統一籌備會」，但實際上發揮重要影響的是民間組織、機構。此次大規模推動全國國語運動大會就是由民間人士自發組織的。1926 年初，大會總籌備處即決定，在大會結束後成立全國國語教育促進會，領導全國範圍國語教育的推動工作。

　　當然，國語運動以來，北洋政府教育部內不乏主張國語教育的開明人士。而且，他們多與當時的教育界有著密切的人脈關係。因此，全國國語運動大會總籌備處、全國國語教育促進會雖然爲民間人士一手所操辦，但在人事上實際與「國語統一籌備會」存在著較大的人員重合。如對北洋政府教育部能施加較大影響的教育界知名人士蔡元培、胡適、錢玄同、黎錦熙等均是上述組織的重要成員。不過，很顯然，全國國語運動大會總籌備處後來遷至上海，同時也將全國國語教育促進會會址選擇設在上海，其實就是教育界有意識地撇開北洋政府而刻意以獨立民間組織的形式開展工作，以便能在最大程度上得到國內社會各界、各派勢力的認同。

　　與此同時，國內各地的民間社團紛紛響應，組織發起國語運動以及國語教育機構。這種情況，在廣東也不例外。這一時期創辦國語機構的民間社團比較踊躍的有，廣東國語研究會、國語同志會、中山大學教職員同德會、全國注音符號推行委員會等。

　　廣東國語運動大會結束後，廣州國語界部份人士認爲，全國國語大運動廣東運動會是一個臨時性組織，而今後的國語教育欲有長遠的發展，應該成立常設組織，遂向省教育廳提出成立廣東國語研究會，作爲全國國語研究會的一個支部，全稱爲「中華民國國語研究會廣東支部」。〔註 32〕

　　1926 年 7 月，廣東支部在廣州市立師範學校設立「廣東國語研究會講習所」。該所在任教員是分別從廣東大學、廣州市立師範學校、廣州市立女子師範學校、坤維中學等學校聘請的國語教育專家。根據學員的來源及其工作性質，該所將他們分爲師範班及普通班兩種。爲便於中小學教員入所學習，培訓工作均安排在暑期進行。每日上午上課 3 小時，培訓期限爲 6 個星期。學員畢業時，成績合格者，由國語研究會會呈請教育廳核准發給畢業證書。至當年 11 月，講習所師範班第一屆學生修業期滿。〔註 33〕

〔註 32〕　《國語研究會開辦暑期講習所》，1926 年 6 月 30 日《廣州民國日報》。
〔註 33〕　《國語講習所第一屆師範班畢業》，1926 年 11 月 30 日《廣州民國日報》。

　　廣東國語同志會原本是一個以藝術爲主要形式，向市民宣傳國語及國語教育的組織。會址設在惠愛路廣州市小學教職員聯合會內。國語同志會的會員極眾，所有省辦的和市辦的國語傳習所屆結業生均爲當然會員。爲提倡國語，國語同志會規定，凡屬會員與會員之間相談，必須一律用普通話，違者每次罰款五個銅元，作爲聚餐費用。

　　廣東國語運動大會期間，該會積極在市民中進行國語教育宣傳。一面編輯出版國語運動會刊，一面在市立小學教職員聯合會內舉行國語運動展覽會，把有關推行國語的方案、意義和作用加以詳細說明。並將廣州市立國語講習所所長戴仲傑所編寫的《廣州語拼音一覽表》、《廣東省漢語分佈圖》、《中國漢語區分圖》、《漢字拼音一覽表》、《國語運動綱目》以及所有推行普通話的書報圖片等陳列出來，以便觀眾閱覽。〔註34〕此後，該會採取形式多樣、普通市民喜聞樂見的宣傳教育活動，如以粵曲宣傳國語、教市民學唱國語歌曲、舉行國語演講等，在廣州大力推行國語教育。〔註35〕

三、南京政府初期的國語教育

　　1927年，國民政府在南京成立。在國語教育政策方面，南京國民政府基本延續了北洋政府的基本做法，同時進一步加強對這一工作的統一領導。1928年，國民政府基本統一全國。國語統一籌備會改名爲國語統一籌備委員會，國語教育開始在教育部門以及各校開始得到大力推行。1930年後，南京國民政府更是大規模地在全國範圍內開展注音符號的推廣運動。因爲這一時期國語教育在全國範圍內開展比較順利，被黎錦熙稱之爲國語運動的「龍飛」。〔註36〕

（一）政府推動及回響

　　1928年7月，政治上親蔣介石的陳銘樞開始以代理廣東省政府主席的名義主政廣東，自北伐戰爭後一直處於混亂的廣東局勢得開始以穩定。在這種形勢下，廣東省爲整頓全省教育，遂決定召開全省教育會議。在此次會議上，進一步推行國語教育是其中的一項重要內容。

　　在全省教育會議上，教育廳提交「中小學校課程案」，並被議決通過。在

〔註34〕 戴宗杰：《我推行普通話的回憶》，廣州市政協學習和文史資料委員會編：《廣州文史資料存稿選編（六）》，中國文史出版社，2008年。
〔註35〕 1928年9月28日《廣州民國日報》。
〔註36〕 黎錦熙：《國語運動史綱》，上海：商務印書館，1934年，第173頁。

中小學國語、國文課程方面，課程案對教學內容、教學時間等均作了詳細的規定。會議要求，「在中央大學院未頒佈課程標準之前，各學校一律遵照辦理，以照劃一」。〔註37〕

　　按照課程案，小學國語課程包括：寫字、作文、讀文、語言。在實施過程中，各校根據實際情況，分甲乙兩種。其中甲種課表規定，各級每學年國語課 120 小時，計 720 小時；乙種課表規定，一至四年級每周國語課 1 小時，五、六年級每周 2 小時。〔註38〕初中國文課程仍然保持不變，以文言文爲主要內容，但同時要求學生對國語應有基本掌握。故「課程說明」中特別提出，「各校應斟酌地方情形，設國語爲選修科，得由第一第二學年起設置。」同時強調，所有「初中畢業生必須能操國語。」〔註39〕

　　同時，大會明確提出要加強中小學生的國語教育：

　　　　「一、凡中小學生不能操國語者，必須選修國語，至能講普通
　　　　國語會話爲及格；二、高中師範科及師範學校，應從速預備國語教
　　　　員，並自十八年二月起，各科教員一律用國語授課。在校內，教員
　　　　學生一律操國語；三、中上各校一律提倡國語會話及演說，每年每
　　　　校至少舉行一次。」〔註40〕

　　至此，廣東省中小學國語教育以教育法規的形式被確定了下來，結束了自 1920 年北洋教育部國語教育令頒佈以來，廣東省內各校國語、國文教育混亂無序的狀態。

　　鑒於省內民眾對國語及注音字母不瞭解，從 1929 年 7 月開始，《廣州民國日報》不定期在顯眼處刊載「國語常識」。「國語常識」主要是一些以淺顯語言對國語進行介紹，所有文字上方均標識注音字母。〔註41〕1929 年 11 月，廣東省教育會舉行中等學校學生國語比賽，要求全省範圍內所有中等學校選派學生參加。〔註42〕

　　1930 年，國民黨中央執行委員會爲「免歧誤而利推行」，將「注音字母」

〔註37〕廣東省教育廳編印：《廣東全省教育會議報告書》，1928 年，第 159～165 頁。
〔註38〕《小學校課程表》，廣東省教育廳編印：《廣東全省教育會議》，1928 年，第160～161 頁。
〔註39〕《初級中學課程表》，廣東省教育廳編印：《廣東全省教育會議》，1928 年，第163～164 頁。
〔註40〕廣東省教育廳編印：《廣東全省教育會議報告書》，1928 年，第 173 頁。
〔註41〕詳見 1929 年 7 月 18 日、24 日，9 月 22 日《廣州民國日報》。
〔註42〕覺悟：《中校選派學生參加國語比賽》，1929 年 11 月 29 日《廣州民國日報》。

名稱改定為「注音符號」。隨後，南京政府在全國範圍內大力推行注音符號。遵照教育部的要求，廣東省教育廳於當年 9 月正式成立「注音符號推行委員會」。隨後，廣東省政府通令所屬各機關設立注音傳習處，並批准廣東省注音符號推行委員會每年經常費及宣傳周費共 6300 元，由平民教育經費項目下提撥。〔註43〕

廣東省注音符號推行委員會成立後，即制定本省推行注音符號計劃及宣傳方案，要求下屬各縣市在接到教育廳訓令兩周內舉行注音符號宣傳周活動。〔註44〕自 1930 年 9 月 16 日至 21 日，《廣州民國日報》在醒目位置連續刊載注音符號宣傳標語，以引起社會的廣泛關注：

（一）注音符號是識字最犀利的工具！

（二）注音符號是普及教育唯一的工具！

（三）注音識字運動是救國救民的運動！

（四）注音符號可以統一語音統一語言統一一致！

（五）國民不識字才是真正的國恥！

（六）想雪國恥快學注音符號去！

（七）注音符號是最經濟識字的方法！

（八）想實行三民主義就要推行注音符號！

（九）想完成國民革命就要推行注音符號！〔註45〕

廣州市教育局於 10 月通令各校，舉行本市推行注音符號宣傳周。各校一律要組織宣傳隊進行多方宣傳，以期喚起民眾的注意。〔註46〕在從化縣，教育局在 9 月即成立推行注音委會，並要求省教育廳委派國語教授，指導該縣各機關職員及各學校依法推行練習。〔註47〕在興寧縣，政府訓令縣立第一中學及各小學實行國語教學。同時，縣政府還舉辦小學教員補習函授學校，招收小學國語教學不合格的教員參加補習。〔註48〕

部份學生也對地方政府的國語教育作出了積極回應。針對當時南京政府

〔註43〕《民國時期廣東省政府檔案史料選編（2）》，廣東省檔案館編，1987 年，第 439 頁。

〔註44〕《各縣市一律舉行注音符號宣傳周》，1930 年 9 月 14 日《廣州民國日報》。

〔註45〕1930 年 9 月 16～21 日《廣州民國日報》。

〔註46〕《市轄各校舉行注音符號宣傳周》，1930 年 9 月 20 日《廣州民國日報》。

〔註47〕1930 年 9 月 19 日《廣州民國日報》。

〔註48〕梅州市教育局教育志編寫辦公室：《梅州教育志》，1989 年，第 14 頁。

雖然名義上統一了中國，但實際上國內各派地方勢力仍舊擁兵自重、割據一方的狀況，有廣東學生發表文章，號召省內民眾支持國語統一，以鞏固國家統一的基礎：

> 土話的產生和流行，是因為我們國家的疆域廣大，同時又有浩蕩的江河和險峭的山脈，隔絕南北，交通因而困難，使得我們住在一個國家裏，就儼如異土一般，對於生活上一切的方式，不能彼此互相參照，語言就不能有相通的可能性了。語言既不能相通，國人就不能彼此瞭解，感情自然不能融洽，而以「蠻」、「番」互相菲薄。弄到過去的中國，無論在政治上、實業上，都像鴻溝的隔膜著；而在國家呢，只有吃虧和落伍罷了。以上都是過去中國國語不統一的害處。
>
> 國語如果統一，那麼我們隨便到中國領土內各地方，都是方便的；彼此間的交際，都能夠瞭解的；不但如此，還可以增進國民底感情，而謀全民族的團結和發展，且文化的進步，也可以希望達到日進千里的速率了。〔註49〕

一些職業教育性質的學校也開始主動將國語教育納入日常教學。如廣州市立新聞學校，鑒於新聞記者如不熟習國語，「於工作上必極感困難，特增設國語科，每周授課二小時。」〔註50〕

值得注意的是，廣州市的一些私塾在教育廳課程標準頒佈以後，課程也開始發生了一些變化。根據當時有專門研究就私塾的學者稱，在此之前，廣州市內私塾「課程至不劃一。有專注重經書者，有全用新教科書，亦有經書教科書並用者」在教育廳課程標準頒佈以後，較多私塾開始按照有關規定設置課程，雖然不如市立小學課程整齊，但在被調查的私塾裏，也有「百分之五六十全依教育局所規定之之私塾課程。」〔註51〕

與此前相比，國語教育研究也開始有了一些進展。國立中山大學教育研究所成立於 1927 年，是廣東重要的教育研究機構。該所於 1928 年創辦的《教育研究》，每年出版 8 期，目標是能夠在「世界教育學術性刊物中占一地位」。〔註 52〕在廣東國語教育日益普及的情況，教育研究所開始制訂大規模的國語

〔註49〕鄭傳基：《國語統一與中國》，《瑩光》第二期，1929 年，第 67～68 頁。
〔註50〕《新聞學校增設國語科》，1929 年 5 月 4 日《廣州民國日報》。
〔註51〕李婉冰：《廣州私塾調查報告》，《教育研究》第七期，1928 年 11 月。
〔註52〕《教育研究》第 110 期，1948 年 9 月 1 日。

研究計劃，加強對中小學國語課程、教科書、教學法等方面的研究，並取得了一定的成績。如小學國語研究項目，由該所教授王文新領銜承擔。主要內容包括：1、編制小學各級標準字彙；2、編制小學各級標準句法；3、研究國語課程內容；4、編制小學國語課程。到 1929 年，這些領域的研究成果先後在《教育研究》上發表。〔註53〕

（二）國語教育機構

1928 年 10 月，廣東國語同志會執委會議決，分別在東山、南關、老城、西關、花地、河南等六處，同時設立國語講習所，盡量使這些地區的居民能夠就近入所學習。〔註 54〕這種分散至多處辦理培訓機構的做法，因受到市民的歡迎，後來也多為其它同類組織所傚仿。

同年 12 月，該會成員麥朝鏘等還在廣州市立女子師範學校、法盧學校兩校開辦星期國語研究班，利用公職人員星期休假的時間上課。該研究班免收學員學費，每月只收取數量極少的堂費，因而學員也較積極。〔註 55〕國語同志會各講習所的日常開辦經費，大多由該會自籌解決。不足的部份，則向市教育局提請補助。國語同志會對下屬各講習所，管理比較正規、嚴格。各下屬講習所學員畢業考試，須由該所向國語同志會申請，獲准後方能進行，監考人員也由國語同志會查考部派遣。〔註 56〕

對於國語同志會的成就，時人評價頗高：「本市國語教育，已沉寂多時。自國語同志會成立以後，積極提倡，努力推行，對於育才宣傳種種工作進行不遺餘力，於是國語空氣稍為之一張。」〔註 57〕

「中山大學教職員暑期國語補習班」成立於 1929 年 6 月，由中山大學教職員同德會組織發起，是民國時期國內極少見的由大學教員自發組設的國語教育機構之一。

國民革命以後，中山大學雖名為國立大學，但其所招收的實際上主要還是兩廣籍的學生。〔註 58〕隨著國民黨廣東當局清黨行動的開展，教職員中外

〔註 53〕《教育研究》第 11 期，1929 年。
〔註 54〕1928 年 10 月 2 日《廣州民國日報》。
〔註 55〕1928 年 12 月 25 日《廣州民國日報》。
〔註 56〕1929 年 5 月 14 日《廣州民國日報》。
〔註 57〕1928 年 12 月 25 日《廣州民國日報》。
〔註 58〕根據中山大學 1934 年的統計整理，自 1927 年至 1933 年中山大學兩廣學生在學生總數中的比例如下。1927 年學生總數 1468 人，其中廣東 1150 人，廣西

省籍人士也急遽減少。由於中山大學師生中兩廣人士占絕大部份，無論是課堂教學，還是日常生活中，粵語均爲通行語言。

　　這種情況，造成了中山大學在國民黨中央及政府北遷之後的師資缺乏問題。據時任中山大學副校長的朱家驊說，在廣東辦大學，是因爲地理的關係致很難集攏人才。即如本省人，都很多到外省去的；至若外省人，則因語言不通、氣候不習慣，又坐不住。這是不能怪哪個的。因爲方言的關係，北方人到了此地，十個人九個不能說話、聽話，近年來好一點，但還是差不多。爲此多種關係，致使我們很難集攏學者。〔註59〕同時，中山大學教職員同德會認爲，堂堂一高等學府之內，師生均操方音，於國立大學之名不符，且不利於國語統一。於是，教職員同德會遂決定成立國語補習班，利用暑假時間，使一般教員能在最短時間內學會並應用標準國語授課，以便開學後以國語教學。

　　該補習班主要招收教職員同德會會員，不收取學費。每周星期四上午授課四個半小時，補習時間爲一個月。補習班的主要目的是提倡教員國語講授，因而科目極爲簡易實用。使用的教材，爲中華書局出版的用於當時普及國語知識以及用作小學國語課本的「國語交際會話」、「國語模範讀本」。〔註60〕

　　此外，在省垣還有相當一批規模較小的國語教育機構。如「廣州中華國語講習所」。該所繫由廣州市市立國語講習所師範班畢業生設立。〔註61〕不過，這些國語教育機構多因時勢關係而設，招生規模都很小，聲勢與影響遠不能與上述機構所能相比，故不贅述。

　　廣州是國民革命的中心，同時也是此次國語運動的中心，因而國語教育機構尤其是省一級別的均設在省垣。而在下屬縣市，國語教育機構設立相對較少，而且時間也相對滯後。

167人，兩廣學生占89.7%。1928年學生總數1619人，其中廣東1270人，廣西215人，兩廣學生占91.7%。1929年學生總數1892人，其中廣東1494人，廣西245人，兩廣學生占91.9%。1930年學生總數1900人，其中廣東1474人，廣西261人，兩廣學生占91.3%。1931年學生總數2049人，其中廣東1639人，廣西261人，兩廣學生占92.7%。1932年學生總數2602人，其中廣東2143人，廣西269人，兩廣學生占92.7%。1933年學生總數3131人，其中廣東2651人，廣西253人，兩廣學生占92.7%。《國立中山大學現狀》，國立中山大學1934年，第17頁。

〔註59〕《中山大學最近之概況》，1928年11月3日《廣州民國日報》。
〔註60〕1929年6月29日《廣州民國日報》。
〔註61〕1929年8月31日《廣州民國日報》。

1929 年，全國國語教育促進會汕頭分會成立「國語專修科」。專修科以「養成國語人才促進國語教育普及」為宗旨。主要面向中小學校教員，教育行政人員，中等學校學生，以及熱心研究國語人士。專修科分研究組、民眾組二系。凡對國語已有相當研究，而想再求深造的入研究組；熱心研究國語而未經學習的，入民眾組。為力謀國語教育普及起見，無論是否為國語教育促進會會員，專修科一律都不收學費和堂費。課程主要包括：學程標準國音、國語話、常用詞彙、方音校正、語助詞、旗語燈語、注音字母與速記、國語故事、注音字母。考試成績合格者，由國語教育促進會汕頭分會給予證明書（詳見附錄 2）。〔註62〕

1930 年，鑒於廣東國語教育多注重學校方面傳習，而其它各界缺少學習、練習的機會，而且廣東向來缺乏熟習國語標準音的國語人才，故中華國語注音快字研究會特委派人員在廣州市榨粉街舉辦國語星期班。該班主要面向廣州市內普通民眾，以期在廣州市普及注音符號。〔註63〕

四、政治語言與國語教育困境

從上可以看出，無論是「二大」期間的廣州國民政府，還是統一了全國的南京國民政府，對於國語教育都非常重視。而在此期間，廣東社會對於 1926 年的國語運動大會，以及南京政府的國語教育新舉措，都作出了積極的反應。從這個角度來看，這一時期的廣東國語教育比此前有了相當的進步。

但是，許多證據表明，儘管這一期間轟轟烈烈的運動和推行國語教育的措施為此前所不能同日而語，但國語教育的實際成效並不顯著。

按照全國國語運動大會總籌備處的決定，自 1927 年起，每年的 1 月 1 日作為國語運動紀念日，要求各地於當日舉行紀念式，並舉行各種國語運動。〔註64〕但是，自國民政府北伐離開廣州以後，廣東省就沒有開展過一次這類活動。到 1936 年，曾有人提出，「（廣東國語運動）1926 年舉行過之後，整整十年未有進行。」〔註65〕

1928 年，有人對廣州市小學國語教學的情況進行調查。結果發現，「現在

〔註62〕汕頭市政府秘書處編印：《汕頭市政公報》第 49 期「教育」，1929 年 10 月 1 日出版。
〔註63〕1930 年 9 月 22 日《廣州民國日報》。
〔註64〕《全國國語運動行將結束》，1926 年 2 月 19 日《申報》（上海）。
〔註65〕《模範國語講習所籌備慶祝國語節》，1936 年 12 月 21 日《廣州民國日報》。

廣州市的小學，毫不注意及此。……其實全國各地所有一切學校，小學中學大學都不可不用國語教授！現在廣州的中學不用說仍然 Hamparank（通通）用廣州話教授。就大學裏，也還是用土話的多。」〔註66〕

　　同年，在廣東全省教育大會上，李芳園在普通教育組提出議案（後被列入其它各案）：「初級中學以上學校應實行以國語講授。」結果，大會對此案未予審查討論。原因是，「本會審核，現在本省小學畢業生，多數不能操國語，初中驟以國語講授，窒礙尚多。查現訂初中暫行課程表說明書，已規定初中畢業生以能操國語爲標準。本案應從緩議。」〔註67〕

　　潮屬地區國語教育相對發達。但是，汕頭市政府在1929年發佈的一個重申各校重視國語教育的訓令中指出，在此之前，汕頭市政府已制定注重國語教育辦法，要求市內高級小學及中學各校遵照辦理。但經調查發現，「用國語課授者甚爲少數。」〔註68〕

　　如前所述，30年代前期的國語教育主要是推廣注音符號。但是廣東社會對於注音字母的學習很不成功，甚至很多人根本就不瞭解注音符號爲何物。在國內推廣注音符號的高潮時期，居然還有一位國立中山大學的研究人員誤把注音字母看成是一種新文字。他提出，「凡是近世造來專用於表現聲音的記號，例如注音字母和各家所製的字母的，也都是文字。凡造來專用於表現一地方土語的符號，以及通俗的略字，遷譯來的新字，只要能成立的，也都是文字。」〔註69〕

　　至於國語教學方法方面，也幾乎沒有任何實質性的進步可言。有人調查發現，許多廣州市內小學的國語教學還是完全沿用原來國文科中教授文言文的方法。「國語科的教學，還有最大的毛病，就是以課本爲中心。先生讀一遍，學生讀一遍。……實際上課本的內容，多以散碎文字雜湊而成，都是枯燥無味，強迫兒童去讀，怎樣能使他們發生興趣呢？」〔註70〕

〔註66〕張海鼇：《廣州市小學調查報告》，《教育研究》第4期第8～9頁，1928年5月。

〔註67〕廣東省教育廳編印：《廣東全省教育會議》「其它各案」，1928年，第175、177頁。

〔註68〕《訓令各學校須遵先令令飭用國語課授由》，汕頭市政府秘書處編印：《汕頭市政公報》第50期「教育」，1929年11月1日出版。

〔註69〕聞宥：《中國文字之本質的研究》，《語言歷史學研究所周刊·文字專刊》第11集125、126、127、128合期，國立中山大學語言歷史學研究所，第35～36頁，1930年4月23日。

〔註70〕溫立信：《小學國語科教學之我見》，《廣州市教育月刊》第2卷4期。

毫無疑問，這一時期廣東的國語教育仍然未能取得較大的進展。筆者認爲，這一時期廣東國語教育的特殊性在於，語言實際上承載著作爲人們對革命的認同以及是否爲眞正革命者身份的一種標誌。誠如日本學者西村成雄在《20 世紀中國的政治空間──「中華民族的國民國家」的凝集力》中所提出的，「合法性」是各種政治力量追求的目標。〔註71〕在這個革命運動狂飆以及革命黨人內部以革命的名義爭權奪利的年代，無論是方言還是國語都被賦予了強烈的政治色彩。

從上文中不難看出，在廣州國民政府和南京國民政府這兩個時期，廣東社會對於中央政府國語教育的反應實際上還是存在著明顯的差異的。那就是，在革命形勢蓬勃發展的廣州國民政府時期，反應最強烈的是民間社會，而在國家實現初步統一的南京政府初期，作出及時回應的是教育主管部門以及全國國語教育相關組織的下屬機構。而這之間的差異，實則反映了廣東社會對於國語以及國語教育認同的不同程度。而毫無疑問，前者是廣東社會的主體部份。

（一）革命語言

進入近代以來，隨著廣東成爲中國的一個越來越有影響的省份，粵語的社會地位逐漸上升。到了民國時代，以孫中山爲首的廣東籍國民黨人在國內的聲望如日中天，粵語的地位也隨之進一步上升。在粵語文化圈中，至今還流傳著這樣一個故事：

> 「當年，帝制傾覆，共和初肇，在中華民國國會裏，要求奉粵語爲中國『國語』的呼聲很高，支持的票數，已然過半。但孫中山逐一去說服粵籍議員，勸他們放棄粵語，改投北京話一票。最後，憑著孫中山的人望，粵語僅以 3 票之差，敗給了北京話。」〔註72〕

顯然，這只是個後人虛構的故事。〔註73〕事實上，從晚清到民國，人們

〔註71〕〔日〕西村成雄：《20 世紀中國の政治空間──「中華民族の國民國家」の凝集力》，東京：青木店，2004 年，第 71 頁。

〔註72〕參見葉曙明：《其實你不懂廣東人》，廣州：廣東教育出版社，2005 年，第 18 頁。關於這個故事，當代文化界以及粵語群落的網絡煤體流傳比較廣。如易中天的《大話方言》中也有這樣的叙述：「當年，中華民國國會投票定國語，一些粵籍議員要選粵語。粵籍議員人數多，當眞搞『民主』，沒準會通過，幸虧被『國父』中山先生苦口婆心勸住了，仍定爲北京話。」參見易中天：《大話方言》，上海：上海文化出版社，2006 年，第 16 頁。另見劉權：《廣東廣府人的天性》，廣州：廣東人民出版社，2005 年，第 31 頁。

〔註73〕到目前爲止，沒有任何證據表明，粵語作爲國語候選方言被正式提出來在民

對於以北京話爲基礎的北方方言作爲國語並不存在多大的爭議，存在分歧的主要還是在國音標準上面。至於粵語能否成爲國語，胡適曾說得很清楚：「……但是若單有一點文學，決不能代替已有的古文，那也是不行的。例如粵語也有絕妙的《粵謳》，蘇州話也有『蘇白』小說。但這兩種方言通行的區域太小，故必不能成爲國語。」〔註 74〕當然，關於這一類傳說，也並不是只有中國才有。事實上，美國也有比這個故事更爲的離奇的傳說。〔註 75〕但無論如何，這個虛構的故事，多少還是能說明粵語在當時確實具有較高的社會影響和社會地位。

粵語地位達到頂峰，則是在 1926 年的國民黨「二大」上。在此次大會上，「官方語言」是粵語，而不是當時的國語。在大會進行的過程中，廣東籍代表吳永生正式提出：「大會中許多廣東同志都是不懂各省方言的，本席在代表團時屢經提出要翻譯粵語，何香凝同志亦曾說過，但未見實行。現請主席團以後對於各項重要報告及決議，都要翻譯粵語。」當天，會議主席鄧澤如即

初的官方會議上進行討論過。粵語作爲國語的候選方言，在民間機構性質的國語研究會的討論中確曾被提出過。蔡元培曾提及，在討論何種方言合適作爲國語的討論中，「有主張用廣東話的，說是廣東話聲音比較的多」。參見蔡元培：《在國語講習所的演說詞》，《蔡元培全集》第 3 卷，北京：中華書局，1984 年，第 427 頁。此外，在這一類的機構討論中先後被提出來作爲國語候選方言的還有南京話、湖北話等。盧贛章提出，「官話之最通行者，莫如南腔。若以南京話爲通行之正字，爲各省之正音，則 19 省語言文字，既從一律，文話皆相通。」參見盧贛章：《〈中國第一快字切音新字〉原序》，《清末文字改革文集》，北京：文字改革出版社，1958 年，第 3 頁：胡以魯認爲，「十方言之中，自閩粵吳越等沿海外，大抵皆略與湖北近，以其比較純粹而中和也。交通上又爲吾國之中心，其發達正方興未艾。故以之導用於國中，似較京語爲利便。」參見胡以魯：《國語學草創》，北京：商務印書館，1923 年，第 97〜98 頁。從總體上看，這些討論基本上屬於學術討論範圍內的清議，甚至還有些意氣之爭的成分，並沒有得到社會普遍的認同和廣泛的響應。

〔註74〕胡適：《國語文法概論》，姜義華主編：《胡適學術文集‧語言文字研究》，北京：中華書局，1993 年，第 3 頁。

〔註75〕即「謬倫伯格傳說」（The Muhlenberg Legend）。這個傳說講的是，1794 年，弗吉尼亞說德語的市民向第三國民大會提出申請，將聯邦法律用德語出版。國民大會經過幾輪爭辯後，決定於 1795 年 1 月投票表決。碰巧大會發言人、賓夕法尼亞議員 F.A. 謬倫伯格是此項提案的倡議人之一，爲了表示公正，謬倫伯格退出了表決，提案因差一票而遭否決。後來，這一事件被誇張到了「德語只差一票險些成爲美國國語」的「謬倫伯格傳說」。詳見蔡永良：《語言‧教育‧同化——美國印第安語言政策研究》，北京：中國社會科學出版社，2003 年，第 218〜219 頁。

請陳其瑗將北方省籍代表於樹德、丁惟汾的報告譯成粵語。在以後數天的會議記錄中留下不少這樣的記錄:「提案審查委員會報告處分西山會議案。(由路友於同志代表報告,陳公博同志翻譯粵語。──原注)全文如下⋯⋯」〔註76〕

現在人們很難準確地揣測這位提議者當時的心態。但毫無疑問,粵語作為官方語言,與當時廣東作為國民革命策源地的地位毫無疑問是一致的。因此,這位提議者在提出「翻譯」問題時,還要提及當時德高望重的何香凝也持這樣的意見。而粵語和革命策源地兩者的共同基石就是已經過世的國民黨的精神領袖孫中山。在他們眼裏,講粵語就意味著維護孫中山,就意味著恪守總理的遺訓,就意味著他們始終是革命的正統繼承者。而事實上,孫中山在世之時,在上層幹部的安排上也明顯傾向於跟隨他革命多年的廣東籍革命黨人,如胡漢民、廖仲愷、鄧澤如等。1924 年,孫中山離粵北上,更是明確指定胡漢民代行大元帥職權。〔註77〕

但是,在「二大」僅僅結束四天後,廣東國語運動大會在廣州召開。同日,在《廣州民國日報》發表了《廣東省國語運動會宣言》。值得玩味的是,在這篇僅有 1200 字的宣言中,使用「咱們」這一個詞多達 11 次。如所周知,「咱們」這一詞不是廣東人的習慣表述,而是地道的北方方言詞彙。不難看出,這篇宣言出自地道的「北方人」之手。

使用這種北方方言的典型詞彙,一方面固然是國語運動大會有意識地在宣言中顯示出「國語」的味道來,使得不諳國語的廣東民眾對真正國語的表達習慣和方式有所瞭解。但是,如果將這種語言表達與剛剛結束的「二大」的官方語言稍作聯繫,人們或許會發現其中的一些「玄機」。而如果從此後的國民黨內部派系力量的此消彼長來看,這兩種語言實際上傳達著這樣一個信息:在當時的國民黨內部,不同派系對於革命以及革命正統的認識是存在著明顯的差異的。

而在國民黨「二大」上廣東籍革命黨人提出以粵語作為官方語言的人們對於革命正統地位的努力,在此後還以不同的方式在延續著。在這一過程中,

〔註76〕 《中國國民黨第二次全國代表大會會議記錄(第六日第十一號)》,1926 年 1 月 11 日,中國第二歷史檔案館:《中國國民黨第一、二次全國代表大會會議史料》(上),南京:江蘇古籍出版社,1986 年,第 245 頁。
〔註77〕 參見丁旭光:《孫中山與近代廣東社會》,廣州:廣東人民出版社,1999 年,第 184 頁。

粵語始終是他們試圖維護自身正統形象的重要手段。即使在後來對於廣東籍革命黨人非常不利的環境中，這種對於粵語的堅持仍然在持續。因為如上文中所顯示的，在孫中山逝世後，只有粵語而不是任何別的東西可以證明革命的正統性以及對這種正統性的正確詮釋。

（二）變與不變

有論者指出，「當國民政府以廣州為北伐基地時，廣東『是』中國；當國民政府北伐勝利建都南京後，廣東失卻它的『中心』位置」。〔註78〕誠然，國民革命軍北伐之後，廣東雖然還「是」中央，但是這種身份已經開始演變。到南京國民政府成立之時，廣東事實上已經成為革命的「後方」了，只不過被人們增添了一個「革命策源地」的美譽。

而在這個政治地位演變的過程當中，廣東革命黨人的革命「正統」代言人的地位與色彩也被一步步地給剝離了。從以下兩個例子，人們可以窺見廣東是如何一步步從「中央」轉變成為「地方」的演變過程，以及在這一過程中廣東對於正統意識的力爭。

1927 年，南京國民政府在蔡元培倡導下進行教育改革，建立大學院和大學區制。當時有人建議，將設於南京的東南大學改名為中央中山大學。此言一出，立即引至廣州中山大學師生的不滿。為此，中山大學以學校委員會、國民黨特別黨部以及全體師生的名義，致電南京政府及各機關，提出抗議：

> 「近聞有人建議將東南大學改名國立中央中山大學，聞者皆駭其不通。按國民黨黨部政府有中央，以其下有地方；軍校稱中央，以其屬中央，即國立之代詞，國立大學不止一處，同為中央所設，今東南大學於國立之下加『中央』二字，於事理為不合，於文法為不通。再就各大學歷史看，中山大學系總理親手經營，於其地講三民主義；北京大學有文化上之重要地位，皆比東南那根基為厚。今若依帝制時代中外遐邇之觀念分別差等，登此尚待澄清改組之東南大學為『中央』，抑總理手創這及有光榮歷史者降下一級，實甚負總理當年慘淡經營之意。請即斥此奇議，以免騰總理不通之誚。」〔註79〕

〔註78〕 程美寶：《地域文化與國家認同：晚清以來『廣東文化』觀的形成》，北京：三聯書店，2006 年，第 39 頁。

〔註79〕 《廣州中山大學反對南京東南那大學校名加「中央」二字》，1927 年 5 月 3

不知道是否是因為中山大學的抗議起了作用，三個月後，即 1927 年 8 月，廣州中山大學改為國立第一中山大學。後大學院決定，國立第一中山大學永遠定名為國立中山大學，〔註 80〕其餘各中山大學改用他名。至此，中山大學成為國內唯一的以國民黨精神領袖命名的大學。

在某種程度上講，廣州中山大學在爭取正統性的鬥爭中取得了勝利。但是，在中山紀念堂的問題上，則明顯反映出廣東籍要員的力量逐漸變得單薄了。北伐時期，國民黨人離開了廣州，之後在南京成立國民中央政府。儘管建設孫中山紀念物在北伐前就有動議，但中山紀念堂很快被在南京修建的另一個更宏大的紀念物取代。「兩座紀念物都由同一建築師設計。但國民黨人甚至在呂彥直早逝之前，就已經廢棄了廣州的中山紀念堂。」在南京的中山陵，1926 年 1 月動工興建，1929 年春完成主體工程。而在廣州的中山紀念堂，則遲至 1928 年才動工。有論者指出，「相比於孫中山遺體最終安息的新的中央紀念建築，廣州中山紀念堂喪失了本體，顯得狹隘、空虛，注定只能是地方性的。」〔註81〕

語言以及語言教育在很程度上受制於這一發生於政治領域的變化。在許多廣東籍革命黨人乃至一般民眾眼裏，當國民黨北伐離開廣州後，國語運動大會時期的「咱們」的國語自然成了「他們」的國語了。而在這個演變及其抗爭的過程中，語言不例外地繼續成為革命以及革命正統傳承者的一種象徵。很顯然，當這種與方言緊密聯繫在一起的革命正統意識越是遇到挑戰時就越表現得強烈。事實上，「二大」的官方語言，以及 1929 年胡漢民堅持粵語演講，就是典型的體現。

1929 年，在南京召開的國民黨「三大」上討論是否處分汪精衛等人而引起激烈辯論時，胡漢民仍然堅持分別以國語和粵語發表演講，重申此舉之必要。〔註 82〕他的這一做法，表明他不甘心於他作為孫中山遺志正統傳承者的地位受到任何質疑。只不過，到那時，他的這種行為已經明顯顯得勢單力孤了，遠非可以與「二大」時期可以相比。畢竟，此時的國民黨全國代表大會，

日《廣州民國日報》。

〔註80〕 《中山大學再次修改校名》，1927 年 8 月 1 日《廣州民國日報》。

〔註81〕 費約翰：《喚醒中國——國民革命中的政治、文化與階級》，北京：三聯書店，2004 年，第 20 頁。

〔註82〕 蔣永敬：《民國胡展堂先生漢民年譜》，臺北：臺灣商務印書館，1981 年，第 447 頁。

不再是「二大」時期可以由廣東籍革命黨人可以任意支配的。在國民黨第二屆（1926 年 1 月～1929 年 3 月）中央執行委員會的 9 名常務委員中，廣東籍成員多達 6 名。而到第三屆（1929 年 3 月～1931 年 12 月）時，在 10 名中央執行委員會常務委員中廣東籍人士僅有 2 人。〔註 83〕

（三）國語教育的困境

粵語作爲國民黨「二大」的官方語言，顯然並不表明當時的廣東籍革命黨人試圖爭取將粵語置於「國語」的地位，而更多的是出於一種政治正統意識表達的需要。但是，這種對於以語言顯示正統的結果便是對語言教育本身產生影響。廣東人對於方言的固守，在某種程度上講，是這種革命正統意識的產物。

1928 年，有人對廣州市內的大、中、小學均用廣州話教授的現象提出批評，他認爲，出現這種情況的主要原因是，「第一欠缺能用國語教授的師資，第二是廣州人的劣特性。」〔註 84〕

其實，將不用國語教授歸結於廣州人的劣特性是不正確的，至少是不恰當的。在某種程度上講，廣東人對於方言的固守，恰恰就是上述革命正統意識觀念下的產物。而這種觀念，在國民革命高潮時期表現得尤其強烈。

在國民革命的高潮時期，廣州的夏葛醫科大學，由於課程「多用粵語講解」，故校方要求「外省留學生不諳粵語者須提前到校補習。」〔註 85〕

一些外省人來廣東，如果不熟悉粵語，如同身處異國。一位非廣東籍的革命者考上了廣州的宣傳員養成所。能到大革命時期的中心——廣州學習，機會難逢，他非常高興。可是，在學習班上課時，老師用廣州話教學，他一點也聽不懂。若要請老師講國語，廣東學員又不知所云，老師只好照顧多數，仍用廣州話教學。〔註 86〕

1927 年 7 月，魯迅離開國立中山大學後閒居廣州。在此期間，應廣州市教育局之邀，魯迅分別到廣州市知用中學、廣州市立師範學校作演講。因這

〔註 83〕張憲文等：《中華民國史》第四卷，南京：南京大學出版社，2006 年，第 431 ～432 頁。

〔註 84〕張海鼇：《廣州市小學調查報告》，《教育研究》第 4 期第 8～9 頁，1928 年 5 月。

〔註 85〕《夏葛醫科大學簡章》（1926～27 年）。

〔註 86〕參見王延義：《60 年前的「國語」運動》，2005 年 8 月 7 日《廣州日報》。

兩所學校師生及廣州市文化教育界人士多不熟識國語，魯迅的講話均由他的學生、廣東番禺人許廣平口頭翻譯成粵語。〔註87〕

在革命狂飆的時期，粵語在廣東已經成為革命的語言。作為一種時尚，廣東的非粵語區民眾學講粵語由來已久。而此時，學講粵語本身就是一種革命行為。在粵北的始興縣，由於缺乏領導革命的骨幹力量，當地革命者遂要求廣州方面派出幹部，對於語言的要求是，講客家話或講粵語的都受歡迎。當時，始興縣民眾在日常生活語言多操客家話，但在革命運動的感召下，他們也多能聽懂並會講廣州話。他們所樂於接受的領導者是那些講廣州話的廣府人，而不是操國語的「湖南佬」。〔註88〕

甚至在一些時候，只有講粵語者才能算是真正的革命者，否則就會遭到排斥。湖南人李森（啓漢）在全國第二次勞動大會後，留在廣州主持全國總工會工運工作。省港罷工時，李氏被選為罷委會幹事局局長，不少工會以「外江佬不懂廣州話」為由提出抗議。〔註89〕其實，根據有關人士回憶，李森在廣州期間始終堅持學粵語，並儘量同民眾講粵語，只不過他講的粵語為多數廣東人聽不大明白而已。〔註90〕

當然，普通民眾固守方言，未必是出於政治的目的，而更多的是習慣以及生活實際需要使然。但是，這些習慣之所以得以維持，來自「上層社會」的影響顯然不能忽略。如所周知，大多數廣東籍國民黨要人，儘管在南京的公共場合都操不大標準的廣東國語，但一旦在廣東省內，無一不是講粵語。1929年，陳銘樞到中大附中召集師生在禮堂講話時，用的就是廣州話。〔註91〕與其同治廣東的陳濟棠更是口不離粵語、革命策源地。至於在黨政部門，廣州市一級不必說，就是在省級黨政部門，國民革命後也還是將粵語作為公務

〔註87〕 參見何國華：《民國時期的教育》，廣州：廣東人民出版社1996年，第294～295頁。

〔註88〕 《廣東區黨、團研究史料（1921～1926）》，廣州：廣東人民出版社，1983年，第257頁。

〔註89〕 羅聲：《幹事局局長李森同志》，《廣東文史資料存稿選編》第三卷，《廣東文史資料存稿選編》編委會，廣東人民出版社，2005年，第483頁。

〔註90〕 羅珠等：《對省港大罷工中諸人物的回憶》，《廣東文史資料存稿選編》編委會：《廣東文史資料存稿選編》第三卷，廣州：廣東人民出版社，2005年，第514頁。

〔註91〕 秦慶鈞：《陳銘樞先生二三事》，廣州市政協學習和文史資料委員會：《廣州文史資料存稿選編》第四十三輯，北京：中國文史出版社，2008年。

語言。一直到抗日戰爭時期，這種情形還沒有發生任何變化。〔註92〕

這種狀況對於下屬縣市以及社會不能不產生影響。在廣府方言區，粵語仍然是民眾日常生活中的重要語言。對於這種情況，外國傳教士也看得很清楚。遲至國民革命高潮的 1927 年，由美國聖書公會出版的新版粵語《聖經》在廣州公開發行。〔註93〕為便於廣東的廣府方言區的信徒閱讀，在這個粵語版本中，凡是能用廣府方言表達出原意的，譯文一律不用國語。以下是摘錄該版《聖經》中的一段：

> 「佢地捉住耶穌，拉佢到大祭司嘅住家，彼得遠遠跟住。佢地
> 在院中透著火，同埋坐處，彼得亦坐在佢地之中。有個女工人睇見
> 坐火光處，就定眼望住佢，話：『呢個都係同埋個個人嘅。』但彼得
> 唔認，話：『女人呀，我唔認得佢。』」〔註94〕

在其它方言區的民眾，即使有可能不受到革命語言的影響，但無疑在這個大環境中一步步地疏離了國語。

1931 年，潮陽達濠七社群英學校有一名叫陳錫智的學生，在校刊《群英》上發表了《你無知的夜神，可知我心中的苦悶》的一篇文章，訴說了自己欲學習國語而遭到父親拒絕的苦悶。當時，學校教務會議已作出決定，「國語科一律教授語體文」。〔註95〕當他聽到當地辦理了國語講習會，並看到城邊的牆

〔註92〕 王越等：《如何加緊推進國語運動》，《廣東建設研究》第 2 卷第 1 期，1947年 2 月 15 日出版。

〔註93〕 外國傳教士以方言翻譯《聖經》，在清末民初的中國並不是一件新鮮事。尤其是在中國東南各省，外國傳教士活動歷來頻繁，為適應方言區信徒閱讀方便，先後出版過多種方言版本的《聖經》。據統計，在 30 年代以前，在國內新舊約聖經方言全譯本中，粵語版的共有 16 種，上海方言版的有 7 種，福州方言版的有 13 種，廈門方言版的有 10 種，蘇州方言版的有 5 種，寧波方言版的有 4 種。但到了 20 年代，這種情況發生了很大的變化。由於中國國語運動在國內各地蓬勃興起，國語在人們的日常生活中佔據了越來越重要的位置。到此時，多數地方的文言和方言《聖經》被國語《聖經》所取代。而在廣東上述的 16 種土白方言版的《聖經》中，仍有 6 種是在 20 至 30 年代出版發行的。參見游汝傑：《漢語方言學導論》，上海：上海教育出版社，1992 年，第 204頁，224～226 頁。

〔註94〕 引文錄自《新約全書》（廣東話新譯本），美國聖書公會，1927 年。此段譯文的官話版翻譯是：「眾拿住耶穌，帶到大祭司家裏去，彼得遠遠的跟著。眾人在院子裏生火，一同坐著，彼得也和他們坐在那裏。有一個使女看見彼得坐在那裏烤火，注目看他說：『這個人也是跟隨耶穌的。』彼得不承認，說：『女子，我不認得他。』」（據《新約全書》（官話），大英聖書公會，1905 年。）

〔註95〕 《第一次教務會議紀》，《群英》，潮陽達濠七社群英學校，1931 年，第 107 頁。

上貼有國語講習會的招生廣告時，頓時「喜極欲狂」，便急匆匆跑回家告訴父親，提出「國語講習會的章程很好」，要學習國語。他的父親竟說，「國語？什麼會？我不管！這會與你何干？」〔註96〕

相比之下，教育界處於一種相對超然的地位。在國民黨「二大」召開之後不久，廣東省全省教育大會開會。在開會的第二天，有人提議會議列席者多由省內各地而來，要求就會議語言是用普通話還是用廣州話的問題進行表決。結果會議表決，決定先用國語向大會宣佈，繼用廣州話再行宣佈。〔註97〕不過，當全省教育大會進行至第十二天，經有人臨時動議，會議決定自第七次全省教育大會起，會場用語全用國語。〔註98〕

很難說，全省教育大會的這個決定就是試圖與此前的國語運動會的做法保持一致。但是對於教育部門來說，儘管在 1926 年對當時的國語運動保持著一定的距離，而從普及教育的角度出發，與方言相比，他們自然更認同國內民眾所能普遍接受的國語。而超越政治上的分野，本就是國語教育、國語統一的目的所在。這其實可以說明，從 1928 年到 1931 年蔣介石囚禁胡漢民，廣東省教育對於南京教育部關於國語教育的政策、訓令都一一傳達並努力執行的原因了。

但是，要真正取得國語教育的成效，單靠教育部門的推動是不能解決問題的，而是有賴於整個社會對國語的支持與認可。如上文中已提到，1929 年廣東省教育會舉行中等學校學生國語比賽。按照教育會要求，省內所有中等學校須各選派 2 名學生參加，但最終報名參加比賽的僅有 28 名學生。〔註99〕而在當年，廣東省內中等學校共有 260 所。〔註100〕又如，廣東省教育廳要求省內各縣市成立注音字母推行機關的訓令，儘管早在 1930 年就下發至各縣市，但據廣東省教育廳有關統計材料顯示，到 1932 年，已設立相關機構的僅有中山、從化、興寧、潮安等數縣。〔註101〕

〔註96〕陳錫智：《你無知的夜神，可知我心中的苦悶》，《群英》，潮陽達濠七社群英學校印行，1931 年，第 55～56 頁。
〔註97〕《全省教育大會開會之第二日》，1926 年 5 月 3 日《廣州民國日報》。
〔註98〕《全省教育大會第十二日開會情形》，1926 年 5 月 13 日《廣州民國日報》。
〔註99〕覺悟：《中校選派學生參加國語比賽》，1929 年 11 月 29 日《廣州民國日報》。
〔註100〕參見何國華：《民國時期的教育》，廣州：廣東人民出版社，1996 年，第 117 頁。
〔註101〕廣東教育廳編：《廣東全省二十一年度教育概況》第四篇「各縣市教育概況」，1933 年。

　　1928 年，梁漱溟受時任廣東省政府主席李濟深邀請出任廣東省立一中校長。梁的籍貫雖然是廣西，但生於北京，且多年在北方工作，因此他上任後新聘的教員中以外省人爲主。但是，據當時任職於省立一中的本省教員回憶，本省教員與外省教員「語言雖不同，但大家用國語來對話，或許發音有點不正確，但能表達心事，了無障礙。」〔註102〕這大體上可以說明，對於許多廣東學校的師生來說，講國語、聽國語未必就眞的是一個問題，只是在很多時候不願意說或不習慣說罷了。

〔註102〕羅宗堂：《1928～1931 年的廣東省立一中》，《廣東文史資料存稿選編》編委
　　　　會：《廣東文史資料存稿選編》第四卷，廣東人民出版社，2005 年，第 838
　　　　頁。

第四章　國語教育的邊緣化

20 世紀 30 年代，廣東開始進入一個特殊的歷史時期。在這一時期，廣東處於政治、經濟、軍事乃至外交上的半獨立狀態。與此前相比，南京政府對廣東的國語教育所能施加的影響進一步減弱。在「南天王」陳濟棠的操控之下，廣東的國語教育直接受到來自文化復古勢力的擠壓。

與此同時，全國範圍內的國語教育運動開始進入被語言學家黎錦熙的說法為「龜走」時期。〔註1〕這與統一國語教育在開展了十餘年之後，一些制約語言統一以及語言教育的問題開始顯現出來有關，因此出現了文字改革以及方言化新字的發展勢頭。這種轉變是當時全國範圍內國語教育的一個重要特徵。這種情況在廣東也不例外。這一時期，英語、世界語以及拉丁化新文字的流佈進一步影響了廣東的國語教育。

本章主要對 1932 年至 1936 間廣東的文言文教育、國音教育以及特殊文化環境之下的語言教育多元化等方面進行考察。

一、文言文教育

「胡漢民事件」發生後，廣州方面宣佈取消「非常會議中央黨部」與「國民政府」，並於 1932 年元旦在廣州分別建立「國民黨中央執行委員會西南執行部」、「國民政府西南政務委員會」，一般合稱為「西南兩機關」，作為西南各省的直接領導機構。非常明顯，西南兩機關設立的背景顯示，它們雖然是國民黨內派系鬥爭中妥協的產物，但新設的西南兩機關事實上已經超出了一般意義上的派系之爭，在黨政兩方面繼承了此前「非常會議」與「國民政府」

〔註 1〕黎錦熙：《國語運動史綱》，上海：商務印書館，1934 年，第 250 頁。

的基本職責。〔註2〕

西南兩機關的設立，標誌著廣東開始進入一個半獨立的時期。在此期間，南京政府對廣東所能施加的影響逐步減弱。到1932年陳濟棠真正實現對廣東的全面控制後，〔註3〕廣東的經濟、文化以及教育開始進入一個特殊的歷史時期。在國語文體教育方面，最突出的表現是文言文教育的盛行。

文言文教育在廣東大行其道，是陳濟棠在廣東極力推崇傳統文化、實施經訓教育的結果。本來，讀經問題在進入民國時就從國家政策的層面得到了解決。民國首任教育總長蔡元培上任伊始，就明令禁止尊孔讀經。之後，儘管在袁世凱時期有所反覆，但到新文化運動時期，新文學、新思潮與新教育作為三位一體的概念，已為多數國人所接受，讀經已經很難再捲土重來。當然，這並不意味著關於讀經的主張在全國已銷聲匿跡了。事實上，在讀經的問題上，廣東也不是最後的倡導者。〔註4〕

在陳濟棠主政時期的廣東，讀經問題開始於1932年。1935年，因反對中山大學讀經被迫離職的容肇祖在《獨立評論》上發表文章，以極其不屑的語氣，對廣東讀經的起始過程進行了描述：

> 廣州的讀經，是由於古直先生作中山大學中國語言文學系的主任才開始的，這時是民國二十一年九月。一位絕未有受過學校教育的人，而又有自負不凡的大膽，自然是有驚人的課程出現了。
>
> 廣州大中小學的讀經案，開始決定於民國二十二年六月。一位幸運的武人，飽受阿逢迎的巴結，要學老祖宗趙佗作蠻夷大長、劉

〔註2〕陳紅民：《胡漢民・西南政權與廣東實力派（1932～1936）》，《浙江大學學報》（人文社會科學版）2007年第1期。

〔註3〕一般認為陳濟棠在1929年開始主粵。這也是所謂陳濟棠「治粵八年」說法的由來。但有學者指出，陳濟棠真正確立「南天王」地位與南京政府公開對峙，並使廣東處於半獨立狀態，是在1932年以後。參見肖自力：《陳濟棠》，廣州：廣東人民出版社，2002年，第127頁；程思遠：《兩廣事變》，廣州市政協文史資料研究委員會編：《南天歲月——陳濟棠主粵時期見聞實錄》，廣州：廣東人民出版社，1987年，第450頁；楊天石：《蔣氏檔案與蔣介石真相》，北京：社會科學文獻出版社，2002年，第301頁。

〔註4〕1935年3月，王西神、江亢虎、潘公展等在上海組織「存文會」。該會對外宣稱其主要主張是，「保存漢字、保存文言：白話為學文階梯，有啟蒙通俗之功，但反對因而廢棄文言；以群經正史諸子百家乃國文最高之標準；中等以上學校教本作文悉用文言，一切文字除特殊與必要外亦悉用文言寫作。」參見《為保存漢字及文言，學術界組織存文會》，1935年3月1日《申報》。

翼維持小朝廷，而頒行孝經以並駕孫總理的《建國大綱》，奉承的人們遂謂「我粵以孝治天下」，故此廣東的陳濟棠先生也大膽的宣言「讀經是我主張的了！」〔註5〕

廣東讀經運動的全面展開是在 1934 年。當年 10 月，廣東省政府公佈了《廣東省中小學經訓實施辦法》，規定高級小學每周經訓時間爲 90 分鐘，以《孝經》及《經訓讀本》爲課本；中學每周經訓兩個小時，以《四書》爲課本。〔註6〕後來，西南政務委員會又決定將讀經的學校擴大到初等小學。〔註7〕同時，廣東還相繼成立學術性機構「名德社」和「學海書院」，以「提倡中國固有道德，改造人心，保存國粹」爲宗旨，對文化復古運動推波助瀾。〔註8〕

1934 年，南京政府教育部派視察員到廣東調查中小學國語、國文教育，發現該地讀經有「壓倒之勢」，要求糾正這種現象。〔註9〕但是，基於當時廣東的半獨立狀態，這種要求顯然是無濟於事的。

當然，讀經在廣東能成氣候，也並非完全由政府的行政推動所致，與當時廣東的文化界、教育界的鼓動也有一定關係。除了上述中山大學首開讀經之風外，知識界也有部份人士對陳濟棠的經訓教育表示支持。

廣東國民大學的何干鈞在一篇文章中提出，經訓對於中小學校學生可以取得「智之培植」、「德之養成」、「文藝之訓練」的功效。在文章的結語中，他寫道，「經訓之重要，朗若觀火，……用之於訓育；列之於課程；將見民族靈魂，永垂久遠；文化燦爛，拭目可俟矣！」〔註10〕嶺南大學教授楊壽昌不僅提倡讀經，還親自登臺講經。他認爲，「古今人類，同此心理，故雖千年前之典訓，而其原理原則，又仍可奉爲模範也。」〔註11〕據許崇清回憶，中山大學教育系教授雷通群也在報上發表文章，贊成學生讀經。〔註12〕

〔註5〕容肇祖：《廣州青年的呻吟》，《獨立評論》第 151 期，1935 年 5 月 18 日，第 44～47 頁。

〔註6〕廣東省檔案館編：《陳濟棠研究史料（1928～1936）》，1985 年，第 313 頁。

〔註7〕1934 年 11 月 22 日《南華日報》（香港）。

〔註8〕章董朋等：《名德社和學海書院》，廣州市政協文史資料研究委員會編：《南天歲月——陳濟棠主粵時期見聞實錄》，廣州：廣東人民出版社，1987 年，第 334～337 頁。

〔註9〕肖自力：《陳濟棠》，廣州：廣東人民出版社 2002 年，第 377 頁。

〔註10〕何干鈞：《教育與讀經》，廣東國民大學文法學院學術研究社：《民鐘季刊》第 2 卷 1 期，1936 年 4 月。

〔註11〕轉引自尤小立：《「讀經」討論的思想史研究》，《安徽史學》2003 年第 5 期。

〔註12〕許崇清：《我審查〈孝經新詁〉經過》，廣州市政協文史資料研究委員會編：《南

　　如前所及，廣東在語體文教育方面，從 20 年代初期就沒有打下好的基礎。在此後的國民革命時期，國民黨所推行的是黨化教育，其關注點是嚴格要求包括私塾在內的各類學校進行三民主義教育。〔註 13〕而當時的國民黨本身也強調，儒學是三民主義的理論基礎，〔註 14〕因而對廣東的文言文教育並沒有產生多大的觸動。到 30 年代，廣東的文言文教育還相當盛行。

　　1931 年，上海有關書局針對國內各類學校教科書銷售情況，向教育部提出，「東三省及福建廣東兩省，尚多採用小學文言教科書者，請准予從緩封存該項紙型圖板。」隨後，教育部在一份訓令中，飭令廣東等省「所屬各小學，此後不得再用文言文教科書，以宏教育。」〔註 15〕很顯然，書局提出從緩封存文言教科書紙型圖板是出於商業利益。但正因爲如此，各書局對於各地文言文教育情況的調查應是符合事實的。這足以說明，當時廣東的文言文教育比較普遍。

　　同時，經訓教育中所使用的教材，主要以《孝經》、《四書》爲主，輔之以時人承陳濟棠意旨編纂的《經訓讀本》、《孝經新詁》等文言讀物。〔註 16〕因此，經訓教育本身就是文言文教育。

　　爲推廣經訓，教育部門大規模培訓中小學經訓教員。由於經訓教育爲政府方面所推動，各學校教員報名參加者非常多。如 1935 年廣州市教育局舉辦的「市小教員經訓研究班」中，「報名入班研究者 260 人，校外傳習者另有 260 人。此外，附設於市立第二、三中學兩班，附設於市立第一中學、第二十六

　　　　天歲月——陳濟棠主粵時期見聞實錄》，廣州：廣東人民出版社，1987 年，第 343 頁。

〔註 13〕參見袁徵：《孔子・蔡元培・西南聯大——中國教育的發展和轉折》，北京：人民日報出版社，2007 年，第 221～222 頁。

〔註 14〕參見袁徵：《孔子・蔡元培・西南聯大——中國教育的發展和轉折》，北京：人民日報出版社，2007 年，第 151 頁。

〔註 15〕十九年六月教育部訓令〔第 598 號〕：《小學不得用文言教科書》，廣東省教育廳：《廣東現行教育法規彙編》，1931 年 3 月，第 315 頁。

〔註 16〕許崇清在《孝經新詁》的審查意見書中指出，《孝經新詁》中的「講說章句苟且記問之學，可以資人飾智以自章，不足以使人自反於仁義也。」這說明《孝經新詁》是以文言文編撰的。而且，按許崇清自述，《孝經新詁》審查意見書之所以用文言文寫就，意在於與《孝經新詁》文體一致，以表明自己並非不懂文言。參見許崇清：《我審查〈孝經新詁〉經過》，廣州市政協文史資料研究委員會編：《南天歲月——陳濟棠主粵時期見聞實錄》，廣州：廣東人民出版社，1987 年，第 342～343 頁。

小學兩班。」〔註 17〕後來，「鑒於報名人數甚多，市校經訓研究班增設一班。」〔註 18〕毫無疑問，這種大範圍內開展的經訓教育，進一步推動並強化了廣東本來就有相當勢力的文言文教育。

在一些學校，文言文教育發展到了無以復加的地步。如位於廣州市區、創辦於光緒末年的廣才學校，到 1930 年代，不僅在小學使用文言文教材，甚至在課堂教學中教員完全用文言講授。學校主事者爲表明其學校文言教育的正當性與正統性，還屢以朱次琦的再傳弟子自詡。〔註 19〕由此可見，當時廣東社會崇古風氣的盛行程度。

容肇祖談到中山大學讀經的問題時回憶說，1932 年他任語言文學系副教授時，參與入學考試國文科的試卷，文學院院長古直交代他們，「國文試題是一篇作文，一段文言翻作白話，那一篇翻白話的不用看了。作文作白話文的，至高的分數是五十分。」容氏沒有按照他的標準來評分，古直十分不滿，寫信給容氏，「昨與先生同閱試卷，只有白話而已。文學墮落，當同深概歎也！本年課目，期挽狂流，授以基本經史。」〔註 20〕

據中山大學學生回憶，「中文系主任古直教授是有名的漢學家，每天上課都穿著一套筆挺的西裝。他不主張用白話文，上課的時候滿口『之乎者也』。他出通知讓學生去取作業，通告上說：告諸生，作業可以取回矣，其未交來者速即交來。學生們都笑他是老古董。」〔註 21〕

在當時的廣東知識界，一些知識分子也趨附時局，從學術上刻意貶低現代白話文，爲古文教育提供理論上的支持。時任國立中山大學教授的方欣庵就提出：

> 「宋代白話小說的發生是由於唐宋時代優伶娼妓的唱詩唱詞中
> 蛻變出來的。」他進一步指出，「南宋以前的文言小說的發生大概都
> 是文人著述的餘事。北宋以後白話小說的發生大概是從民間的娼妓
> 優伶唱詩說書中蛻變出來的。」因爲後者非如文言小說屬「綺麗濃

〔註 17〕《廣州市政府市政公報》第 493 期，廣州市政府印行，1935 年 3 月 10 日。
〔註 18〕《廣州市政府市政公報》第 495 期，廣州市政府印行，1935 年 3 月 31 日。
〔註 19〕1932 年 6 月 9 日《國華報》（廣州）。
〔註 20〕容肇祖：《一件反抗讀經的舊事》，《獨立評論》第 114 期，1934 年 8 月 19 日，第 13～14 頁
〔註 21〕黃煥秋：《中大往事》，羅永明編：《我們的中大》，廣州：中山大學出版社，2001 年，第 18 頁。

豔的駢文」或「高深簡潔的古文」，而是「俚言俗語，皆所不避。」〔註22〕

此外，白話文教科書不成熟，也成為當時廣東社會支持文言文教育的一個重要緣由。前文中已述及，早在20年代，廣東的一些小學教員對於白話文課本就不屑一顧。到30年代，這種情況也沒有得到根本性的改變。中山大學校長鄒魯就曾抱怨說，小學教科書「狗說，豬說，鴨子說，以及貓小姐、牛公公之詞，充溢字裏行間。禽獸能作人言，尊稱加諸獸類，鄙俚怪誕，莫名可狀。……鳥獸本不能作人言，而竟謂作人言，是以謾語教兒童也，欲求兒童不作謾語得乎？……今就普通我國兒童課本讀物觀之，此種違反自然現象之材料，隨處皆是。姑就坊間通行之國語教科書言（商務之國語一至八冊，世界之國語課本一至八冊），其中所載之鳥語獸言，不少違反自然現象之教材。至其它兒童文學讀物，則幾全為違反自然現象之敘述。此種不合理之文字，常使兒童受錯誤之觀念，及養成不合理的幻想。」〔註23〕

對於當時廣東讀經、古文教育盛行的現象，素來敢於直言的林礪儒深感不滿。他批評道：

> 「經書的文章形式都是二千餘年前古語，而今日中小學學生卻亟需受現代國語訓練。……廣東老輩讀書人，每逢要說一段有條理的話，便滿口之乎者也，有點像《鏡花緣》的淑士國。這是因為粵語不足發表思想，而又缺乏國語練習，所以只好借文言發表意思。近年回來聽學生們說話仍未脫淑士國習氣。如果中小學又讀佶屈聱牙的經書，豈不更糟？」〔註24〕

有學生在廣州培英中學校刊《培英》上發表文章，提出反對讀經意見。培英中學畢竟是教會學校，在言論方面與其它學校相比，自然來得自由大膽一些。作者告戒學生們少讀線裝書：

> 線裝書，我認為對你們並沒有什麼效益。有之，只使你們多了幾番迷妄的才子派的憧憬而已。朋友！你們要小心，你們不要給「古

〔註22〕 方欣庵：《白話小說起源考》，《國立中山大學語言歷史學研究所周刊》第5集52期，1928年。

〔註23〕 鄒魯：《回顧錄》，長沙：嶽麓書社，2000年，第354～355頁。

〔註24〕 林礪儒：《對於讀經的意見》，《林礪儒文集》，北京師範大學編，廣東教育出版社1994年，第692頁。原載《教育雜誌》第25卷第5號，1935年5月10日。

文」或「國學」這些反動思潮所洗染、所蠱惑吧！那是完全「賊夫人之子」的把戲啊！他們究竟懂得什麼？曉得幾個「之乎者也」的虛用，說些「文章遊戲」的笑談吧！我可以說一句，這都是走江湖的教書匠的伎倆，故弄玄虛，藉以增加其神秘的魔力而便利自己的賺錢而已。〔註25〕

　　但是從總體上來看，對於陳濟棠的強令讀經，廣東省內缺乏強有力的反對者，時任廣東省政府委員的許崇清就是因為反對陳濟棠的讀經主張而被免職並被迫出走的。當時廣東知識界、教育界迫於陳濟棠的強力壓制，即使有持不同意見的，大多數至多也只好是口默腹非。相較之下，附和陳濟棠復古讀經之聲反而在很大程度上得到廣泛的傳播，並能影響至在校學生及普通民眾。至於公開批評與指責的聲音，多只能由「外省人」發出。

　　1935 年 1 月，胡適應邀訪問香港和兩廣。在香港華僑教育會所作的演講中，這位在 20 年前就揭櫫新文學改良大旗的新文化運動領袖，忍不住對廣東各校盛行復古讀經的現象提出了尖刻的批評：「現在廣東很多人反對用語體文，主張用古文；不但古文，而且還提倡讀經書。我真不懂。因為廣州是革命策源地，為什麼別的地方已經風起雲湧了，而革命策源地尚且守舊如故！」〔註26〕

　　胡適的演講在廣州的報紙刊登出來後，引起了廣東方面的強烈反應，原本安排在中山大學等地的演講被取消。1 月 14 日，廣東有關方面在香港報紙上發表公開信，聲稱胡適「說了對廣東人民很侮辱又『非中國的』（Un～Chinese）批評。」〔註27〕在胡適即將前往廣西時，古直等人向陳濟棠建議，將胡適截住，逕付執憲，立正典刑。〔註28〕

　　胡適結束南方之行北返途中，廣東的遭遇使他難以釋懷，在《南遊雜憶》中，胡適再次提出這一問題，「廣東人的守舊風氣又使他們迷戀中國古文，不肯徹底改用國語課本。結果是在絕大多數的中文學校裏，文言課本還是很占

〔註25〕　銳：《告本屆畢業生書》，《培英》（第十七屆畢業紀念特刊），1934 年 11 月，第 9 頁。

〔註26〕　胡適：《南遊雜憶》，歐陽哲生編《胡適文集》第五冊，北京：北京大學出版社 1998 年，第 616 頁。

〔註27〕　胡適：《南遊雜憶》，《胡適文集》第五冊，歐陽哲生編，北京大學出版社，1998 年，第 613 頁。

〔註28〕　肖自力：《陳濟棠》，廣州：廣東人民出版社，2002 年，第 381 頁。

勢力。」〔註29〕之後，胡適還用粵語作了一首白話詩，對極力主張並推行讀經的陳濟棠進行了諷刺：

> 「黃花崗上自由神，手擔火把照乜人？咪話火把唔夠亮，睇佢嚇倒大將軍。」〔註30〕

而對於廣東當局的讀經復古活動及其所產生的負面影響，社會學家、廣東臺山人黃文山後來也不無遺憾地感歎，「在陳濟棠的支配下，文化上一切的一切，顯然是落後了。」〔註31〕

二、國音教學

國語教育被擠壓的另一個表現，就是國音教學陷入低谷。如前所述，在此之前廣東的國音教育本來就比較落後。到陳濟棠主粵時期，廣東與「北方」的政治、經濟、文化以及教育交流更少，國語的實際用途更受到制約，因而國音教學愈加受到來自方言教學的挑戰。

在一般學校裏，方言教學的情況非常普遍。只有在文化教育相對發達的縣市，國音教學才成為一門課程。如在教育頗為發達的南海縣，少數比較完善的學校，所用的教材一般採用上海商務書局或中華書局出版的小學課本。在課程設置上，也有從三年級起開設國音課（用注音符號拼讀）的。〔註32〕

相較而言，師範學校的國音教學得到的重視程度稍高一些。1933年，番禺縣立鄉村師範學校的一位學生在一篇發表在校刊文章裏，描述了本校學生在一次遊藝會上表演的一個宣傳國語統一重要性的小品。小品的情節是，一個廣東人，一個上海人。廣東人是上海人的僕人。由於這兩個人的語言不同，僕人把主任要買「竹竿」聽成了豬肝，把「點心」誤聽成「頂心」。最後，他們只能用手勢才明白對方的意思。最後，文章評論道，「言語不統一，的確很多誤會的地方，所以我們謀交通便利、統一全國語言，是急不容緩的大事啊！」〔註33〕

〔註29〕 胡適：《南遊雜憶》，《胡適文集》第五冊，歐陽哲生編，北京大學出版社，1998年，第614頁。

〔註30〕 胡適：《南遊雜憶》，《胡適文集》第五冊，歐陽哲生編，北京大學出版社，1998年，第614頁。

〔註31〕 黃文山：《文化史上的廣東與廣東文化建設》，黃文山：《文化學術論文集》，廣州中國文化學會，1938年，第173頁。

〔註32〕 佛山市地方志編纂委員會編：《佛山市志》，廣州：廣東人民出版社，1994年，第1825頁。

〔註33〕 番禺鄉師叢刊編輯委員會：《番禺縣立鄉村師範學校叢刊》第1輯，1933年1

　　當然，這個例子並不能說明，在番禺縣立鄉村師範學校，國語教學比較普遍、國語的通行程度很高。相反，這更可能表明，在該校國語教育雖然已經實行，但在學生中國語還很不普及。正因為如此，認識到國語重要的學生才試圖通過這樣的一個節目引起大家對國語的重視。

　　中山大學教授莊澤宣曾在一次演講中提出，「小學生畢業應具備的知能習慣：（一）能用字典獨立看書並有看書的習慣。（二）能用語體文或淺顯文言發表己意。（三）能聽國語演說並能用本地方言演說十分鐘以上，有系統有條理。中國的方言很複雜，希望小學畢業生，尤其是中國南部的小學畢業生，用國語發表意見，固然是很難。但是我們若時加訓練，也是不難辦到。退一步說，即使不能用國語發表意見，最低限度也應當能用本地方言去發表。但聽國語的能力，是必要具備的。因為小學畢業生，在中國便是一個小領袖。他不能聽國語，那麼聽重要的演講，和外省人交際，他都很吃虧的。」〔註34〕莊澤宣是湖北人，對於當時廣州各學校語言教學情況自然比較瞭解，對方音教學也比本省人要敏感一些。很顯然，莊澤宣的此番言論是針對當時廣東各校方言教學普遍、國語教育低落的情形有感而發的。

　　據教育部視察員1932年對廣東小學教育的調查，當時廣東的國語科教學方面存在的主要問題有，「1、濫用文言文，2、不用國音誦讀。」至於教材、教法，教師「無教授書，參考書」，即令有，亦是「採用未經審定的教科書」，且「上課特將教授書看一句講一句」、「朗讀多，默讀少」、講故事「不成故事，如讀書，冗長費時」等。故在報告書中提出國語科的改善標準，「1、用語體文。各科用語體文教科書。2、用國音誦讀，各處見注音符號，上課多用國音，全校各科皆用國音。」〔註35〕與上述教育部對廣東學校讀經問題的批評並責令改正一樣，這類訓令在當時的政治狀況下根本無法起到應有的作用。

　　在大學，方音教授的情況也不少見。1935年，教育部對全國各國立大學進行整頓。在改進國立中山大學的整改訓令中指出，「課堂用語應力求改用國語」。〔註36〕本來，大學師生來源遠比絕大多數中小學要廣泛得多，因此在大

　　　　月出版，第177頁。
〔註34〕 莊澤宣：《中小學畢業標準的討論》，《我的教育思想》，北平：中華書局，1934年，第161～162頁。
〔註35〕 教育部編印：《教育部視察員視察各省市教育報告彙編（下冊）》「視察廣東省教育報告」，1933年10月。
〔註36〕 《教育部改進國立中山大學訓令》，中國第二歷史檔案館編：《中華民國史檔

學裏教學用語一般都爲國語。如前所述,由於中山大學師生以兩廣籍人士爲主,在課堂教學與日常生活中均通行粵語,故中山大學教職員同德會還曾設立國語補習班,對教員進行國語培訓。從教育部的訓令中可以看出,中山大學教員國語培訓的效果並不佳。而且,方言教學的現象在中山大學應該比較嚴重,否則教育部訓令中無必要在訓令中特別列出。從中山大學的教學語言人們也不難推斷,當時的廣東中小學國音教學的普遍狀況了。

在勤勤大學師範學院,國語教育的狀況也很不理想。院長林礪儒在一次勤大師範學院國語演講比賽後的講話中提到,國語演講比賽,附屬中學的學生大多數尚能參加,而大學生參加人數較少,數理化系的學生則根本不參加。

對於勤勤大學師範學院的國語教育狀況,林礪儒顯然是不滿意的。他說,「本來國語教育是小學底一種重要工作,各人自由運用國語底能力應該在小學時代就完成了。而您們到了中學大學還不行,這是一樁極可恥的事。您們以前被小學教師所誤,所以小學畢業了還不懂國語,您們以後要不照樣誤人,現在便須努力改造自己,把國語趕快學成功!」他認爲,「國語不統一是我們國家的奇恥大辱,本省國語教育無成績是教育界之恥。這一點恥不若人底勇氣都沒有,還配說是革命策源地底教育!!」〔註37〕

總之,在陳濟棠主粵時期,廣東國音教學落後的狀況沒有得到改善。因此,在那一時期,對於一些來廣東的外省人來說,由於語言的關係,對於地方的情況總是難以深入瞭解。1935 年,山西人士樊自覺在對兩廣進行考察時,感覺在廣東「唯以不諳方言,致不能深入民間。」〔註38〕

三、從英語、世界語到方言拉丁化

有學者指出,「外來語言是觀察我們自己語言的一面鏡子。」〔註39〕誠然,當一個國家民族開始比較多的接納外國語言文字的時候,意味著這個民族的語言開始產生了自我變革的需求。同時,外國語言也自然會成爲這個民族語

案資料彙編》第五輯第一編教育(一),南京:江蘇古籍出版社,1991 年,第204 頁。

〔註37〕林礪儒:《國語比賽之後》,《林礪儒文集》,廣州:廣東教育出版社,1994 年,第 657～658 頁;原載《勤勤大學師範學院月刊》第 10 期,1934 年 6 月 25 日。

〔註38〕樊自覺:《粵桂視察印象記》,中國生存學社,1935 年,第 77 頁。

〔註39〕Whorf, B.L.The Relation of Habitual Thought and Behavior to Language, in John b. Carrol(ed) language, Thought and Reality:Selected Writings of Benjamin Lee Whorf, Cambridge, Massachusetts:The MIT Press, 1939, p137.

言具體變革的參照。至於何種語言能夠產生這樣的影響，則取決於這個民族在社會變革時期所選擇的參照對象。這種對象可以是國家、地區，或者這些國家、地區的文化。

20世紀初年，「新文體」的創造及鼓動者梁啓超，曾為某學校音樂會創作「通俗精神教育新劇本」。在一個名為《班定遠平西域》的劇本中，他使用的是一種包括粵語、英語以及日語在內的「混合語言」。現摘錄其中一部份如下：

　　　　（小鑼鼓。一雜須高頭，禮服偏懸寶星，扮匈奴欽差，驕容上。
一雜鼠須眼鏡，尋常西服，扮隨員上。欽差唱雜句）我個種名叫
Turkey，我個國名叫做 Hungary，天上玉皇係我 Family，地下國王
都係我嘅 Baby。今日來到呢個 Country，（作豎一指狀）堂堂欽差實
在 Proudly。可笑老班 Crazy，想在老虎頭上 To play。（作怒狀）叫
我聽來好生 Angry，呸！難道我怕你 Chinese？難道我怕你 Chinese？
〔註40〕

在中國現代歷史上，梁啓超無疑是一個開風氣之先的政論家。他的這種語言表述方式，在很大程度上顯示了處於轉型時期的中國在語言文字領域所發生或將要發生的重大變化。同時，梁啓超是廣東人。他關於中國語言將要發生變化的暗示，顯然與他成長環境的影響是有關的。在陳濟棠主政時期的廣東，英語教育、世界語傳播以及拉丁化新文字研究學習達到了一個前所未有的繁盛狀況。

（一）英語教育

與國內絕大多數省區相比，英語教育在廣東的歷史可謂悠久。早在清代，在十三行一帶廣州人講英語已經十分普遍。因為廣州作為中國對外貿易的重要港口城市，人們時常要和外國人打交道、做生意，學講外語（主要是英語）已經成為一種必要。

據英國人的旅遊日記所載，早在 1793 年，「廣州已不再完全是中國了。今天在那裏仍可以看到許許多多用羅馬字寫的招牌，常常可以聽到人們說英語。這些顯示已有很長的歷史了。」〔註41〕到鴉片戰爭前後，英語在廣州的

〔註40〕梁啓超：《（通俗精神教育新劇本）班定遠平西域》，《新小說》第19～21號，
　　　　1905年8～10月。轉引自梁啓超著，夏曉虹輯：《〈飲冰室合集〉集外文》下
　　　　冊，北京：北京大學出版社，2005年，第1294～1295頁。

〔註41〕〔法〕佩雷菲特：《停滯的帝國──兩個世界的撞擊》，北京：三聯書店，1993
　　　　年，第501頁。

普及程度已經是比較高了。據美國人亨特（William C. Hunter）的《廣州「番鬼」錄》一書記載，在 19 世紀 30 年代廣州出版了一本叫《鬼話》（Devils Talk）的小冊子，「這本小冊子每本才賣一兩個便士，但它常見於僕役、苦力和店鋪主的手上。」〔註42〕

到 20 世紀 20 年代，廣州學講英語的風尚仍然沒有改變，以至於有外省人不無驚訝地指出，「廣州的人民，除開廣州話外，所最注意的便是英文；至於中國的國語，在他們是毫不相干。」〔註43〕到陳濟棠主粵時期，英語在廣東的地位得到了進一步的強化，更有本省人在《廣州民國日報》上發表文章抱怨說，在廣東社會，「大眾以說英文爲摩登，說國語爲無聊」。〔註44〕

這些判斷雖然可能有些言過其實，但是人們之所以得出這樣一些結論，說明在廣州人們學講英語應該是以一件時髦且常見的事。況且，近代以來廣州的教會學校眾多。這些教會學校多憑藉其在英語教學以及教學設施方面的優勢以吸引生源，頗受上層社會的歡迎。

1931 年，林礪儒剛回到廣州時驚愕地發現，在廣州市區「滿街的招牌寫著英文」。這種現象令林礪儒感到震驚和痛心疾首，認爲這種絲毫不珍惜祖國的語言文字，「是一種亡國之兆。」〔註45〕

當時正值日本發動「九一八事變」，國家危機日益嚴重，而各新軍閥則擁兵自重、割據地方。林礪儒認爲，甲午戰爭以後日本人之所以敢於屢屢挑釁中國，就是因爲他們認爲中國是「一盤散沙」。在來廣州之前，林礪儒一直在北京（後改爲北平）大、中學任教，對於國家語言不統一的狀況並沒有感性的認識，因此一到廣州受了強烈的刺激，才說出這樣激憤的話。

很顯然，林礪儒更多地是站在民族危機的立場來看待當時廣州英語盛行的問題。但是，對於普通市民而言，他們關注的恐怕更多的是自身生存的需要以及日常生活習慣。陳濟棠主政時期的廣東儘管政局相對穩定，社會各項建設事業有一定發展，但當時的經濟並不像有些後人所敘述的那樣發達。一位廣東三水的小學教師，對當時廣東社會經濟凋敝的情景進行了

〔註42〕〔美〕亨特：《廣州「番鬼」錄》，廣州：廣東人民出版社，1993 年，第 47 頁。

〔註43〕1924 年 6 月 24 日《晨報》。

〔註44〕梁海仁：《推行國語問題》，1936 年 12 月 26 日《廣州民國日報》。

〔註45〕林礪儒：《國語比賽以後》，《林礪儒文集》，北京師範大學編，廣州：廣東教育出版社 1994 年，第 658〜659 頁。

描述。〔註46〕在這種狀況之下，英語之所以具有極大的吸引力，也正是這種語言是一種謀求更高質量生活的必要的工具。在這裡，他們未必認為英語比國語更好，但可以肯定的是英語能帶來更多的實際利益。

　　社會上以學英語為「實用」語言的觀念，自然會影響到學校。因此，各學校對於英語教育自然非常重視。對於一位中學生來說，如果能在英語方面打下比較好的基礎，考上一所大學尤其是能極大提高英語水平的教會大學，那基本上意味著他在在校時已經就擁有了較雄厚的資本了。據有關學者研究，英語佔有優勢的嶺南大學學生比其它普通大學生更能受到社會的歡迎：

　　　　「廣東人與西方人的長期交往。英語的市場價值得到如此普遍的重視，致使學校（嶺南大學）難以留住有一點英語知識的學生，甚至預備班也報告說大部份學生在結業前就離開學校了。」〔註47〕

　　廣東人對於英語的重視，不僅在大學、中小學校，甚至在社會上還有專門教習英語的「英文館」。根據有人回憶，一直延續到20世紀30年代，廣州富庶之區西關的英文館相當發達。據有人回憶：

　　　　沙面與西關毗連，沙面租界乃外國領事館、銀行、洋行的集中地。到那裏工作，待遇都較優厚。銀行、洋行的買辦們又多住在西關。西關人吃洋務飯的人相當多。在各洋行工作的，自買辦、大班、寫字而至雇員、『僕歐』都有，歷史淵源約已歷百年之久。又舊中國的海關、郵政，職業較為穩定，且有按年資升級和退休的制度，不少人也都想考進那裏工作。但那些機構，當時都操在外國人手裏，要進去工作，非熟習英文不可。對外貿易也要英文，以此，習慣英文館遂長期不衰。〔註48〕

（二）世界語教育

　　世界語是波蘭語言學家柴門霍夫於1887年公佈的一種國際輔助語方案。世界語最早期傳入中國，是在1905年。當時，知識界有人提出用世界語代替中國文字的主張。其中，以無政府主義者主張尤力。他們認定中國漢字弊端

〔註46〕鄧達泉：《談談廣東的鄉村》，《獨立評論》第124號，1934年10月28日。
〔註47〕〔美〕傑西・格・盧茨著，曾鉅生譯：《中國教會大學史》，杭州：浙江教育出版社，1987年，第104頁。
〔註48〕孟魯：《廣州西關私塾及英文館概略》，《廣州文史資料》第35輯，廣州市政協文史資料研究委員會，第160～161頁。

太多，必須加以廢止，由世界語取而代之。進入民國後，全國範圍內的世界語運動活躍，當時的全國教育總長蔡子民通令全國師範學校開設世界語課程。

廣州是國內傳播世界較早也較有影響的城市之一。在廣州社會接納世界語過程中，發揮著重要作用的是潮陽人許論博。〔註49〕1907 年，從法國里昂留學歸來的許氏在廣州的啓明、南武、教忠等學校開班傳授世界語。1911 年，廣州設立了「中華民國世界語會」分事務所，許論博在廣州平民公學開設世界語專修班。到國民革命時期，廣州的世界語運動蓬勃發展。1926 年 1 月，即廣東國語運動大會期間，著名世界語學者黃尊生回粵，〔註50〕受到了廣州社會的熱烈歡迎。對這一盛況，《廣州民國日報》進行了詳細的報導。〔註51〕黃尊生回粵後，積極組織相關機構，並開展世界語的教學研究，對廣州世界語教育發揮了積極的推動作用。

1926 年 5 月，第六次廣東全省教育大會通過設立世界語師範講習所議案。7 月由市教育局照案執行，成立該所。時設甲乙二班，6 個月畢業。至 1933 年，共辦理 14 班，畢業 57 人。該所經費由市庫撥付。所址在原市立師範學校內。〔註52〕1928 年，廣東全省教育會議提出，「世界語」同日文、法文、德文同作爲高中文、理、商等科的第二外語選修科。〔註53〕

到陳濟棠主政時期，廣東的世界語教育達到了高潮，廣州更成爲國內最有影響的世界語教育的城市之一。

1930 年，廣州世界語學會設立巡迴教授團，派員分往各機關學校團體教授。該團成立以後，先後前往廣州各大、中、小學，省市黨政機關，以及社會團宣傳、教授世界語，推動了世界語在這些部門的廣泛傳播。

在中山大學，世界語被文學院院長吳康列入該院選修課程。校內群眾團體「努力通訊社」大力推行世界語，並成立「世界語研究班」。到 1934 年，

〔註49〕許論博，原名文光，外文名字 W. K. Hsu，原籍廣東潮陽縣。1904 年留學法國。返國後長期任廣州市教育局視學等職，兼職推廣世界語。《世界語百科全書》贊譽他是華南世界語運動先驅。

〔註50〕黃尊生（1894～1990），原名涓生，又名鵑聲，外文名字爲 Kenn Wong。廣州市郊江村人。出身於香港仁書院，世界語造詣精湛。曾任語言委員會委員，國際世界語運動中央委員會委員，世界語學院院士。1924 年從法國畢業歸國後，一向從事教育和傳播世界語。

〔註51〕1926 年 1 月 30 日《廣州民國日報》。

〔註52〕《廣東全省二十一年度教育概況》，廣東省教育廳編，1933 年。

〔註53〕《廣東全省教育會議報告書》第 173 頁，廣東省教育廳印行，1928 年。

中山大學石牌新校開始使用後，世界語教育進一步擴大範圍，校方面向全校開辦「世界語講習班」。在廣州市培正中學，1934年春，學校在高中一年級開設世界語選修科。與此同時，世界語學會分會也在不斷地向基層發展。如廣州東山，也設立了「世界語學會」，並開辦世界語班。〔註54〕

在廣州的世界語教育機構中，成績不輩的是廣州市市立師範講習所。在30年代，所長由著名的無政府主義者區聲白擔任。在他的大力倡導之下，世界語師範講習所擴大招生，只要初中畢業程度有志研究世界語的，均可以免費入所學習，並且男女學員兼收。爲方便有職業的成人學習世界語，該所實行夜間授課，學習期限一般爲半年。到1934年，該所已辦理世界語師範班18期。爲便利個人學習，該所還特設校外班、暑期速成班等。〔註55〕

與此同時，廣州還出版發行了一定數量的世界語刊物。據中山大學教授譚卓垣調查，到1934年，廣州有多家以世界語出版的刊物。如，《廣州世界語月刊》，主要內容有世界語情報、國內各地通訊、活用世界語以及初級課本等。〔註56〕La Verdemlo（季刊），由國立中山大學踏綠社出版。這是第一個在國內純用世界語來發表的專門學術刊物。該會爲實現促進人類文化統一運動之使命起見，特自本年起編印該刊。以整個人類爲立場，去介紹世界，尤其是東方的新舊文化。〔註57〕此外，還有《世界語周刊》，主要內容有用世界語翻譯國外名著，報導國際世界語運動消息等。〔註58〕

由於廣州世界語教育比較發達，被國內其它省區世界語組織奉爲楷模。1933年5月，南寧世界語學會致函廣州世界語學會，要求該會贈送學會章程以及已發行的世界語刊物等，以供其參考。〔註59〕

世界語教育不僅限於省垣廣州，相關組織和教育活動也在不斷地向下屬

〔註54〕李益三：《綠滿羊城四十年》，載《綠穗》1991年1、2期合刊，3、4期合刊，1992年1、2期合刊，1993年3、4期合刊。

〔註55〕《廣州市中上學校概況》，丘國鈞編，出版者不詳，1934年，第64～65頁。

〔註56〕譚卓垣：《廣州定期刊物的調查（1827～1934）》，《嶺南學報》第四卷第三期，第77頁。

〔註57〕譚卓垣：《廣州定期刊物的調查（1827～1934）》，《嶺南學報》第四卷第三期，第79頁。

〔註58〕譚卓垣：《廣州定期刊物的調查（1827～1934）》，《嶺南學報》第四卷第三期，第80頁。

〔註59〕《南寧世界語學會成立並致函廣州世界語學會》，《廣州世界語周刊》第九十一期，1933年7月2日出版。

縣市延伸。1933 年 6 月間，汕頭第一中學也成立了「世界語學會」，並開展了學員培訓、出版世界語壁報等教育宣傳活動。〔註60〕

不過，世界語的研究與傳播在廣東社會一般只限於在比較大一些的城市或交通比較便利地區。1937 年，廣雅中學的一位學生應少時朋友要求，向其介紹世界語的有關情況。在這封信中，這位廣雅學生對世界語進行了極其通俗的介紹。從信中介紹的內容可以看出，這位學生對於世界語的背景知識以及在中國傳播的情況已很熟悉。當然對於偏遠的地方來說，大多數學生並不瞭解世界語，這位朋友有可能是因為「偶然」的機會才知道有世界語這樣一種語言。〔註61〕

（三）方言拉丁化

在廣東，關於漢語文字改革的討論與嘗試由來已久。早在 20 年代，即有人曾提出「文字革命」的口號。「結果我個人的意見確乎認定漢字實實在在是不良，應該用革命的手段對付它！」「如果真能夠將漢字改革，那麼我們便可以說：「劃除了教育前途的荊棘和文化前進的障礙！」〔註62〕

而在廣東民間社會，普通民眾對於新文字的要求也比較強烈。國立中山大學鄉村服務試驗團在廣州市郊區進行社會教育時，村民普遍反映「中國的方塊形的文字，鄉村大眾在學習時感覺極大的困難。再加諸鄉村大眾學習的時間少，故鄉村大眾均希望有一種易學易寫的新文字。」〔註63〕普通百姓當然不會有意識地主張語言變革，而只是需要一種簡單易懂的語言文字應付日常之用。而方言拉丁化正是因為在很大程度上能滿足這一需求而具備了一定的生存空間。

拉丁化新文字運動在俄國十月社會主義革命的影響下產生。十月革命成功後的十幾年裏，在蘇聯許多少數民族中形成了掃除文盲和拉丁化運動高潮。在蘇留學的瞿秋白受拉丁化運動的影響，積極進行中國字拉丁化的研究。1928 年，他與郭質生合作寫成《中國拉丁字母》草案，1931 年在蘇聯各民族新文字中央委員會通過。同年，為了掃除文盲，旅蘇 10 萬華僑在海參崴召開「中國新文字代表大會」，通過《中國漢字拉丁化的原則和規則》，在華僑中

〔註60〕 《汕頭一中世界語學會近訊》，《廣州世界語周刊》第八十七期，1933 年 6 月 4 日出版。
〔註61〕 《廣雅的一日》，廣雅中學，1937 年，第 125 頁。
〔註62〕 1926 年 1 月 31 日《廣州民國日報》。
〔註63〕 鄭彥棻編：《國立中山大學鄉村服務試驗團報告書》，國立中山大學出版部，1936 年，第 219 頁。

興起了掃盲和拉丁化運動的熱潮。

　　拉丁化新文字介紹到國內後，影響越來越大，積極促進著新的漢語拼音方案的誕生。該方案的主要特點是：拼寫方音，暫不拼寫國語；不標聲調，無繁難的拼調規則。由於簡單易學，尤其是不用用拼寫國語，拉丁化新文字受到各方言區語言研究者的歡迎。「廣拉」（即用拉丁字母拼讀廣州方言）、「客拉」以及「潮拉」正是這種思潮與實踐的產物。〔註64〕

　　到了30年代，廣東的方言拉丁化運動風起雲湧。尤其是廣州，儼然已成為繼上海、北京之後的第三大新文字宣傳和研究中心。當時，廣州不僅有專門從事文字改革的宣傳組織，一些研究者還在學校、工廠推行「廣拉」方案。

　　為加強對拉丁化文字工作的領導，1935年4月，廣州文字改革界成立「廣州新文字協會」。當時，會員50多人，常務理事長為中山大學教員黃煥秋，會址在市立師範學校內。他們首先辦了一個45人的師資班，使用由世界語研究者陳原編寫的《廣州語新文字》為教材。該會還發行了新文字刊物《打日本》。一批熱心新文字的人士還到街道、農村、學校、工廠班學習班，傳授新文字。經過試驗，文化程度不高的一般民眾在3、4個月內基本可以用拉丁化拼音閱讀新文字作品和寫普通信件。〔註65〕

　　據黃煥秋回憶，「當時（1935年——引者）全國興起文字改革運動，我們搞文字拉丁化，走『文字與地方語言相結合』的路子。在岑騏祥老師的指導下，推廣普通話拉丁化，我們制定出廣州話拉丁化方案，組織力量開辦廣州話拉丁化學習班。後來廣州成立新文字組織，我還被推舉為會長。」〔註66〕

　　1936年4月，廣東的新文字工作達到高潮。是年，由廣州、中山、澳門、香港四地的新文字團體聯合組成的廣東區新文字促進會成立。〔註67〕

〔註64〕根據倪海曙統計，拉丁化在中國推行的21年中，全國有二十多萬人學習拉丁化新文字，成立團體不少於300個，出版圖書170多種，創辦刊物80多種。參見倪海書曙：《拉丁化新文字運動的始末和編年紀事》，北京：知識出版社，1986年，第37頁。

〔註65〕梅日新：《宣傳抗日救亡的廣州藝術工作者協會》，廣州市政治文史資料委員會編：《廣州文史》第49輯，廣州：廣東人民出版社，1991年，第95—96頁。

〔註66〕黃煥秋：《中大往事》，羅永明編：《我們的中大》，廣州：中山大學出版社，2001年，第22頁。

〔註67〕費錦昌：《中國語文現代化百年大事紀（1892～1995）》，北京：語文出版社，1997年，第67～68頁。

　　這種語言方言拉丁化的風潮，不僅在都市流行，還波及偏遠的農村地區。在大埔縣，饒彰風任該縣西河梧崗小學校長時，就親自制訂《客拉方案》，推動本地群眾的識字運動。〔註68〕

　　潮州話拉丁化文字的研究落後於廣州話拉丁化，但也有進行。據有人回憶，在30年代曾由潮汕籍人士成立「潮州話拉丁化研究會，並於1936年編輯出版《潮州新文字方案的修改》。」〔註69〕

　　對於漢語文字拉丁化改革，當時的廣東學術界的態度不一。中山大學教授莊澤宣表示贊成。他提出，「有人以為我們把固有的文字廢去，舊文化也會沒有，其實大不然。孔子寫的文不見是現在的文，連形也也不同現在坊間的經書的字一樣；而且因為文字難懂，所以能明白古時的文化少。再看耶教的新舊約，不知道重翻了多少次，所以能有這多許人去看他。假使用希伯來文寫的舊約一點未改，至多不過幾個研究神學的及念過希伯來文的人能看。」〔註70〕

　　但是，林礪儒則並不認可：「言語文字不能像衣服一樣。一件衣服破了、爛了、髒了，便馬上另換一套；言語文字卻如人的五官四體一樣；有什麼地方不妥當、不舒服，我們除了吃藥以外，只能希望它的自身慢慢的起了一種新陳代謝的作用，把舊的、壞的都轉換過來。」〔註71〕

　　莊澤宣是學者，主張語言的學習多元化。因而他所說的，在理論上無疑有道理的。而林礪儒是教育實踐者，洞悉語言文字改革在學校教育中的實際困難，因而在文字的變革上面，顯得保守。但在現實教育生活中，林礪儒顯然更符合多數國人的認識；相比之下，莊澤宣終究免不了多了一些書齋氣。

　　對於文字改革方面的嘗試，北洋政府以及早期的國民黨政權是不大過問的。但是，當這種改革觸及到政治層面，問題就顯然要複雜得多。

　　由於拉丁新文字的發起者以及使用多與當時的共產黨以及蘇聯有關，北平市政府於1935年向行政院報告，稱「近來共黨以拉丁字用拼音法拼成中國語音，命名為『拉丁化中國新文字』，能利用人工語言的簡單作用，而使農工因語言之方便，易受其煽動。此項語言方案，經第三國際通過，並在北滿及

〔註68〕梅州市教育局教育志編寫辦公室：《梅州教育志》，1989年，第14頁。
〔註69〕翁曼生：《關於潮拉方案的意見》，香港中國新文字學會：《魯迅先生與語文改革運動》（語文研究叢刊第一種），出版年份不詳，第29頁。
〔註70〕莊澤宣：《我的教育思想》，北平：中華書局，1934年，第232頁。
〔註71〕《勤勤大學師範學院月刊》第1卷1期。

內蒙等地試驗成功，是在中國宣傳方法上一個新的轉換。最近將在北方組織拉丁化的中國語籌備會，開始宣傳，並由共黨中委阿非編著拉丁化中國新文字課本，專作訓練農工商學各共黨之用。俟學成後，即以文字作通訊作文工具」，故要求「嚴密防範查禁為要。」〔註72〕

隨即，南京教育不訓令禁止各地開展的拉丁化新文字的宣傳教育。陳濟棠固然反蔣，但也視共產黨若洪水猛獸。因此，為了不致引起不必要的亂子，陳濟棠順水推舟，依照教育部訓令禁止廣東境內的新文字研究與宣傳教育工作。這樣，曾風光一時的「廣拉」、「客拉」以及「潮拉」研究學習者，只得將陣地轉移至香港。

需要指出的是，在廣東的下屬縣市，無論是英語、世界語，還是拉丁化新文字的研究與教育顯然不如廣州。不過，省垣語言及其教育或多或少會對其它縣市產生一定的示範效應。另外，這三者的影響程度也是不一樣的。其中，英語教育的盛行更多地與民眾的世俗生活相聯繫，因而影響比較深刻；世界語的影響範圍主要在無政府主義者、知識界以及各類學校；至於拉丁化新文字，從一開始就帶有比較強烈的政治色彩，其學習與運用的領地主要在政治活動開展比較頻繁的工廠企業以及部份學校。

總的來看，在當時沒有任何迹象表明，英語、世界語以及拉丁化新文字在廣東的傳播對漢語文字的使用造成了直接的威脅。不過，語言傳播與教育的多元化本身即表明了這些語言的研究者、使用者對語言的態度和立場。以世界語而言，儘管它的倡導者一直強調其作為「國際輔助語」的地位，但確是始終將「天下同文」、「語言通萬國，文字一全球」作為他們的終極目標。〔註73〕至於方言拉丁化，雖然與當時全國範圍內的「大眾語」運動的影響有關，但從語言統一的角度來看，顯然是一種退而求其次的選擇。這種選擇雖然最終目標還是統一的語言文字，但對漢語已達到的統一程度而言不能不說是一種的「退步」。

因此，這些語言以及新文字的傳播與教育，對本來就很有限的廣東國語教育空間不能不說也是一種擠壓。只不過，與文體的擠壓來自國家內部的傳統文化與傳統觀念不同，這種擠壓主要來自外來文化及其語言。

〔註72〕《轉令查禁赤匪拉丁化中國新文字》，《廣東教育廳旬刊》第 1 卷第 5 期，1935年 2 月 1 日。

〔註73〕李益三：《廣東早期世界語運動概況》，廣東省政協文史資料研究委員會編：《廣東文史資料》第 52 輯，：廣州廣東人民出版社，1987 年，第 215 頁。

四、獨立王國的國語教育邊緣化

在陳濟棠主粵期間，由於幾乎沒有受到來自南京中央政府的干預以及影響，廣東的經濟、文化以及教育難免處於一個相對獨立的發展狀態。文言文教育、方音教學的盛行，即是這一政治局勢在國語教育上的具體表現。

另一方面，在廣東這個文化的獨立王國內，只要不對政治上的半獨立提出質疑，並對這種政治狀況產生現實的威脅，文化、教育領域內的多元化自然也不會受到來自這個獨立王國上層的壓制。在語言方面，英語、世界語以及拉丁化新文字研究、教育的盛行，即是這種語言教育多元化的具體表現。

很顯然，廣東社會的這種對內的封閉性與對外的開放性是同時並存的。因此，從在這個意義上講，這一時期廣東國語教育的邊緣化與語言選擇的多元化實際上是一體二面的，而造成廣東的語言教育朝著兩個方向發展的直接原因則是廣東政治上的半獨立。

（一）地域觀念與國語教育

一般來說，地方與中央之間的關係，在很大程度上取決於該地方的地方意識是否強烈。而從語言的角度來看，固守方言本身就是地方意識強烈的一種表現。因此，廣東比較強烈的地方意識的存在，既是廣東在政治處於半獨立狀態的原因，也是廣東國語教育邊緣化的重要原因。

當然，對於國人來說，地方意識是一個極為敏感的詞彙。而對於廣東人來說，似乎尤其如此。〔註74〕關於民國時期廣東的地方意識問題，當代多數學者持否定態度。如有學者指出，雖然辛亥革命後差不多半個多世紀期間，廣東內部四分五裂，與中央關係貌合神離，但是這種政治分離並沒有導致廣

〔註74〕 關於地方主義，其實也是廣東人心裏的痛。近年來，有學者指出，20 世紀 50 年代的兩次大規模的「反地方主義」運動，對於廣東打擊甚大。「當年葉劍英、方方領導廣東土改，由於天下已經大定，他們根據廣東的實際情況，採取了較為溫和的政策，結果却被斥為『和平土改』。中央認為其根源在於廣東人的『地方主義』、『封建宗族觀念』，於是，在 1952 年和 1957 年，兩次反地方主義運動，便像巨靈之掌打到廣東人頭上一樣。為了把廣東的『地方主義勢力』連根拔起，大批北方幹部浩浩蕩蕩調入廣東『摻沙子』，從粵北山區到粵東平原，遍布廣東各地。……在第一次反地方主義時，7000 多名廣東幹部受到處分。在第二次反地方主義時，受處分的廣東幹部僅廳局級至副省級的便有近 90 人，地縣級和普通幹部多達 1 萬多人。」詳見葉曙明：《其實你不懂廣東人》，廣州：廣東教育出版社，2005 年，第 24 頁。

東的政治和文化精英產生一種強烈與國家對立的「省籍意識」。〔註75〕

筆者認爲，這種結論似是而非。毫無疑問，將政客與文人作爲一個整體來看待首先是存在問題的。比如，在陳炯明時期，他將國立廣東高等師範改爲省立學校；在陳濟棠時期，他將國立中山大學附屬中學改爲省立中山中學。他們這種典型的地方主義的舉措，無一例外地遭到了省內文化界的強烈反對。從這可以看出，政客與文人對於國家與地方的認識是存在著明顯的差異的。況且，對於地方政治發展眞正決定作用的，是政治精英而非文化精英。

從廣東開始發跡、并與廣東籍革命黨人始終衝突不斷的蔣介石曾慨歎道：「粵人重地域而排外，其私心較任何一省爲甚也。」〔註76〕與廣東政要關係比較密切的李宗仁也認爲，國民黨有史以來，粵籍要員最具畛域之見，其原因或者是由於方言的關係。他們彼此之間，平時雖互相猜忌，然一有事變，則又盡釋前嫌，作堅固的團結。〔註77〕如果說蔣介石、李宗仁多少是站在自身利益的角度來看待這個問題的，在即使素來與廣東關係密切的香港，也有人指出，廣東等省軍人「對於愛國觀念，絲毫沒有。」〔註78〕

而從已有的研究以及當時外省人的評價來看，這種地方意識並不限於政治精英，而是普遍存在於廣東民眾之中的一種情緒。

美國漢學家魏斐德指出，「政治官僚機構把把這個帝國（中國）集結在一起，但是一旦崩潰，國家就會分裂爲較小的、相對地不連續的地區，這些地區可以被看作一個既是經濟的也是語言的區域。廣東省就是這樣一個地區，而且有著強烈的忠於本省的情緒。」〔註79〕

曾任職於中山大學的顧頡剛在1928年11月3日給胡適的信中說，「現在兩校長都是外省人，本省的政客和學閥皆不願外省人作當地大學校長，日思

〔註75〕 Kuhn Philip A.（孔飛力）1970. Rebellion and Its Enemies in Late Imperial China: Militarization and Social Structure, 1796~1864. Cambridge, Mass：程美寶：《地域文化與國家認同：晚清以來『廣東文化』觀的形成》，北京：三聯書店，2006年，第39頁。

〔註76〕 《蔣介石日記》（1930年11月17日），臺北「國史館」藏「蔣中正總統檔案·文物圖書」：《困勉記》卷16。轉引金以林：《地域觀念與派系衝突——以二三十年代國民黨粵籍領袖爲中心的考察》，《歷史研究》2005年第3期。

〔註77〕 李宗仁口述，唐德剛撰寫：《李宗仁回憶錄》（下），桂林：廣西師範大學出版社，2005年，第477頁。

〔註78〕 1932年10月20日《南華西報》（香港）。

〔註79〕 〔美〕魏斐德：《大門口的陌生人》，北京：中國社會科學出版社，1988年，第59頁。

乘隙而動，只因他們皆沒有大力者保護，所以未得如願。……廣東地方主義的發達，爲全國之最。外省人來此做事，無論你成績如何，他們總是不甘心的。我所以不願在廣東，這也是一個原因。」〔註80〕

對於地方主義、地域之見的認識，作爲「外來者」的廣州培英中學華僑學生的看法可能更深切一些：「中國的民族，老早已被人家給予以散沙般的徽號，甚且有愈久愈散之概。除個人與個人間常鬧意見外，還有因氏族的觀念的，地域的區別的，他們的眼光，只有看見近處的小我，忘卻了遠處的大我，所以每每偶因私見的不合，動輒引起鬥爭。這種事情，無論國內與國外，皆爲中國人所特有，以這種深染著濃厚封建色彩的偏狹觀念，在此種時代潮流中，必然地要被淘汰的。」〔註81〕結合當時的政治環境，儘管這位廣州培英中學的畢業生似乎是就全國局勢而論，但其眞實意思並不難看出。

而就民國時期地方意識最重的廣東政治精英論，非陳炯明、陳濟棠莫屬。孫中山任大總統後，特任命地方最大勢力人物、已身任廣東省長、粵軍總司令的陳炯明爲內政、陸軍總長。很顯然，孫氏的目的是以此協調革命目標與地方利益之間的關係，使「黨人治粵」同「粵人治粵」相互一致。〔註82〕但陳炯明顯然並不領情。他曾明白對人說，「粵軍十萬，內部安靜，從無問題，客軍寥寥數千，常有風潮，令人聞之頭痛，將來打進廣西後，廣東即持關門主義，不管客軍之事」，「中央政府之組織，足以擾亂地方，今惟有聯省自治，各省辦各省的事，如今之中山政府，實不敢贊成，然事已成矣，只有不與之錢，以免妄費。總之，廣東之錢，只能辦廣東事。如鹽款等或謂係中央之款，不知既係廣東人擔負，即爲廣東人之錢，無所謂中央也。」〔註83〕

不難看出，在陳炯明背後並不乏響應者。對此，有日本學者曾指出，「不少廣東地方精英仍對地域社會懷有認同意識，他們缺乏支持革命精英追求國家政治之上目標的理由，因而不希望革命精英將廣東社會作爲其全國性革命運動的根據地。」〔註84〕

〔註80〕 《胡適來往書信選（上）》，北京：中華書局，1979 年，第 495 頁。
〔註81〕 梓庭：《華僑青年應有的認識和努力》，《培英第十七屆畢業紀念特刊》第 10 ～14 頁，1934 年。
〔註82〕 〔日〕深町英夫：《近代廣東的政黨‧社會‧國家——中國國民黨及其黨國體制的形成過程》，社會科學文獻出版社 2003 年版，第 195。
〔註83〕 吳宗慈：《護法計程（續）》，《革命文獻》第 51 輯，第 517～518 頁。
〔註84〕 〔日〕深町英夫：《近代廣東的政黨‧社會‧國家——中國國民黨及其黨國體制的形成過程》，社會科學文獻出版社 2003 年版，第 184、211 頁。

如果說此前廣東籍國民黨人與蔣介石的爭鬥多少還是國民黨內部爭權奪利，那到了 30 年代，這種爭鬥則更明顯地體現了地方意識的強烈。1931 年「胡漢民事件」發生後，古應芬回廣東策動陳濟棠反蔣時，只憑一句「浙江人太欺負我們廣東人啦！」，就恰到好處地將省籍情結與反蔣動員聯繫起來，引起了整個廣東地區軍政集團的義憤。〔註 85〕其實，在這次內部鬥爭中，蔣介石未必代表著浙江，但胡漢民確實是在很大程度上被粵籍國民黨人認定是代表著廣東。由於此次倒蔣的「全為粵人」，蔣氏在其日記中寫道，「廣東儼然化省為國」。〔註 86〕蔣介石的看法未必公允，但是廣東半獨立地位的確立，事實上也正是「胡漢民事件」的直接結果。因此，從這個角度來看，廣東的半獨立狀態本質上是國民黨內部廣東籍人士強烈地方意識的產物。

陳濟棠主政時期的廣東，不僅政治上半獨立，經濟也具有十分鮮明的「自主性」。這種自主性是相對於北方的政府以及廣東之外省份的依存性而言的。一個比較典型的例子是，廣東是當時國內從境外輸入米最多的一個省份，而湖南卻是一個每年產米過剩的一個省份。由於政治上的割據，廣東當局設置了許多苛刻的障礙，致使這兩個疆界毗鄰而在經濟上可以互相輔助的省份不能進行正常的貿易往來。這種貿易壁壘的設置，固然有一定的經濟因素在發生作用，但在當時被普遍地認為是一種地方意識在作祟。〔註 87〕

不過，在陳濟棠與陳炯明之間在實現地方主義的策略上還是有著微妙的差異的。從地方意識來說，陳濟棠與陳炯明是一致的。他們「試圖塑造一種獨特的省級認同，但除了發展基本市政設施，他們基本不傾向於將廣州提升為更突出的區域」。〔註 88〕但是，陳濟棠比陳炯明的高明之處在於，他不會勢單力孤地去決意要與「中央」一拼死活。因此，即使在維護半獨立狀態時需要與中央對峙，他也多會把自稱國民黨正統傳人的胡漢民奉為旗手。只要相當於「十萬雄兵」的胡漢民不倒，獨立王國自然能維持下去。〔註 89〕

〔註 85〕 參見肖自力：《陳濟棠》，廣州：廣東人民出版社，2002 年，第 96 頁。

〔註 86〕 轉引自楊天石：《蔣氏檔案與蔣介石真相》，北京：社會科學文獻出版社，2002 年，第 358 頁。

〔註 87〕 鄭林莊：《湘米運粵的一個問題》，《獨立評論》第 221 號，1936 年 10 月 4 日出版。

〔註 88〕 FitzGerald, John. "A Greater Disunity: The Politics and Finance of Guangdong Separatism, 1926~1936. Modern Asian Studies 24.

〔註 89〕 據胡漢民秘書王養沖認為，在保護西南政權方面，胡漢民等於十萬雄兵：「胡漢民先生一個人等於十萬雄兵，蔣介石只能看不能動。中國人怎麼樣總是還

　　需要指出的是，民國時期地方觀念的存在並不止於廣東。這種地方觀念是中國長期處於小農社會的必然產物。事實上，清末民初以來，中國社會就「逐漸彌漫著省界意識、省治主義。」〔註90〕在民國時期，中國境內存在諸多地方實力派。這些地方實力派大擁兵自重、割據一方。他們信奉「有兵則有權，兵多則權大」的信條，視中央如無物，從而造成了各地方實力派與中央之間，以及各實力派相互之間的不統一狀態。及至抗日戰爭爆發前，蔣介石直接控制的僅有湘、鄂、贛、蘇、浙、皖、豫數省。對此，蔣介石曾歎道：「封建割據的實際仍潛伏在形式的統一之下」，「當今中國的病源就是地方割據。」〔註91〕毫無疑問，這些地方割據的存在多與本省區軍事勢力派的地方意識有著直接的聯繫。只不過，相較而言，廣東由於其自身特殊身份和重要地位在這方面顯得更突出一些而已。

　　一般來說，如上述李宗仁所認為的，地方意識與方言本身是二位一體的。當地方意識發展到極致時，對於方言的固守自然也會變得越強烈。廣東的半獨立，在中國歷史上可以看作是地方意識發展到最高峰的典型。與此相聯繫，在廣東省，從陳濟棠本人到省一級黨政機關，行政語言無一例外都是粵語。為此，有人在《廣州民國日報》上發表文章抱怨說，「（國語）推行的責任在黨軍政及文化機關等，那麼都要以身作則，以為表率，而資提倡。」〔註92〕還有人指出，「如果他們身體力行地去做著，那國語就成為一種官場的語言。」〔註93〕這也即是說，方言盛行的地方政府重要部門首先不大可能要求普通民眾去學講國語；即便有所要求，也只是照例傳達官樣公文而已，不可能真正去認真執行與督辦國語教育政策。在此形勢下，國語教育在廣東自然難免被邊緣化乃至被排斥的命運。

　　時至今日，也還有學者對這種與方言緊密扭結在一起的廣東社會比較普遍存在的地方意識提出批評：「某些學者過份強調自身的小傳統，而在大眾中，則

有個道理，以下犯上總是不對，胡先生代理孫中山當大元帥的時候，蔣介石只是黃埔軍校校長，憑胡漢民這三個字，他就不好打。所以胡先生在一天，蔣介石就對兩廣沒有辦法，不是打不過，而是不好打。」詳見《國民黨元老胡漢民秘書王養沖教授訪談錄》，《檔案與史學》2004年第6期。

〔註90〕 丁旭光：《孫中山與近代廣東社會》，廣州：廣東人民出版社，1999年，第334頁。
〔註91〕 《編遣實施會議記事》，《國聞周報》第6卷第36期。
〔註92〕 翁敬銓：《推行國語問題》，1936年12月27日《廣州民國日報》。
〔註93〕 黃鋼：《關於推行國語問題之我見》，1936年12月25日《廣州民國日報》。

集中表現為語言的封閉性。不僅在日常生活中，而且在傳媒中大量使用粵語等地方語言，排斥普通話，這在其它發達地區是罕見的。這種語言優越感隱含了對其它地域的歧視和對世界文化的無知。實際上，這是一種疏離、排斥內陸和世界文化的偏狹心理。」〔註94〕這種批評多少有些尖刻，但無疑可以說明，民國時期廣東社會的與方言結合在一起的地方意識之強烈並非時人的成見。

（二）文化多元化與語言教育多元化

歷史學者蔣廷黻曾不無感慨地指出，「如果說有人想要找出革命氣息與封建傳統能夠並存的地方，那麼，廣東就是最佳的所在。」〔註95〕誠然，陳濟棠主政時期廣東語言教育的多元化，無疑是這一結論的極佳注腳。

一方面，廣東是「封建」的。毫無疑問，與20年代初期相比，這種「封建」帶有更強烈的文化復古與文化封閉的特徵。很顯然，對於廣東來說，與傳統文化聯繫最強的紐帶便是語言。因此，對文言文的推崇，對新文學運動的排斥，實際上是試圖保留傳統的一種本能行為。正如有學者所說，「地區越偏遠，越能更好地將古代語言保留下來。」〔註96〕廣東人自信，只要堅守住自己的古老的語言，便自然擺脫了長期以來將嶺南誤解為「南蠻之地」的稱號，並且無爭議地成為正統民族文化的繼承者。因此，廣東人對文言文的固守和文化上的守成態度之間是一脈相成的。為此，作為新文化的代言人胡適也指出：

> 我覺得一個地方的文化傳到他的殖民地或邊境，本地方已經變了，而邊境或殖民地仍是保留著他祖宗的遺物。廣東自古是中國的殖民地，中原的文化許多都變了，而在廣東尚留著，像現在的廣東音是最古的，我現在說的才是新的。……在邊境或殖民地的人，對於娘處來的東西，都想設法去保存它，說是祖宗的遺物。〔註97〕

對於這一點，在一些廣東籍文化人士也是承認的。只不過，誰都不願意主動讓自己戴上一個「保守」的帽子，因而他們往往從相反的方向為自己的行為作注解：

〔註94〕 參見龔雋等：《危機與轉機——從文化的價值、工具理性看當代嶺南文化》，廣東炎黃文化研究會編：《嶺嶠春秋：嶺南文化論集（二）》，北京：中國社會科學出版社，1995年，第200頁。

〔註95〕 蔣廷黻：《蔣廷黻回憶錄》，長沙：嶽麓書社，2003年，第225頁。

〔註96〕 Sigfrid von der Schulenbur, Leibniz als Sprachforscher（Frankfurt, 1973），p.206.

〔註97〕 胡適：《新文化運動與教育問題》，姜義華編：《胡適學術文集・教育》，北京：中華書局，1998年，第133頁。

　　我們到過北平的，都會聽見過外省人譏笑我們廣東人的一句
話，說『天不怕，地不怕，最怕廣東人講官話』，可見廣東人對於『官
話』——國語，向來是沒有緣份。因爲不但口音不同，而且詞類和
結構相差的地方很大，要學習也很覺得困難，因而學習國語白話文
也是一樣的困難，因此，自從一九一九五四運動之後，廣東的文化
就得了衰落的因素，幸而廣東的『老學究』們還能保持著他的『文
言文』，社會上的所謂『文風』，也沒有多少改變，否則『大眾』接
近文學的機會更是『少之又少』了。廣東人所做的國語白話文裏頭
夾雜著文言特別多，就是這個緣故。〔註98〕

　　另一方面，廣東又是充滿「革命氣息」的。當然，這裡所講的革命氣息，
不不限於 20 年代轟轟烈烈的國民革命，還包含了廣東在政治、經濟以及文化
上的外向性、開放性。1933 年 12 月，陳序經在中山大學作題爲「中國文化之
出路」的演講中指出，「南方是新文化的策源地，思想是最先進。」〔註99〕在
《南北文化觀》中，陳序經再次強調，「所謂首當其衝的南方，在一方面看去，
固上受四千年來未有之奇辱，在他方面看去，卻爲三百年來的新文化或是西
洋文化的策源地。」〔註100〕對於廣東的文化特性，羅香林也曾作過一個很好
的概括，「轉移風氣，有開必先，實大聲宏，與國同壽。」〔註101〕

　　誠然，廣東地處南部沿海，相對開放的環境容易使人接觸新知，所以「粵
人好大而喜新，急功而易動。……有能以新學說新主義相號召，倡者一而和
者千，數日之間，全省爲之響應。雖以勢力制之，此僕而彼起，摸能遏其焰。」
〔註102〕從語言的角度來看，從清末的梁啓超、黃遵憲那一代開始，就有不少
人受歐洲文藝復興的感召，留意語體變更以及文學藝術的社會學功能。〔註103〕
文學革命和白話文運動是新文化運動的一個重要組成部份，這種「新」在很

〔註98〕 易岸雲：《爲討論『粵語文字』答笑花君》，《青春》第 1 卷 17 期，廣州青春
　　　　旬刊社，1932 年 10 月 25 日出版。
〔註99〕 陳序經：《中國文化之出路》，1934 年 1 月 16 日《廣州民國日報》。
〔註100〕 陳序經：《南北文化觀》，《嶺南學報》第三卷 3 期。
〔註101〕 羅香林：《中國學術史上廣東的地位》，廣州市立中山圖書館編：《書林》第一
　　　　卷三期，1937 年 4 月 10 日，第 2 頁、8 頁。
〔註102〕 胡樸安：《中華全國風俗志》上篇卷八。轉引自羅福惠等：《近代廣東社會文
　　　　化的歷史成因》，《廣東社會科學》1991 年第 5 期。
〔註103〕 參見李國鈞、王炳照總主編：《中國教育制度通史》（第七卷），濟南：山東教
　　　　育出版社，2000 年，第 36 頁。

大程度上也受到來自廣東的影響。而英語、世界語教育以及方言拉丁化的研究與實踐走在當時國內的前列，無疑也是這種文化開放性的突出表現。

　　同時，值得注意的是，由於受到現代西方文化的薰陶，廣東民眾對「新」的理解還包含著民主、平等的成分。在語言上最突出的表現就是，對於在當時多數國人所倡導的統一國語標誌著「現代」、方言意味著「封建落後」的觀念下，廣東有人提出，那種強求統一的做法是「封建」的做法，不適應現代社會的發展，不適應現代文化的發展。

> 　　「從前凡是用『白話』寫文章，呆定是要用『國語』，如果有人用各地方言——例如廣東話——寫作，就『不齒』於文壇，像是了不得的一件笑話似的。這種觀念，實在是很錯誤的，而且顯然衝突了『言文一致』的原則。所以我們要『提倡』粵語文字——質言之，即方言文字，就是要打破文壇上的封建思想——第一步就是要求開『文禁』。」〔註104〕

而當時對於拉丁化新文字的接納，在很大程度上也是由於拉丁化新文字所包含的民主性以及語言之間的平等性：

> 　　「拉丁化新文字是民主得多了，北方話拉丁化和廣州話拉丁化是可以並存的，這就是承認地方語言的存在價值。要這樣然後才可以達到全國的真正統一的富有代表性的國語拉丁化的道路。拉丁化未普遍實行之前，為什麼在方塊字時代就不可這樣做？我們認為可以做的，而且是講廣州話的文化工作者義不容辭的責任。」〔註105〕

　　從這個角度上講，一方面，廣東人堅守著自己的方言，固然是地方意識較強的體現；但另一方面，廣東社會對新語言、新文字的追求之中卻包含著與新文化運動所追求一致的成分。只不過，這種對於新文化、新語言的認識，與「北方人」還是存在著是明顯不同的。而當地方與中央在政治上處於對峙狀態時，地方上的這種對於「新」文化、新語言的追求，由於其本身就意味著背離「國家」及其處於統一進程中的「國語」，因而在當時多數國人的眼裏尤其在「中央」的眼裏，也就與政治上的背叛毫無二致了。

〔註104〕易岸雲：《為討論「粵語文字」答笑花君》，廣州青春旬刊社：《青春》第 1卷 17 期，1932 年 10 月 25 日出版。

〔註105〕華嘉：《我們該出版一本廣州話小辭典》，香港中國新文字學會編：《魯迅先生與語文改革運動》（語文研究叢刊第一種），出版年份不詳，第 26 頁。

第五章　國語教育的迴光返照

　　1936 年 6 月，陳濟棠與新桂系以抗日的名義聯合舉兵公開反對蔣介石。這次事件被稱爲「兩廣事變」或「六一六運動」。由於國民黨中央採用軍事防禦和收買分化陳濟棠部屬的辦法，「兩廣事變」很快得以和平解決。事變解決後，廣東被重新納入國民黨中央的統治範圍，成爲南京政府治下的一個普通省份。

　　在新的統一形勢下，陳濟棠主粵時期的各項重要政策得到調整，廣東的國語教育自然也會受到政局巨變的影響。在國民黨中央的主導下，廣東開展了一場聲勢浩大的國語運動。這次國語教育運動規模、聲勢浩大，被時人稱爲民國時期廣東國語運動的「第四次高潮」。〔註 1〕而此時，國內的國語教育運動仍在延續「龜走」的狀態。因此，這次國語教育運動在當時頗引人注目。

　　本章就「兩廣事變」後的廣東國語運動進行考察，並結合運動成效以及運動後國語教育的狀況，分析廣東國語教育不能堅持下去並取得應有成效的主要原因。

一、「新廣東」與國語統一

　　「兩廣事變」和平解決後，國民黨中央爲加強對廣東的控制，鞏固政治上的統一，對廣東的重要人事、重要政策進行了大規模的調整。在教育方面，最突出的調整即是強令廣東當局實施國語教育。

（一）建設「新廣東」

　　「兩廣事變」後，西南地區政治局勢發生了巨大的變化。西南執行部、

〔註 1〕黃鋼：《關於推行國語問題之我見》，1936 年 12 月 25 日《廣州民國日報》。

西南政務委員會被撤銷，整個西南地區被重新納入國民黨的控制之下。在廣東，「南天王」陳濟棠下野出走，長達八年之久的廣東半獨立狀態宣告終結。

此次事變，名爲兩廣聯合行動，實則爲陳濟棠勢力派暗中把持。因此，陳派勢力極爲中央所忌。事變得到解決後，國民黨中央相繼對廣東重要人事進行了大規模的調整，支持國民黨中央政府的余漢謀、黃慕松、宋子良、許崇清、曾養甫等被委以重任，政治上傾向陳濟棠的「高州派」分子悉被清除出省、市級重要部門。

新任廣東政要雖仍多爲粵籍人士，但他們深知蔣介石的用意主要是利用他們這些非地方勢力派人士，以「粵人治粵」面目實現對廣東的全面掌控。深諳此意的黃慕松接事後，「對於一切措施，小心翼翼，每日或間日一次，必到行營向蔣請示，奉命唯謹。」以至於有人在回憶錄中評論道，當時「與其所謂黃慕松長粵，不如說是蔣介石長粵。」〔註2〕

爲取得蔣介石的信任，廣東新當局還著意與陳濟棠時代劃清界限。從7月7日開始，《廣州民國日報》增加「新廣東周刊」欄目，並連續刊載4期，向外界公開提出建設「新廣東」的口號。「新廣東周刊」中的這些文章一律以熱情洋溢的語調，表達了廣東社會對南京政府取得全國統一的喜悅，對「最尊敬的委員長」蔣介石的崇敬，以及在新的統一形勢下建設新廣東政治、經濟、教育、文化等事業，重塑革命策源地形象的決心。

與此同時，「新廣東周刊」中一些文章還對陳濟棠時期廣東當局的所作所爲進行了清算。一篇文章寫道：

> 「這個怪可憐的廣東，從前的種種，是爲了軍閥的割據把持，他們假著仁義的美名而行殘忍之實。對於人民的血汗金錢，不惜儘量設法榨取，來增厚私囊和擴充軍備。對於人民的一切應有的自由權利，不惜極度壓抑和剝奪，來實行其帝王迷夢的初步工作，更雷厲風行地利用愚民政策，強姦民意，提倡讀經復古，無形中好使我們三千萬同胞，成爲他們治理下的忠臣孝子。我們原有勃勃的朝氣，弄得奄奄一息再也沒有機會抬頭了。」〔註3〕

這一時期，包括「新廣東周刊」在內的廣東各大報刊上，大量的文章、

〔註2〕羅翼群：《抗戰前後十年間粵政之親歷與見聞》，《廣東文史資料存稿選編》第五卷，廣州：廣東人民出版社，2005年，第394頁。

〔註3〕謝贊傑：《談談新廣東的應有現象》，1936年8月8日《廣州民國日報》。

社論一改此前對陳濟棠的評價甚至稱呼。在「新廣東」建設之際，陳濟棠時代被稱作是已成爲歷史廢墟中的「舊廣東。」〔註4〕而之前多被尊稱爲「陳總司令」的陳濟棠，現在被人戲稱作「來自田間的兄弟」。〔註5〕

　8月14日，劉伯驥在《廣州民國日報》發表《新廣東教育應取的動向》一文，開篇即提出，「教育是社會上層意識形態之一，社會生活政治的經濟的改變，教育便隨著改變。」因此，「我們談起教育來不能誇說什麼神聖獨立，而卻要跟著政治社會去找動向。」〔註6〕

　劉伯驥的此番言論無疑意味著，新廣東時代的到來，作爲「新廣東」建設的一個部份，教育自然也要隨著政治的改變而發生相應的改變了。很顯然，這既是對環境發生變化的體認，其實也是教育界所持政治姿態的一種表示。

（二）教育部國語教育令

　「兩廣事變」雖然最終得以和平解決，但是如前所及，廣東畢竟偏離中央政府的軌道時日已久，實現眞正的統一併非易事。因此，當時較多的國內人士對於國民黨中央一味在軍事上、政治上加強對廣東控制的做法並不認可。

　8月9日，學者齊思和在政治上比較中立的《獨立評論》上發表文章指出：

> 我們對於現今中國的時局也不敢過於樂觀。廣東人士的反對內戰不見得就是擁護中央，他們的厭陳不見得就是贊成現今中央政府。如何掃除陳氏的秕政，收拾百越的人心，當然是中央重大的責任，中央似乎也正向這方面努力。然而比這些工作更重要的，就是要溝通嶺南與内地的思想，化除兩方面的隔閡。廣東人士對於地方觀念之強，是無庸諱言的事實。這種態度自然有她的好點（如團結的能力，在海外組織的嚴密，和彼此幫助的精神等是），但同時也是和其餘中國部份合作的障礙。我們試打開民國二十多年的歷史來看，便覺到廣東除在很短的時期外，永是立在半獨立的狀態。這不能說是偶然的事，也不能僅歸咎於一二領袖的權力欲。最重要的原因是兩方面的一般人彼此不能瞭解，不能合作。但這也是很自然的事情。現代國家之所以能達到徹底統一的根本原因，是因爲一般人民在思想上大體是一致的（至少大多數是一致的），而他們在思想上

〔註4〕辣冬：《新廣東應有的新航路》，1936年8月21日《廣州民國日報》。
〔註5〕葉慶同：《粵人在建設時期應有的認識》，1936年8月14日《廣州民國日報》。
〔註6〕劉伯驥：《新廣東教育應取的動向》，1936年8月14日《廣州民國日報》。

的一致是根據物質環境。交通的便利掃除了地方的隔膜，大規模的生產統一了大家的嗜好。……而我們的廣東，僻處海南，和內部交通非常困難，有自己的土話，有自己的風俗，儼然別爲一國，地方觀念又哪能不強？〔註7〕

齊氏的言論比較委婉，並沒有將廣東的問題歸結於陳濟棠個人的政治野心，也沒有明白提出是廣東地方觀念的結果。相反，他認爲，廣東的地方觀念只是一個由交通、語言、風俗等問題自然衍生出來的問題。而且，儘管廣東長時期處於與中央對立的狀態，但在他看來，廣東還是「我們的廣東」。

不過，齊氏關於廣東社會的地方意識很強的結論與蔣介石的感受卻是一致的。〔註8〕因此，國民黨中央除進行人事調整外，立即對陳濟棠時期地方主義政策與做法進行調整和清理。在教育方面，一個重要的措施是要求廣東限制方言使用、厲行國語教育，改變長期以來廣東省內以粵語爲主要通行語言的「獨立王國」狀態。

在齊思和發表文章後不久，南京政府中央電影檢查委員會宣佈，爲進一步推廣國語，各地自此以後不得再製作方言電影，兩廣地區亦禁止上映粵語電影，即使這些電影在香港或廣東以外的地方拍攝，亦一律不准播放。〔註9〕

其實，當時國內具備製作電影能力的城市並不多，製作方言電影在國內更不多見，而廣州是當時爲數不多的兩者兼備的城市之一。而且，當時廣東除了引進國外電影外，還大量地引進香港製作的粵語電影。因此，這一訓令雖然面向全國頒佈，但毫無疑問主要是指對廣東的。

隨後，教育部專門向廣東省頒佈了一系列國語教育訓令，要求廣東省首先從學校開始推行國語教育。

9月，教育部將鑄造的注音字模轉發廣東省，要求省教育廳分發到各校，爲實施國語教育作準備。〔註10〕

11月，教育部向廣東省電發《粵省推行國語教育大綱》，專門指導廣東推

〔註7〕齊思和：《兩粵事變和中國統一》，《獨立評論》第213號，1936年8月9日。
〔註8〕蔣介石曾說過：「粵人重地域而排外，其私心較任何一省爲甚也。」詳見《蔣介石日記》（1930年11月17日），臺北「國史館」藏「蔣中正總統檔案‧文物圖書」：《困勉記》卷16。轉引自金以林：《地域觀念與派系衝突──以二三十年代國民黨粵籍領袖爲中心的考察》，《歷史研究》2005年第3期。
〔註9〕李培德：《禁與反禁──一九三零年代處於滬港夾縫中的粵語電影》，載黃愛玲編：《粵港電影因緣》，香港：香港電影資料館，2005年，第24～41頁。
〔註10〕《廣東教育廳旬刊》第2卷25、26合期。

行國語教育，並責令詳細擬訂推行國語辦法。

12月，鑒於「國語統一，粵省亟待推行」，教育部再次發佈由部長王世杰簽發專達廣東省政府的國語教育訓令，要求廣東省中等以下學校嚴格遵照教育部已經發佈的「推行國語教育辦法」實施，「各大學及學院，務使各課之由本國教員擔任者，概以國語為教授用語，應即由校採用有效方法，認眞實施。除分行外，合行另仰該大學切實辦理具報。」〔註11〕

同月，教育部公佈《小學教員檢定規程》，進一步提高對小學教員的國語要求。《規程》第十條規定，小學級任教員的試驗檢定中，國語科目的試驗包括文字口語及注音符號。初級小學教員的試驗，一般科目得酌量減低程度，但國語、公民及教育概論除外。第十一條規定，專科教員（即音樂、體育、美術、勞作等科目教員）的試驗檢定，除試驗某種專科外，並試驗國語、教育概論等。〔註12〕

對於教育部的國語教育訓令，廣東當局當然不敢有所怠慢，不僅將部、委訓令逐級傳達，要求各縣市遵章行事，並從10月開始以省垣廣州為中心組織發起了一場聲勢浩大的國語運動。

與1926年的廣東國語運動一樣，這次國語運動也是在國民黨中央的主導下開始的。不同的是，前一次國語運動中，名義上為全國政權的廣州國民政府主要通過這一運動向國內發出統一國家的信號，因而運動的政治意義多於教育意義；而這次則是一個基本上統一了全國的中央政府專門在廣東開展的國語運動。因此，在這次運動中，不僅廣東省政府、教育廳重視，整個社會也給予了前所未有的關注。

這次國語教育運動規模、聲勢浩大，被時人稱為民國時期廣東國語運動的「第四次高潮」。〔註13〕事實上，儘管這次國語教育運動前後只持續了約半年時間，但與此前三次運動相比，可以稱得上是晚清民國期間廣東國語教育運動史上的頂峰。

二、官方國語教育運動

如前文中所及，在此之前廣東的國語教育相當薄弱。當時有教育界人士

〔註11〕《勷大旬刊》第11期，1936年12月21日版，第1頁。

〔註12〕宋恩榮等選編：《小學教員檢定規程》，《中華民國教育法規選編》（修訂本），江蘇教育出版社2005年，第645頁。

〔註13〕黃鋼：《關於推行國語問題之我見》，1936年12月25日《廣州民國日報》。

在《廣州民國日報》上發表文章指出：

> 「普通人不知學習國語學操國語之利益不足怪。所可怪者，即在學校之學生，亦多視國語為無足輕重。由難怪其學而不能成者多也。甚至學校之教師亦多有不能操國語者。……更有可笑者，授他種學科之教師不能操國語，固不宜矣。甚至名為充當國語科之教師，亦多不能國語，而以方言教其國語課程。各處學校，比比皆然，是豈非所謂滑天下之大稽也歟？讀者如不置信，請密查之於各處學校！當知鄙言之非誣。」〔註14〕

因此對於廣東當局來說，按照教育部要求，如期實施國語教育無疑是一個巨大的挑戰。為此，復任教育廳廳長的許崇清決定從制定政策入手，試圖以政府教育部門、學校以及相關組織為先導，廣泛發動社會團體及民眾，從而整體性地推動全社會的國語教育。

（一）廣東國語教育政策

1936 年 9 月，廣東省教育廳頒佈訓令，要求各小學使用教育部審定本教科書，不得使用擅用非審定本或自編教科書，違者省督學將嚴厲查禁。如前文中所述，在陳濟棠主粵時期，廣東省內各小學所使用的教科書並不符合教育部的相關規定。一是各校對教材的選用不按照教育部規定，各自為政；二是學校內充斥著大量與經訓有關的讀物。很顯然，首先要求各小學教科書納入教育部審定的範圍，是許崇清整理廣東教育的開始。

10 月，許崇清簽發訓令印發教育部注音字模表，責令各有關學校現任教師和在校師範生，必須根據教育部令要求在最短時間內熟習注音符號：

> （一）短期小學教員及民眾學校教員訓練班，加入注音符號一門，未習熟者更要訓練，至相當程度方可取得教員資格；（二）自民國廿五年度起，對於各級師範生，不熟習注音符號者，應不准其畢業；（三）視察各地短期義務教育及民眾教育。各屬教育專員、各縣市督學，應切實考核注音漢字之教學情況，並為指導改進，分別獎懲。（四）訓練注音師資，只須以字旁所注音符號之讀法、拼法不誤為限度。（五）訓練注音師資，只須以字旁所注音符號拼讀無誤，不必悉依國音。〔註15〕

〔註14〕楊偉雲：《談推行國語》，1936 年 12 月 23 日《廣州民國日報》。

〔註15〕《廣東教育廳旬刊》第 2 卷 25、26 合期；1936 年 12 月 21 日《廣州民國日報》。

　　同月，廣東省政府向教育廳發出指令，要求教育廳按照潮陽縣國語學社社長李崇俠向省政府呈報的《國語推行辦法》在省內實施。〔註 16〕

　　12 月，許崇清署名頒佈《廣東省推行國語教育辦法》。這是國語教育運動興起以來，廣東省第一次制定國語教育方面的法令。該辦法主要按照教育部關於國語教育的相關訓令，參照前述潮陽縣的《國語推行辦法》，並酌情考慮本省的實際情況而制定。爲切實保證國語教育的實行，該辦法對各類學校、民眾教育機關以及縣市級政府機關推行國語教育的義務與責任進行了嚴格而全面的規定。

　　學校方面，辦法規定：各級各類學校教員從 1937 年度起一律用國語教學；各級學校擔任國語（國文）科教員如不能用國語教學應入國語傳習所學習；應指導學生於課餘舉行國語演講比賽會。自 1937 年度起，師範會考科目加入國語口語及注音符號科目。民眾教育方面，辦法要求各縣市應於最短期間一律成立國語推行委員會，應定期舉行國語運動宣傳周，電影院應多選國語片。縣市政府方面，視察各地短期義務教育及民眾教育專員及各縣市暨省督學等應切實考核國語之教學情況並爲指導改進，分別獎懲（詳見附錄 3）。〔註 17〕

　　1936 年底，廣東省開始著手準備在全省範圍內實施國語教育計劃。鑒於「各教員中，其未能習用國語者所在多有。若不先事補習，屆時恐未能運用自如」，經廣東省政府批准，省教育廳擬將全省教育會議經費改作推行國語教育經費，分別在廣州、高要、惠陽、瓊山、茂名、曲江等地設立六所省立國語傳習所，負責該地區縣市的教員培訓（潮汕地區國語教育在廣東內相對發達，因此潮屬地區不設立省立傳習所）。同時，教育廳要求各縣市政府「在各適中重要地點之學校，設立國語傳習所。令各級其未能習用國語教學之教員分期學習；所屬民眾教育館附設國語傳習班。」〔註 18〕

　　作爲華南最大都市的廣州，國語教育一直屬於「先進」。此次廣東政局大變動，市教育局被裁撤，併入社會局，新任社會局局長的劉石心聞風先動，決定舉行國語運動會，與識字運動會一併舉行。〔註 19〕

〔註 16〕《勸大旬刊》第 1 卷第 11 期，1936 年 12 月 21 日版，第 1 頁。
〔註 17〕《廣東省教育廳旬刊》第 3 卷 5、6 合期。
〔註 18〕《勸大旬刊》第 2 卷 11 期，1936 年 12 月 21 日。
〔註 19〕《社會局施行識字國語兩運動》，1936 年 9 月 12 日《廣州民國日報》。

　　9月，即省教育廳公佈《廣東省推行國語教育辦法》的三個月之前，劉石心責成黃繼植等制定《國語運動實施辦法》，並迅速予以公佈。辦法規定，先從全市教職員著手，聘請國語會話流利的人才擔任教習，以九個月爲期，對各校教員進行國語培訓。期滿後，各學校教員必須掌握用國語指導學生的方法，否則予以調用。以後一切學生集會上的演講，演講者必須使用國語。對於普通市民，市社會局也將派員進行指導。〔註20〕

　　廣州市除了直接推動學校的國語教學，還將語言統一的相關課程納入教師培訓機構。

　　1937年3月開班的「廣州市立小學教員訓練所」，在對小學教員的繼續教育中，國語教育、國語統一被作爲所有教員必修的科目。該訓練所的規格極高，所長由新任市長曾養甫兼任，副所長則由市社會局局長劉石心兼任。正如該所的所歌中所唱的，「主義、領袖、號令，就是我們的靈魂」，該所對教員進行培訓的目的，是通過政治、思想、行政、軍事等課程的教育，提高小學教員的政治意識。國語、國語歷史等課程顯然與這一教育目的存在著一致的精神，故被作爲教員必修科目之一。〔註21〕

（二）國語教育機構

　　與此同時，政府部門或下屬機關紛紛成立國語教育機構，已成立的機構則面向學校教員或面向普通使命開展國語教育與國語宣傳活動。

　　省立民眾教育館成立於1934年，是推廣社會教育的專設部門，內設國語講習所、國語研究會，推行國語是其職責範圍內之事，因而對國語教育頗爲傾力。

　　12月下旬，民教館發起了一次大規模的國語比賽會，以期喚起全社會對國語問題的關注。比賽項目主要包括演講、注音以及速記。爲盡可能多地吸引民眾參與比賽，民教館降低了對參賽者的要求，「凡年齡在十六歲以上，對國語學術有相當研究者，均得報名參加。」與此次國語比賽的目的保持一致，民教館將「爲什麼要提倡國語」作爲演講比賽的主題。〔註22〕

　　在此之後，民教館還邀請省、市教育主管部門官員指導市黨部、省教育會、各國語研究組織成員以及市轄各校教員參加的大規模國語教育座談會，

〔註20〕　《市社會局推行識字國語運動》，1936年9月30日《廣州民國日報》。
〔註21〕　《社會教育》第一卷第四期，121～125頁。
〔註22〕　《省民教館舉辦國語比賽會》，1936年12月20日《廣州民國日報》。

研討如何在全省切實推行國語教育。〔註 23〕

　　廣州市立國語講習所成立於 1922 年，是廣東省開辦較早的國語講習所，是廣州「國語統一和普及運動之中樞」。〔註 24〕在這次國語教育運動中，市立國語講習所鑒於市民學習國語之機會不多，特擬定該所推行國語運動大綱五條：

　　　　（一）擬增開星期班，專利便市民在工作休息日內學習國語。
　　（二）擬設立公務員國語研究班，利便各機關之公務員，在工作餘暇學習國語。（三）設立民眾國語咨詢處，俾無暇學習國語之市民咨問。（四）增加國語播音時間。（五）發行國語刊物，編輯通俗教本。
　　〔註 25〕

　　廣州市社會局作為教育主管部門，不僅負責推動學校、社會國語教育事務，還從 10 月開始開辦自己的「國語研究班」。鑒於廣州市轄學校眾多，社會局在市內不同地點，同時開辦 15 個國語研究班。根據研究班計劃，先期調集市立中小學校所有不熟悉國語的教職員入班學習。待各校教員都能熟習國語，這些學校的所有課程一律以國語講解。公立學校國語教育普及後，這一做法將推及於市轄各私立學校。最後還要將國語納入社會教育，對普通市民進行培訓。〔註 26〕

　　在教育部門大張旗鼓開展國語教育的影響下，部份黨政部門也積極參與。由於長期以來廣東當局者、省市黨政機關工作人員以粵省人居多，粵語成了各種日常公務活動中的主要語言。此種情形，尤以陳濟棠主粵時期為甚。在國語教育大討論中，黨政機關人員的做法，遭到了強烈批評。

　　廣州市第一區黨部是第一個對這種批評作出回應的部門。1936 年 12 月底，該黨部正式成立國語講習班。講習班於 1937 年 1 月開課。講習班設於第一區黨部，以招收該區黨部所屬黨員為學員為主，兼收惠愛國民同樂會會員，每期招收學員 100 名。國語教員則從省教育會聘請。〔註 27〕

　　如前所及，省教育廳決定在全省範圍內成立六所省立國語傳習所。其中，

〔註 23〕　《省民教館舉辦國語教育座談會》，1936 年 12 月 25 日《廣州民國日報》；《國語座談會今日開幕》，1936 年 12 月 26 日《廣州民國日報》。
〔註 24〕　《國語講習所第二屆免費招生》，1929 年 8 月 9 日《廣州民國日報》。
〔註 25〕　《市立國語講習所辦國語免費班》，1936 年 10 月 4 日《廣州民國日報》。
〔註 26〕　《社會局開辦國語研究班》，1936 年 10 月 2 日《廣州民國日報》。
〔註 27〕　《一區黨部舉辦國語講習班》，1936 年 12 月 20 日《廣州民國日報》。

「廣東省立第一國語傳習所」成立最為迅速。所址設於中山大學附屬中學，所長靳為梁。該所以「推行國語，增進教育效能，完成國語統一」為宗旨，主要承擔廣州市區學校教員的國語培訓任務。

省立第一國語傳習所成立之後，即向呈請教育廳向各中上學校發佈招生簡章，要求廣州市轄區內中上學校派送教員來所學習。入學資格以現任或曾任中等以上學校的教職員為主，如有餘額，還兼收小學教職員。首期培訓班於 1937 年 2 月開課，招收學員 200 人。該所實行免費入學，學員畢業期限有 3 個月和 6 個月兩組，晚上上課，課目主要有注音法、說話、詞類、演講學等。〔註28〕

（三）國語教育大檢討

在以教育部門為主體的官方國語運動大張旗鼓地展開的同時，廣東當局開始在發起國語教育大討論徵文活動，要求全省民眾對以往的國語教育進行檢討。

1926 年的國語運動是在當時的廣州國民政府主導下完成的。在運動之後不久，國民政府即全力投入北伐戰爭。因此，在當時的廣東，國語教育並沒有深入下去。而在此後，廣東省多是按部就班地轉發來自教育部的有關訓令，也並沒有就如何開展國語教育進行過認真的嘗試與努力。因此，此次徵文的一個重要的目的，一方面固然是為引起全社會對國語教育的重視，但很重要的一個目的的是通過這種方式向民間尋求解決國語教育難題的辦法。〔註29〕

從 12 月 23 日至 30 日，廣東省黨部機關報《廣州民國日報》在長達一周的時間內先後發表了來自省內各地的徵文十餘篇。與十年前國語運動中僅強調對市民的宣傳、教育不同，這次徵文活動過程中民眾的參與比較廣泛。被集中刊載在《廣州民國日報》上的文章多按照徵文的要求，主要包括三個方面的內容，即對國語統一必要性的認識，分析過往廣東國語教育落後的原因，並對如何推進廣東國語教育提出意見或建議。

〔註28〕《勤大旬刊》第 2 卷第 16 期，1937 年 2 月 21 日出版，第5～6頁。
〔註29〕國語教育徵文的消息在《廣州民國日報》公佈後，潮陽縣國語學社社長李崇俠，將該社之前制訂的國語推行辦法直接向廣東省政府呈報，引起省政府的重視。後來該辦法不僅在全省實施推廣，還成為教育廳制訂《廣東省推行國語教育辦法》時的重要參考。參見《勤大旬刊》第 1 卷第 11 期，1936 年 12 月 21 日版。

在這些文章中，許多切實可行的建議被提了出來。如，國語教育分別從教育、報紙雜誌以及鄉村著手；實施國語教育時，推行小先生制；獎勵國語有聲電影和國語戲劇；鼓勵書商經營國語讀物，等等。

當然，一般民眾對於國語教育的觀點以及建議，只是表示普通市民對於國語教育重要性的認識。其中的一些建議有些讓人覺得匪夷所思。如有人提議，要實現國語統一，必須先將各地警察訓練成熟習國語者，並由警察來執行國語教育的監督工作。具體做法是，在通衢大道及城門腳等要地置大木牌。牌上寫若干個字（每天都進行更換），由警察任意叫路過此處的人讀牌上的字。如讀得正確，就讓他過去；如讀得不正確，就糾正他的錯誤；至於不會讀的，要先罰站立十分鐘，然後才教他，同時規勸他以後要注意學。提議者認為，如果這樣堅持下去，肯定會有效果。〔註30〕

在這些文章中，有些判斷與分析也未必客觀。比如說，在討論以往廣東國語教育不成功的原因時，有多篇徵文中提到，廣東推行國語特別困難的原因在於粵閩因方言特殊。〔註31〕事實上，就當時的實際情況而言，方言同樣複雜的南方各省的國語教育均好於廣東。林礪儒是地道的廣東人，在談及廣東國語教育落後時就坦承：「中國四大方言區——閩，粵，吳，甌——現在那三區的國語都很進步，有了成績，獨有廣東落後。」〔註32〕很顯然，在林氏看來，普及國語成功與否，與方言是否複雜並沒有必然的關係。

但是，這些徵文也並非全是一些無關宏旨的泛泛而論，一些制約廣東國語推行的關鍵性因素也先後被民眾提了出來。

12月23日，有徵文指出，如果「公務員皆操國語，則民眾之學操國語者必隨而益多。因民眾行為，每愛效法於政府公務員，乃常見之事實也。」〔註33〕代表政府機關的公務員不講國語，本身當然有著一定的政治意味。這種批評式的議論，雖然不及省外報章的批評那麼直接、嚴厲，但由此可以看出，即便一般民眾也已意識到，廣東的國語教育之所以落後，不能一味強調民眾的不參與，關鍵是地方政府既沒能起到學習國語的表率作用，也沒有進行有意識的推動。

〔註30〕翁敬銓：《推行國語問題》，1936年12月27日《廣州民國日報》。
〔註31〕1936年12月25、28日《廣州民國日報》。
〔註32〕林礪儒：《國語比賽之後》，《林礪儒文集》，廣東教育出版社，1994年，第657～658頁。
〔註33〕1936年12月23日《廣州民國日報》。

12 月 25 日,《廣州民國日報》發表了署名「黃鋼」的文章,則將討論進一步引向深入。文中寫道:

> 「言語之不同,在在都足以表現出民族結合份子的複雜,間接地又常常影響全民族的結合,這實在是一件不容忽視的事實。……我們在今日中央政府政令統一、交通發達、各省關係密切的當中,……我們今後沒有求民族統一的心就罷;如果想以提倡國語以消滅民族的隔閡的話,那由非實實際際地努力一下不可!」〔註34〕

27 日,《廣州民國日報》發表翁敬銓的文章《推行國語問題》,更明確地提出了地方觀念的危害性與語言統一的必要性:

> 「各地人民因方言的不同,山川的隔閡,只充滿著極濃厚的地方觀念;往往因地方一隅的小故,發生劇烈的械鬥,而對於國家的觀念民族的意識,卻非常淡薄。……這種情形是十分危險的,尤其在這國難頻危的今日,我們要救中國,要團結中華民族的救亡力量,便非統一語言不可!」〔註35〕

由於不難理解的原因,人們在批判狹隘的地方主義觀念的時候,指向多是籠統的,甚至在論及國語教育落後也未點明廣東。但在當時的政治形勢下,這種批評的所指顯然是不言自明的。如前文中所述,對於廣東社會的地方主義觀念問題,齊思和進行了公開的批評。〔註36〕

儘管這些徵文名義上出自普通民眾或語言教育專家之手,但既然刊發於地方黨報之上,文章所表達的觀點自然在很大程度上反映了廣東當局的態度。這種對以往存在於廣東的地方主義觀念的批判,無疑是廣東當局在向民眾表明,在新的統一形勢下,人們不僅對於國家統一語言不應再持錯誤的認識和漠然的態度,而且還要將國語統一、國語教育付諸行動了。

對於這一形勢的變化,當時一名遠在省垣之外的新會讀者看得十分清楚,「試看此次教部訓令與粵教廳嚴限推行注音符號,便明白教部很急意要粵省推行國語了。」〔註37〕

〔註34〕 1936 年 12 月 25 日《廣州民國日報》。
〔註35〕 1936 年 12 月 27 日《廣州民國日報》。
〔註36〕 齊思和:《兩粵事變和中國統一》,《獨立評論》第 213 號,1936 年 8 月 9 日。
〔註37〕 張子年:《推行國語問題》,1936 年 12 月 28 日《廣州民國日報》。

三、民間國語運動及成效

　　黎錦熙在談到民國時期的國語運動時曾說，「這種革命運動，實實在在牽涉了幾千年來的文化和社會生活，要以人力辦到，政府的力量和社會的潮流必須合拍。」〔註38〕黎氏的這句話，是針對當時國語運動中比較普遍的官方運動脫離民眾的現象而說的。如果說之前的廣東國語運動均是官方上演「獨角戲」的話，在這一次國語運動中，廣東民間社會團體和廣大市民參與了國語宣傳、教育及學習活動的程度顯然是之前所未有過的。

（一）民間國語運動

　　在聲勢浩大的國語運動帶動下，廣東民間社會團體、學校以及市民也曾一度積極參與國語宣傳與教育活動。

　　廣州市青年會是 30 年代從事國語教育相當活躍的一個組織。該組織認爲廣東省國語教育研究會、廣東省國語教育促進會在廣東的國語教育中未能發揮應有的作用，故青年會「對於本市國語運動自應負起領導責任。」在 9 月份，青年會就連續舉行兩次大規模的「國語演講會」，邀請當時的知名國語運動專家柯達文演講。同月，該所設立國語速成班，聘請柯氏爲該所兼職教授。〔註39〕在柯氏的主持之下，該所還於 10 月舉行「國語論文比賽」。〔註40〕

　　青年會除大力組織國語教育活動外，還於 10 月發起組設「模範國語講習所」。〔註41〕至 12 月，模範國語講習所共開設有國語師範班、普通班、速成班以及新聞界特別班，在所學員多達 300 多人。此外，該所還舉辦國語播音教授，受到市民的歡迎。鑒於廣東國語運動大會除在 1926 年舉行過之後，整整十年未有進行，如今「粵漢鐵路通車，本市因環境需要國語運動又復高漲起來，」該所遂決定於 1937 年元旦舉辦國語節紀念會以及國語運動宣傳周活動。〔註42〕

　　廣州市立國語講習所畢業同學會也積極參與國語運動，並組織「推行國語服務團」。該團以義務教授各機關團體服務人員學習國語爲宗旨，同時在市

〔註38〕黎錦熙：《國語運動史綱》，上海商務印書館 1934 年，第 129～130 頁。
〔註39〕《青年會將舉行二次國語演講》，1936 年 9 月 13 日；《舉行國語演講》，1936年 9 月 17 日《廣州民國日報》。
〔註40〕《青年會國語班舉行國語論文比賽》，1936 年 10 月 1 日《廣州民國日報》。
〔註41〕《青年會國語班舉行國語論文比賽》，1936 年 10 月 1 日《廣州民國日報》。
〔註42〕《模範國語講習所籌備慶祝國語節》，1936 年 12 月 21 日《廣州民國日報》。

內舉辦巡迴國語講習班十個，派專員赴各機關團體教授公務人員學習國語。這種巡迴國語講習班完全爲義務性質，不收任何費用。按照巡迴國語講習班章程，凡在廣州市內的各機關團體均可以報名參加。〔註43〕

另外，還有一些規模較小的組織也先後參與國語人才培養。如廣州市民眾教育第三區於 1937 年 3 月創設國語班四班，招收學生二百名，3 月 7 日開始上課。〔註44〕

學校是國語教育的重要基地。在這次國語運動中，各類學校也積極參與國語教育。相較而言，中小學校尤其是小學採用國語教學具有一定的基礎。因此國語運動開始後，許多學校都能遵令實施國語教學，一些學校還舉行以學生國語演講比賽等多種形式的宣傳教育活動。如培正附小爲促進國語起見，特舉行三四年級國語比賽。〔註45〕

廣州私立國光中學教員爲普及本校國語教育，還在校內組織發起「國語座談會」。座談會提出「以提倡國語，鼓勵員生愛好國語之空氣，並供給學聽學講國語之機會爲宗旨」，採取自願參加的原則，大量吸收主張國語統一、主張國語教育的在校學生或已畢業離校學生爲會員。不過，一經成爲會員，其義務則似有些苛刻。規程對於會員的義務有明確：

> 一、凡能講國語之會員，彼此談話時均須全用國語；如發現用粵語時，警告一次，再犯則每講粵語一句，罰款銅元五個，撥充公費。二、座談會每星期定期集會二次，全體會員均須出席；未得學校證許或未經臨時主席同意而缺席者，每次罰款銅元五個，撥充公費。三、能講國語之會員，須接納臨（時）主席之約請，於座談時擔任講話，不得推避。四、於每次座談，預定尚未能講話之會員五人，輪流擔任〔閒談〕；輪及擔任之會員，不得規避。〔註46〕

值得一提的是，部份大學也開始順應時勢，著手改變以方言或英語教學的一貫做法，積極配合教育部、教育廳國語教育令，實行國語教授。

在勷勤大學，1936 年 9 月 28 日，徐瑛在星期一紀念周學生大會上作了「現代青年生活的幾個實際問題」的講演。徐氏是廣東蕉嶺人，方言屬於客家語

〔註43〕 《公務員國語班徵求團體報名》，1936 年 12 月 25 日《廣州民國日報》。

〔註44〕 《社會與教育》第 1 卷 3 期，「民教消息」。

〔註45〕 《培正附小國語比賽》1936 年 12 月 16 日《廣州民國日報》。

〔註46〕 《國語座談會規程》，《國光概況》，廣州私立國光中學編印，1936 年，第 15 ～16 頁。

系，且較長時間在福建任職，故不諳粵語。因此他在演講一開始即說，「兄弟因爲廣州話講得不大流利，所以在未講問題之前，特請各位准我講普通話。」可見，在勤勤大學，即使是比較正式的場合，師生通常使用的語言是廣州話，而不是普通話，而在一般場合的狀況則可想而知了。但是，現在環境不同了，普通話的推行不僅是政府，勤大的主政者也極力推廣。因而，徐氏又強調，「不過在這語言力求統一當中，我們應當起來提倡，使她普遍化。」〔註47〕

　　嶺南大學校爲教會大學，長期以來崇尙外語教學。此次國語運動中，學校當局接奉教育部訓令，飭令各學院中國教員，一律以國語爲教授用語。〔註48〕

　　國立法科學院規定，所有教員在課堂上都必須用國語教授。同時，學院還特設「全院國語教授課」，由國語運動專家擔任教員，對全院師生進行集體國語授課示範。〔註49〕

　　市民參與國語學習的熱情也顯得異常高漲，以至於民眾想學習國語而機會難得。這種情形，從當時《廣州民國日報》的諸多報導中可見一斑：

　　省民教館自設立國語講習所以來，「先後已歷五屆，畢業生200多人，現應各方要求，擴充班額，招收第六屆新生。」〔註50〕「市社會局自制定推行國語運動辦法以來，本省國語運動工作日趨緊張。市民練習國語人數日益增多，但市內原日設立之講習所有限，市民練習國語大有額滿見遺之憾。」〔註51〕廣州市立國語講習所「因應社會之需求，經呈准社會局增加班額。」〔註52〕

　　爲滿足社會民眾學習國語的需求，除了專門教育機構不斷擴大培訓規模，就連教堂也不甘落後。廣州市仁濟路禮拜堂在《廣州民國日報》上大作廣告，宣稱該禮拜堂能使用國語講道。〔註53〕當然，教堂這樣做未必意味著教堂對於推行統一國語有多高的熱情，而其更主要目的恐怕是吸引教徒，而非推廣國語教育。不過，即便如此，這也表明，對於當時的廣州民眾來說，聽道時還能兼習國語無疑是有一定吸引力的。

〔註47〕　《勤大旬刊》第2卷4期，1936年10月1日。
〔註48〕　《嶺南大學實施國語教授》，1936年12月23日《廣州民國日報》。
〔註49〕　《國立法科學院普遍國語運動》，1936年12月25日《廣州民國日報》。
〔註50〕　《民教館國語班招生》，1936年9月16日《廣州民國日報》。
〔註51〕　《青年會國語班舉行國語論文比賽》，1936年10月1日《廣州民國日報》。
〔註52〕　《市立國語講習所辦國語免費班》，1936年10月4日《廣州民國日報》。
〔註53〕　《仁濟路禮拜堂國語禮拜》，1936年12月26日《廣州民國日報》。

（二）國語運動成效

從上可以看出，無論是制定國語教育政策，還是官方國語教育機構、民間社團以及普通民眾的參與程度，「兩廣事變」後的這一次廣東國語運動，遠遠超過了次前國語運動的任何一次。因此，將這次國語運動稱爲廣東國語運動的頂峰是不爲過的。

但是，在「兩廣事變」後的國語教育運動中，人們還是不難發現，整個國語運動主要僅限於社會的「上層」，而「底層」民眾的參與雖看似熱烈但並沒有眞正被「運動」起來。另一方面，民間社會參與這次國語運動的熱情高漲，但這並不意味著廣東社會眞正認同國語運動以及國語教育。

在廣東國語運動興起之初，就有學者在《教育研究》上發表文章指出，「本來在教育原理上說，凡是教材，其排列必須從近的到遠的才能易於明瞭。不能應付與自己有接觸的環境，則更不能應付那較大的環境無疑。所以我們要先教鄉村組織，然後及於國會行政。」「若想一個人講國語，想他喜歡語體文，必先令其喜歡用文字。……可是這種興趣是要誘進的，必須勿使人討厭語言文字方可。由此看來，小學生可以寫廣東話，也可以寫國語。換句話說，地方性的主義並不害於共通性。」〔註54〕

很難判斷作者的觀點在多大程度上代表了廣東教育界以及普通民眾對於國語運動以及國語教育的眞實態度，但是這種聲音或許可以爲這次國語運動虎頭蛇尾的進程作一個合乎情理的注解。儘管如作者在文中承認，在這一時期提出這一觀點是極不合時宜的。而且，這種聲音在當時國語運動的浩大聲勢中也顯得極其微弱。

至於在基層縣市，從國語運動伊始，不僅不見大規模的國語教育宣傳活動，就連教育廳設立國語傳習所的訓令也難以落實。如前所述，爲推動縣市國語教育，廣東省教育廳曾急令各縣市建立國語傳習所。然而，雖經教育廳多次催辦，遵令開展相關籌備工作的縣市仍然了了。〔註55〕國語師資無以養成，學校的國語教學自然無異於空中樓閣，更不用說學校之外的普通民眾了。

因此，在許多縣市學校，教學、演講等語言完全處於自由放任狀態。在教育極爲發達的臺山縣，作爲縣最高學府的縣立中學始終未按照《廣東省推行國語教育辦法》對學生使用國語作出硬性的規定。遲至1937年，學校關於

〔註54〕 曾昭森：《初等教育幾個衝突問題》，《教育研究》第70期，1936年10月。
〔註55〕 《廣東教育廳旬刊》第3卷12期，1937年4月21日。

學生演講比賽的規程還沿用舊規：「演講時用國語，廣州語，臺山語，均隨自便。」〔註56〕校級比賽是爲參加全縣比賽而進行的選拔賽。學校對於演講語言不拘，說明縣級演講比賽對於是否一定使用國語沒有作出明確要求。臺山屬四邑方言區，與廣州話有著一定的差異。三種方言都可以使用，說明這三種語言對於臺山當局而言，都是可以接受的語言。進一步說，這一次廣東國語教育運動在臺山並不是沒有產生任何影響。只是，學生在校演講時不統一使用國語，顯然不符合省國語教育推行辦法的相關要求。

即使在國語運動的中心廣州，運動所產生的實際效果也並不比此前的幾次更好。以學校爲例，按照《廣東省推行國語教育辦法》規定，各學校教員由1937年度起，一律用國語教學。但是，廣州市的許多學校僅僅在運動高潮之時，應景式地開展了一些國語教育活動。而在高潮之後，方言教學又出現了回潮的趨勢。

以廣雅中學爲例。1937年4月，一位廣雅中學學生在《廣雅的一日》裏描述了學生想聽教師國語教授但又因無法聽懂而不果的情形。教師平時上課一般是講粵語的。一次上「公民」課，大家紛紛要求老師講一講時事，於是老師便用國語爲他們講了起來（老師之所以用國語，是因爲大家就在上次上課時，向該老師要求用國語講書）。不過，因爲大家還正開始學習國語，因此不完全聽懂，於是又要求老師用粵語講課。學生想聽教師國語教授，說明此次國語運動對於該校學生還是產生了一定程度的影響；而學生無法聽懂國語，當然是學校長期以方言授課的結果。因此作者說：「無論如何，還是粵語聽起來不費力，儘管老師粵語不流利，但粵語腔的話畢竟比國語聽得清楚。」〔註57〕

從《廣雅的一日》可以看出，教員、學生日常的教學中都是用粵語的。如學生爲國文教員劉先生所取的外號是「神氣」，因爲該教員在課堂上的口頭禪是「好像……咁個神氣。」而學生們經常取笑數學老師的口頭禪是「……咁多的」。很明顯，這些口頭禪是粵語口頭語中使用的表達方式和習慣。

至於外省以及非廣府地區的教員、學生，在這種大環境之下，也只得學說粵語。而那些粵語學得不很地道的外鄉教員，難免成爲學生取笑的對象。有一位學生在一篇文章中，對他們的粵語不準確的歷史教員進行了嘲笑。

〔註56〕　《臺山縣立中學校概覽》，臺山縣立中學校編印，1937年10月，第155頁。
〔註57〕　《廣雅的一日》，廣雅中學編印，1937年4月，第153～154頁。

這位歷史教員的外號是「羅媽生先」。學生之所以給他這個外號，是因為他是梅縣人，第一次給學生上課，他用不標準的廣州話把「羅馬」講成了「羅媽」。這位學生還以調侃的語氣說道，「他是客家佬，所以廣州話說得不甚正確。聽說他在某大學念書的時候，是在外面搭食的，每次僅取一味的菜式——鹹菜乾。為什麼他這樣儉食呢？就是因為他當時只學會了說鹹菜乾這三個字，其餘別的廣州話是不會說的。〔註58〕

從上可以看出，在廣雅中學，此時並未實施國語教育。而從當時學生的記敘當中人們不難看出，對於長期以來以粵語為課堂教學語言的習慣，無論是校方還是學生顯然都無意去努力改變。而即使能操國語的教員，既然學校並沒有嚴格規定，遷就學生的要求用廣州話授課也就是很自然的事了。

廣雅中學的前身是廣雅書院。改稱廣雅中學（之後曾有一個時期稱為廣東省第一中學）後，一直是當時廣州市乃至廣東省內一流的中學。廣雅中學國語教育的情況尚且如此，當時廣州大多數中小學的狀況則可以想見了。

至於國語教學方法，在廣州國語教育的呼聲達到最高之際，有人在《社會與教育》上發表文章指出，關於國語的教學，廣州市內的小學雖有一部份教員為迎合參觀者以「新教學花樣」展示，但平時「許多國語教師把握住以前以讀書識字為國語科教學目的，不論用什麼教材，他們的方法老是用讀講的法子，而且千篇一律的讀講，沒有絲毫變易。」〔註59〕

國語教育在全國範圍內實施以後，各地小學所使用的均是語體文教科書。與文言文教學以識字為主要目的不同，語體文教材的識字量遠低於文言文課本。〔註60〕因此，原來文言文教學的思路和做法套用到語體文教學上是不可能有好的教學效果的。由此可見，當時廣州市小學國語教育的水平也是不高的。而從教學方法缺乏這一點，也可以從側面發現當時廣州各小學國語授課的情況並不多見。即使使用國語教授，也多是臨時應付的。

從總體上看，這次國語運動儘管從規模、聲勢上看是空前的，但並沒能堅持下去，而且所取得的實際成效也並不比以往的幾次更好。

〔註58〕《廣雅的一日》，廣雅中學 1937 年 5 月，第 153～154 頁。
〔註59〕鍾自新：《我所見到的市小國語教學問題》，《社會與教育》第一卷第四期。
〔註60〕鄭國民《從文言文教學到白話文教學——我國近現代語文教育的變革歷程》，北京師範大學出版社，2000 年，第 109 頁。

四、國語教育政治化及其悖論

「兩廣事變」解決後，廣東省開始成為國民黨中央統治下的一個重要省份，先前所存在的中央與地方之間的糾葛與對峙已經完全不存在了。在此期間，廣東幾乎是不折不扣地按照教育部的相關指令在是省內推行國語教育工作。但是，國語教育成效同樣不佳。

（一）國語教育政治化

「兩廣事變」後，廣東的政治局勢進入了自民國以來的一個新時期。很顯然，自民國以降，廣東從來沒有像這一時期那樣真正地被統一於中央政府的控制之下。

如果說在 1926 年的國語運動中還存在著話語權的爭奪的問題與矛盾，導致國語教育政策沒有被執行，那麼到「兩廣事變」之後，這種地方與中央政權的競爭與抗衡消失了，陳濟棠時期的自行其事的情況也沒有了。在廣東成為「地方」後，存在的只是一元的聲音——那就是服從國民黨中央的領導。同時，「兩廣事變」和平解決後，廣東省內的局勢也迅速得以穩定，新任廣東黨政軍職務的也多為強勢人物。毫無疑問，這種情勢是現代國語運動以來廣東所從未有過的。從理論上講，「兩廣事變」之後，廣東已具備推廣乃至普及國語教育的內、外部條件。那麼，是什麼原因導致此後的廣東國語教育一蹶不振呢？

當然，從 1937 年至 1949 年的這一時期，像國內絕大多數省區一樣，廣東處在一個極端不利於國語教育的環境之中。前八年中，抗日戰爭使得包括國語教育在內的一切正常工作幾乎完全被迫中斷。後四年中，由於國共兩黨之間的政治、軍事鬥爭貫穿始終，在很大程度上對於包括國語教育在內的整個教育無疑是一種極大的干擾。

但即便如此，人們仍然可以發現，廣東的國語運動之所以出現這樣虎頭蛇尾的現象，固然可能與廣東的國語（官話）教育的基礎太落後、多數民眾未必有接受國語的真正熱情以及連續不斷的戰爭干擾有關，但筆者認為，更關鍵的因素在於語言教育的政治化發展到極致。

一般而言，語言現代化是國家社會現代化在語言領域內的一種具體體現。透過語言的現代轉變可以窺見國家社會現代轉型的基本形態與特徵。但是，如果不以後人的眼光回看民國時期的語言教育，我們不難發現，兩者的關係恰恰是反過來的。也即是說，語言並不是被動地反映社會的變遷和觀念

的轉變，而實際上是當時人們試圖改變社會、改變國民觀念、提高國民素質，並以此作爲挽救民族危亡的一種手段、一種工具。

在中國現代國語教育運動中，始終有兩支力量在發揮作用。一是政府的力量，一是民間的、知識界的力量。而這兩者，都不同程度地將國語教育工具化了。在他們眼裏，語言已經不是單純的一種用於交流和表達的載體，而更是一種有效地進行社會改造的工具。自國語運動興起以來，這種特徵就以顯示出來。只不過，在不同的時期，所表現的程度與側重點不同而已。

對於知識分子而言，語言的統一與現代化是實現普及國民教育的重要手段，是加強國人民族凝聚力、愛國心的重要載體。不過，這種國語教育的工具化顯得比較隱秘。同時，對於多數民族內部的人而言，即使意識到這一點，但在 17 世紀開始崛起的全球性的民族主義浪潮面前，人們給予更多的是理解與認同。尤其是對於像中國這些在國際競爭中處於劣勢的民族來說，這不僅是可以理解的，而且是必要的。無論如何，知識分子的這種出發點爲了本民族的利益，而方向是對著外部力量的。

但是，政府則恰恰相反，其出發點更多的是對內。政府之所以竭力推行語言統一，而似乎不太注重其對於普及教育的作用，是因爲統一的語言很明顯有利於它們政治上、思想上的統治。這種統一語言的教育實質上是一種以語言爲突破口的政治、文化同化過程。而且，相比之下，語言的同化是超越軍事征服等手段的更深層次的同化，其所產生的結果更有效，影響也更長遠。因此，語言統一的思想來自民間、來自知識界，卻總能得到來自政府的強大支持。正因爲如此，人們不難理解，從中國現代的國語運動歷史來看，晚清、北洋、國民黨政府政府並不具備對整個中國社會的整合能力，但對於國語統一可謂不遺餘力。

「兩廣事變」後的這次國語教育運動，是在廣東被納入國民黨中央統治以後，由教育部主導的一次運動。因此，這一時期的廣東國語運動，與其說是廣東的國語運動，不如說是國民黨試圖實現政令統一、意志統一在廣東的落實。換言之，國民黨中央政府對於廣東的國語教育政策只不過在於以國語教育、國語統一來增強地方社會的國家意識、民族意識，從而最終達到鞏固政治統一的目的。

工具終究是工具。目的一旦達到，工具也就不重要了。因此，國語教育一旦被政治化，即難免存在著一個悖論：國語教育往往是在非常態的政治環境的產物。即國語教育最被重視的時候，往往是國家處於被動挨打或國家分

裂最嚴重的時候；而當國家一旦獲得了民族獨立或國內統一了，國語教育的政治作用往往會大大降低，因而在一個統一、穩定的國家裏，國語教育很難再成爲統治者關注的一個重要問題。所以，人們不難理解，當廣東局勢逐漸穩定下來，國民黨中央也不再像當初那樣關注廣東的國語教育了。

另一方面，人們不難發現，被國民黨政府政治化了的國語教育政策，在很大程度上反被地方政府利用了。

與此前各次運動的最大不同之處在於，這次國語運動並不是自發興起的，而是在國民黨中央的強令之下開展的。對於國民黨中央政府的意圖，廣東新當局不能不體察到。因此，對於他們來說，遵照中央政府要求開展國語運動、推行國語教育只不過是一個與陳濟棠時代劃清界限、進而向中央表明忠誠的必要行爲。相比而言，表明這種政治態度顯然比實現省內普及國語更重要，也更具有現實意義。

因此，人們有理由認爲，這次廣東國語運動與其說是一次語言教育的運動，不如說是廣東當局爲適應新政治形勢需要而開展的一次政治運動。在此政治意圖之下，地方政府自然不大可能眞正去努力嚴格執行國語教育政策。況且，他們身爲廣東人，深知在短時期內這是一個幾乎不可能完成的任務。

在這種情況下，廣東的國語教育難免於被敷衍的結局。如前文中提到的，廣東省打算在省內設立六所國語傳習所。但除了位於省垣的省立第一傳習所如期成立之外，其餘五所均無始而終。而對於基層縣市的國語教育，省一級政府除了向各縣市頻繁下達公文，並無認眞督辦。

抗戰勝利後，羅香林曾組織廣東的有關專家學者召開國語教育座談會，反思廣東國語教育的問題。在會上有人提出，「國語推行辦法，應由上而下，由下而上，以政治力量和教育力量，互相推行，收效必大。」〔註 61〕相比之下，政治的力量更爲關鍵。因爲，教育本身就是受制於政治的。正如有人所指出的，社會對國語教育的態度在很大程度上取決於政府對國語的態度，可謂「風行草偃」。〔註 62〕

（二）國語教育政治化的後果

語言教育的政治化除了對地方政府推行國語教育產生了消極影響，還帶

〔註61〕王越等：《如何加緊推進國語運動》，《廣東建設研究》第 2 卷第 1 期，1947
　　　年 2 月 15 日出版。
〔註62〕1936 年 12 月 23 日《廣州民國日報》。

來了另一個後果，即使得廣東知識階層以及普通民眾對於國語教育本能地保持一定的距離。

從知識階層來看。一方面，他們贊成國語教育，但另一方面他們又不願意附和政治，不願參與到國語教育的實踐中去。一個典型的表現就是，在廣東的這次國語運動中，缺乏真正能夠帶動社會國語教育的組織與機構。

1921 年，胡適對商務印書館開辦國語講習所培養國語人才並取得巨大成績表示肯定。他指出，「推行國語教育，只憑政府一紙空文，是不行的。從民國八年教育部辦一個國語統一籌備會，到現在不過一年半，能推行到這步田地，實在是私人和團體組織種種機關——像這個國語講習所——來推行的力量，不是政府的力量。」〔註 63〕

從表面上看，在整個民國期間，廣東並不缺乏國語教育組織與機構。幾乎每一次國語運動，都會成立一大批從事國語教育或官方的或民間的組織、機構。但是，由於缺乏知識階層的真正參與與支持，這些成立起來的這些組織、機構存在著兩個問題。一是它們的語言教育能力非常有限，〔註 64〕二是它們多以附和形勢為目的。因此，它們缺乏長時期從事國語教育的動力，往往隨運動起而起，又隨運動消而止。1946 年，教育家杜定友指出，廣東省內像國語講習會之類的組織其實並不少，「惟成績頗少」。〔註 65〕

政府部門對於國語教育的敷衍，知識階層對於國語教育的疏離，社會民眾自然是感同身受的。因此，無論是學校還是普通民眾，國語教育實際上處於一種放任的狀態。關於學校國語教育的這種情形，上文中已有論述。而對於普通民眾來說，情況也是一樣。只不過，對於他們來說，對政治、語言教育的看法，更多地加入了更實在的成分。

例如，在如何看待陳濟棠的問題上，儘管事變解決後官方媒體聲音一致地加以批判，但未必能真實地反映社會的「集體」認識。相反，也有人認為，據說陳濟棠主粵期間「傾力於地方建設，當年即廣受好評，贏得了極高的社

〔註 63〕 胡適：《國語運動的歷史》，《胡適學術文集．語言文字研究》，中華書局，1993年，第 307 頁。

〔註 64〕 即使像公立機構的廣州國語所，也由於教員本身缺乏正規的培訓，廣州國語所的專業教學水平不高，學員畢業考試合格率極低。詳見《十五年度教育統計》，廣州市教育局編印：《廣州市教育統計》，1929 年，第 21～22、27～28頁。

〔註 65〕 參見王越等：《如何加緊推進國語運動》，《廣東建設研究》第 2 卷第 1 期，1947年 2 月 15 日出版。

會聲譽。」〔註66〕以至於在後來的多難歲月裏，廣東民眾對於陳濟棠主粵時期的生活還感到留戀。1980 年 9 月，鄧小平在接見陳濟棠之子陳樹柏時指出，「令尊治粵八年，確有建樹。有些老一輩的廣東人還懷念他。」〔註67〕

一般來說，市井百姓不會從統戰的政治高度來看待陳濟棠這個人物。這說明，在普通百姓眼裏，所謂「國家」與「地方」，並不是一個與他們現實生活關係很緊要的概念。他們之所以對陳濟棠懷有某種程度的好感，無非是他們作為普通百姓安穩、平和的生活能夠得到保障。即便陳濟棠所奉行的是地方主義政策，在一般市井百姓看來似乎也是無可非議的。

其實，語言的使用何嘗不也是如此。對於普通百姓的生活來說，在日常生活中，粵語的使用由來已久，改用國語本身是一件難事，而且更重要的是，學習國語並沒有什麼用處。在絕大多數民眾的觀念裏，國語教育恐怕很難與民族意識、國家意識聯繫起來。而一旦當國語教育與政令統一、意志統一緊密連結時，自然更會遭到商業性較強的廣東社會的冷落。誠如有國外研究者指出，重商求富的價值取向使得廣東商人和一般居民更熱衷於經濟活動而疏遠政治活動，「海外華人的商業傾向更進一步鼓勵鼓勵了這種冷漠，他們對賺錢比對捲入任何社會運動更感興趣。」〔註68〕

（三）國語教育的「迴光返照」

1938 年 10 月，日本侵略軍攻陷廣州。廣東省政府北遷，省內一片混亂，全省教育尤其是沿海學校大受影響，許多小學紛紛停課或解散，學校與學生數銳減。根據廣東省教育廳戰後的統計，1938 年，全省小學在校人數由 150 多萬驟減為 90 多萬。按照當時廣東省教育廳密令，珠江三角洲、東江、潮屬以及西江下游的中學外遷授課或停課，遵令執行的中學達 100 多所，占當時學校總數的 4 成。〔註69〕

在抗戰期間，廣東的國語教育基本上陷於停頓。據原廣州國語講習所所長戴仲傑回憶，抗戰軍興，廣州淪陷，他被迫避往懷集等縣。在這些地方，他繼續從事國語教育工作，取得了一些成效。但是，在他所任職的學校裏，

〔註66〕 參見肖自力：《陳濟棠》，廣東人民出版社，2002 年，第 297 頁。
〔註67〕 1982 年 9 月 22 日《羊城晚報》。轉引自肖自力：《陳濟棠》，廣東人民出版社，2002 年，第 297 頁。
〔註68〕 《國外中國近代史研究》第 8 輯，第 226 頁。轉引自羅福惠等：《近代廣東社會文化的歷史成因》，《廣東社會科學》1991 年第 5 期。
〔註69〕 何國華：《民國時期的教育》，廣州：廣東人民出版社，1996 年，第 93、109 頁。

學生根本聽不懂國語。〔註 70〕這說明，在此之前，這些地區的國語教育極有可能沒有開展過。

不過，在此時的廣州，倒是一度出現了市民比較多地講國語的情形。據有人回憶，「二十七年冬廣州淪陷以前，在廣州任何場合，都不容易聽到人家講國語。可是戰後歸來，已不相同了，差不多各種集會，大多數運用國語了，這的確是進步的可喜的現象。」不過，這並不是有關部門、組織推行國語教育的結果，而是由於「近來各方人士來往頻繁，語言因生活需要而多改用國語。」〔註 71〕

抗日戰爭結束後，國內國語教育開始有所恢復。1945 年，在南京政府教育部的一次工作會議上，鑒於廣東國語教育落後，會議議決案提出，應進一步重視重廣東的國語教育。〔註 72〕

在教育部的督辦之下，1946 年 10 月，廣東省教育廳於在廣州重新成立了廣東注音符號推行委員會（後改稱廣東省國語推行委員會），並把推行國語教育作爲該年度教育部門的中心工作之一。該委員會由教育廳長兼主任委員，負責督導各市縣成立類似機構及開展國語教育工作。〔註 73〕

1947 年 5 月，廣東曾開展過一次國語教育運動。省政府曾訓令各級行政機關，凡集會演講、請示解答、公事洽商一律用國語。據有關材料顯示，當時有 18 個縣市開展了相關活動。〔註 74〕

1948 年 1 月，教育部指定中山大學師範學院開設二年制國語專修科，以培養國語師資以及本校學生。其一半由中大招考，其餘分配給廣東、廣西兩省的教育廳補送，畢業後回原地服務。〔註 75〕

在廣州，市教育局於 1946 年 10 月在市立第一小學（在朝天路）設立國語講習班。後由於報名人數增加，在東西南三區各增辦 1 班，招收小學教員

〔註 70〕 戴宗杰：《我推行普通話的回憶》，廣州市政協學習和文史資料委員會編：《廣州文史資料存稿選編（六）》，中國文史出版社，2008 年。

〔註 71〕 王越等：《如何加緊推進國語運動》，《廣東建設研究》第 2 卷第 1 期，1947年 2 月 15 日出版。

〔註 72〕 《教育部三十五年度第七次第八次工作計劃討論會記錄》（1946 年 8 月），《中華民國史檔案資料彙編》，第 439 頁。

〔註 73〕 《廣東省政府教育廳工作報告‧國語教育》，1947 年 5 月至 10 月。

〔註 74〕 《中央及廣東現行教育法規》。轉引自陳覺全：《廣州市推行普通話（國語、官話）史略》，《嶺南文史》2000 年第 6 期。

〔註 75〕 1948 年 1 月 4 日、8 日《中正日報》。

參加學習。1948 年 7 月成立了廣州市國語教育協進會，會員有 500 餘人。同年 10 月，舉辦了全市中小學國語抽考及國語壁報專號競賽，有 73 所學校參加。1949 年，廣州市教育局改國語講習班爲市立國語講習所，先後舉辦 6 期，結業學員 1200 餘人。〔註76〕

　　儘管上述史實表明，這一時期廣東的國語教育並沒有完全停頓，但取得的成效並不好。事實上，到國民黨政權在大陸的結束，廣東全省的國語教育仍然沒有取得令本省教育主管部門認可的成績。1949 年 3 月，廣東省政府教育廳在一份訓令中無奈地提出批評，「查各級學校執行國語教學，本廳一再頒計劃辦法，令飭切實遵辦。惟近據本廳督學及各方報告，各級學校尚有未能認眞執行者，殊與倡導推行國語教育之旨不符。」〔註77〕

　　政府訓令面對的是數量眾多的各級各類學校，在訓令多會使用一些官話與套話。很顯然，對於「各級學校尚有未能認眞執行者」的說法是有所保留的。因爲，如果教育廳公開承認絕大多數學校未能認眞執行國語教育法令，無疑是向廣大下屬學校表明教育廳的權威已經受到嚴重的挑戰。這顯然對教育政策的執行是不利的。因此，可以斷定，實際的情況肯定比教育廳公文所稱的要嚴重得多。

　　國語教育最落後的當屬在那些交通閉塞、風氣不甚開通的縣市。在這些地區，往往也是教育極其落後的地區。這些地區的人們包括政府官員、讀書人如不走出故土，方言足可以應付一切生活所需，對於國語的需要並不強烈。如位於粵西北的德慶縣，遲至 1947 年，縣教育科才提出各中學國文科用國語教學的要求。但是，由於師資條件所限，收效甚微。〔註78〕

　　如果將「兩廣事變」後至 1949 年這一時期的廣東國語教育作爲一個整體來看，人們不難發現，在 1936 年國語運動在經過了前所未有的高潮之後，一直到國民黨統治在中國大陸的結束，廣東的國語教育雖然名尤存、但實已亡。從這個意義上講，「兩廣事變」後的這次國語運動是整個民國期間廣東國語教育的「迴光返照」。

〔註76〕 轉引自陳覺全：《廣州市推行普通話（國語、官話）史略》，《嶺南文史》2000年第 6 期。

〔註77〕 《廣東省政府教育廳訓令》（1949 年 3 月 14 日），廣東省檔案館館藏檔案，檔案號：5～2～93。

〔註78〕 德慶縣地方志編纂委員會：《德慶縣志》，廣州：廣東人民出版社，1996 年，第 744 頁。

結　語

　　至此，本書以 1920 至 1937 年為重點對民國時期廣東國語教育作了一個總體的考察。綜觀整個民國時期的廣東國語教育，無論是與歷屆中央政府國語教育政策的要求，還是與國內其它省區國語教育相比，其發展水平都是極其落後的。著名教育家林礪儒 1934 年在勤勤大學的一次演說中所下的結論，大體上可以作為對整個民國時期廣東國語教育的一個比較客觀公允的評價：

> 「我們國內有方言的地方，不只廣東一省。如福建全省方言與
> 國語完全不同，浙江之處州、溫州，江蘇之上海、蘇州，廣西之東
> 南部，他們的方言都和國語相差很遠。然而他們的中學生大都懂國
> 語，比廣州學生勝得多。中國四大方言區——閩，粵，吳，甌——
> 現在那三區的國語都很進步，有了成績，獨有廣東落後。」〔註1〕

　　當然，本書的目的並不在於考證這一結論。正如導言中所提出，本書試圖所做的是，通過對民國時期廣東國語教育的考察，揭示出導致廣東國語教育落後的深層次原因及其所造成的影響，以廣東國語教育為個案透視中國現代國語教育的總體成效，並對當代語言教育提出自己的一些看法。

一、廣東國語教育的制約因素及後果

　　任何一個地區的語言教育狀況都不可能是孤立的，而是該地區政治、文化、語言發展的產物。語言教育在一國內部不同地區之間差異，極能說明這一問題。正如有學者指出，語言政策肯定會影響到語言本身，但是語言政策

〔註 1〕 林礪儒：《國語比賽之後》，《林礪儒文集》，廣州：廣東教育出版社，1994 年，
　　　　 第 657～658 頁；《勤勤大學師範學院月刊》第 10 期，1934 年 6 月 25 日。

的制定是受非語言的因素制約的，因此語言政策的成功與否在很大程度上取決於非語言的因素。〔註2〕

同時，如有論者所指出的，「由於信息傳播條件的限制，地區間文化與教育交流必然受到影響。中國各種方言和方言區的並存，就是這一點的直接反映。而方言特徵愈突出，表明該地區的社會愈封閉。因此，方言區的存在，本身也是教育區域化的表現形式之一。」〔註3〕廣東國語教育的相對落後，也不可避免地對地方文化、教育發展產生消極影響。

（一）制約廣東國語教育的主要因素

民國時期的廣東國語教育，自然也是廣東獨特的政治、文化以及語言發展的結果。關於這種因果關係，前文各章中已結合各個時段進行過嘗試性的探討。在這裡，主要著眼整個民國時期，就廣東國語教育滯後的制約因素進行分析。

1、政治局勢制約

民國時期有學者指出，「教育是社會政治的尾巴。」〔註4〕其實，討論任何一個國家的教育，都很難撇開一定歷史條件下的政治因素。否則，無異於隔靴搔癢。從這個意義上講，語言教育作為教育的一個部份，自然也是政治的「尾巴」。

與廣東國語教育成為歷屆中央政府所詬病的一樣，廣東與中央的關係也始終是民國時期歷屆政府極為頭痛的一個問題。在整個民國期間，廣東多數時候與中央處於對立狀態，即使歸附中央也常常是貌合神離。

最初，孫中山在這裡建立政權與北京政府抗衡。廣州國民政府的建立，意味著廣州國民政府不再是一個地方性的政權。國民黨統一全國後，廣東雖為南京政府治下的一個普通省份，但國民黨內的反蔣勢力又以廣東為據點對抗南京中央政府。至於陳濟棠主粵時期，廣東處於半獨立狀態。一直到「兩廣事變」後，廣東才又重歸中央控制。

地方政局的反覆變動，對廣東的國語教育不可避免地造成了直接的影響。正如有外國漢學家所指出，「在語言改革運動中，至少當它針對政治的時

〔註2〕 Garvin, Paul L.1959: The Standard Language Problem-Concepts and Methods: Anthropological Linguistics 1: 3.30

〔註3〕 吳宣德：《中國區域教育發展概論》，湖北教育出版社，2003年，第264頁。

〔註4〕 黃繼植：《社會問題乎？教育問題乎》，《社會與教育》第1卷3期。

候，問題不在於民族統一，而在於統一的民族國家裏地方與中央的關係。」〔註5〕很難想像，一個不擁護或支持中央政權的地方政府（政權），會花費大力氣去推行中央政府所規定的標準語言教育以遷就中央政府的相關政策。

因此，在整個民國期間，無論是標準國音教育，還是白話文教育，在廣東很難得到來自廣東地方政府（政權）的眞正支持。在這種情況下，廣東的國語教育發展滯後是很自然的。與方言同樣複雜的毗鄰省福建相比，這種政治對廣東國語教育的影響非常明顯。福建國語教育之所以顯然要好得多，固然有一定的歷史因素在起作用，但更重要的是，從總體上看，在民國期間福建省與中央政府的關係比廣東與中央政府的關係要穩定得多——儘管福建也曾一度短暫成爲反政府軍事勢力的基地。

2、區域文化制約

一般認爲，語言不僅僅是人類交際的工具，而且能夠比較全面地反映一個民族或一個地區人民在思維模式、生產方式、生活方式、風俗習慣、宗教信仰等方面特有的精神，是這個民族或這個地區傳統文化的結晶。語言學家馬林諾夫斯基指出，「語言是文化整體中的一部份，但是它並不是一個工具的體系，而是一套發音的風俗及精神文化的一部份。」〔註6〕語言學家洪堡特也曾提出，「每一種語言都包含著一種獨特的世界觀，」〔註7〕這意味著，一個民族或一個區域的語言與這一民族或區域的文化始終是連結在一起的。因而，當民族或區域內相對獨立的語言體系在外力影響下被迫變革或替換時，自然會與該民族或區域的文化發生衝突。

從文化的層面看，廣東的國語教育始終遭遇著來自兩個方面的抵抗。

一是實用文化。民國時期，中山大學教授朱謙之曾對中國三大文化進行過比較。他認爲，「北方黃河流域即代表解脫的知識，中部揚子江流域可代表教養的知識，南方珠江流域可代表實用的知識。」〔註8〕其原因在於，在自然經濟時代，南方的生存環境不優越，人民爲生計所迫，講求實用，這種取向

〔註5〕〔澳大利亞〕費約翰：《喚醒中國——國民革命中的政治、文化與階級》，北京：三聯書店，2004年，第233頁。

〔註6〕〔英〕馬林諾夫斯基：《文化論》，北京：中國民間文藝出版社，1981年，第7頁。

〔註7〕〔德〕威廉·馮·洪堡特：《論人類語言結構的差異及其對人類精神發展的影響》，北京：商務印書館，1999年，第52頁。

〔註8〕朱謙之：《文化哲學》，上海：商務印書館，1935年，第263頁。

使得在文化上易於擺脫抽象的意識形態的束縛，追求實際利益。〔註9〕

關於廣東的這種「實」的文化特性，國民黨的重要領導人之一的汪精衛對新文化的態度可以說是一個很好的詮釋。他曾明確表示對新文化的反感與排斥。他認為，「自北大蔡胡諸先生提倡新文化後，教育界趨向，僅偏重文學哲學方面，實在危險。比如人生觀無論講得怎樣好，交通機關不完備，自然科學不發達，依然蹈中國從前教育空虛清談的覆轍，何補於今日的中國。新文化三字，本不妥，只重文學哲學，更不是完全文化，所以我主張從實的方面著手。」〔註10〕

這種比較廣泛存在於廣東社會尤其是普通民眾當中的實用文化，使得人們在面對語言教育問題時，最本能而普遍的反映是，國語有什麼用處，尤其與謀生有什麼關係。很顯然，國語教育是晚清以降中國社會民族主義意識的產物，其核心意義在於以語言統一促進民族統一與各民族各區域民眾的凝聚力，其出發點並不是由於國語的實用性。

近代以來，由於與「北方」各省交通阻隔，在經濟上對後者的依存度也不高，廣東社會處於一個對內封閉、對外開放的文化經濟環境內。因此在社會生活中，粵語、外語遠比國語實用。相比之下，實際用處不大而學習起來費時費力的國語對於普通民眾缺乏足夠的吸引力。1936 年，有人在檢討廣東社會國語教育落後的原因時即指出，「（普通百姓）只想賺多幾個錢來應付生活，而學會了國語，他們始終是認為沒有什麼利益。」〔註11〕

二是文化保護。由於廣東偏處嶺南，且多為朝廷官員被逐放的邊地，故長期以來被認為是化外之地。對於這一評價，自然為廣東人尤其是廣東知識階層的不滿。因此，廣東文化人論證嶺南文化源流正統性的歷史，幾乎與廣東被文化歧視的歷史一樣長遠。而在為廣東文化正本清源，語言自然是一個不可或缺的重要載體。

民國時期，廣東文化人延續了先賢們關於廣東方言歷史的結論，那就是廣東方言才使真正的中原古韻。有人提出，「我們的口語固然受到漢字的影響，就是在誦讀文章的時候，尤其是魏晉以後的有韻文，以粵音讀出來，無

〔註9〕 趙立彬：《民族立場與現代追求：20 世紀 20～40 年代的全盤西化思潮》，北京：生活．讀書．新知三聯書店，2005 年，第 66 頁。
〔註10〕 馬鶴天：《新廣東教育考察日記》，北京：北京國民大學，1924 年，第 113～114 頁。
〔註11〕 翁敬銓：《推行國語問題》，1936 年 12 月 27 日《廣州民國日報》。

不鏗鏘合節。因爲這時代以後的製作，是依據廣韻一系的韻書的，而粵音還保存不少廣韻的色彩。」因此，粵語不僅與國語同是漢語的支裔，而且比國語還來得早得多。〔註 12〕主張全盤西化的陳序經也認爲，廣東省是最中國化的省份。因爲與其它的地區都遭到過蒙古人和滿族人踐踏不同，廣東話是最接近古漢語的一種方言。〔註 13〕

　　而正是方言，保存著大量在中原一帶已經消失了的傳統文化。〔註 14〕因而，保留住了廣東古老的方言以及一直變化很小的文言文，就保證了中國傳統文化在廣東的延續。很顯然，這是相當一部份廣東文化人在如何看待方言、文言文與國語的關係時所持有的邏輯。因此，與市井百姓出於謀生的實用角度不同，對方言、文言文某種程度上的刻意維護，並藉此維持廣東的文化正統地位，是廣東社會知識階層對於國語並不完全認同的一個不可忽視的因素。

3、方言制約

　　語言教育的變革當然語言自身的特性有關。廣東的國語統一、國語教育實際上是一個由方言向標準語轉換的問題。如所周知，廣東方言與以北京方言爲標準北方方言之間，在語音、詞彙甚至語法結構均存在著較大的差異。

　　關於這一點，國語教育初期，就有廣東的學生提了出來。「南方的語音——還有語詞，都和國語差得很遠。非從技能上用工夫，聽你無論什麼國語講習所畢業，專修科畢業，四十個字母和其中音素的音還咬不實，勉強打起了彎舌頭說南腔北調的藍青官話，恐怕研究了幾十年的國語，還是一個啞巴子吧！」〔註 15〕

　　由於方音差異過大，許多廣東人即便是文化名人，也難講出比較易懂的國語來。嶺南文化巨子梁啓超曾不無得意地自稱，「得諳習官話，遂以馳騁於全國。」〔註 16〕但他實際上所操的相當濃重的新會口音官話，外省的學生相當不好聽懂。20 年代，東南大學的學生認爲，「他教書和演講都有充分情

<hr>

〔註 12〕黃錫淩：《粵音韻彙》「緒言」，中華書局，1940 年 12 月出版，第 1～2 頁。

〔註 13〕陳序經：《廣東與中國》，《東方雜誌》第 36 卷第 2 期第 42～45 頁，1939 年。

〔註 14〕羅康寧：《粵語形成於古廣信——兼談粵語的文化價值和保護問題》，《嶺南文史》2004 年第 3 期。

〔註 15〕後覺：《研究國語底兩方面》，《國語月刊》第 1 卷 9 期，1922 年 10 月 20 日出版。

〔註 16〕丁文江、趙豐田編：《梁啓超年譜長編》，上海：上海人民出版社，1983 年，第 252 頁。

感，可是都沒有辦法表達出來，甚至急時還有口吃現象。他的廣東官話也要聽過一兩星期才能習慣。」〔註17〕還有聽他演講的學生甚至認為，「見面不如聞名，聽講不如讀書」。〔註18〕

對於這種差異，當時國內的語言學界也有所意識。對廣東方言比較瞭解的語言學家趙元任就曾感歎，「從哈爾濱到昆明，從重慶到南京的官話區，言語還比較一致，可是東部和南部方言之間的差別，不亞於法語之於西班牙語，或者荷蘭語之於德語。」〔註19〕而在國外的一些研究者看來，粵語根本不是一種方言，而完全是獨立於國語之外的一種語言。「所謂『國語』或『普通話』之成為『標準語』，而閩南語、粵語淪為『方言』，並非基於語言學上的理由，而是出於政治——特別是民族主義——的考慮。」〔註20〕正是因為廣東方言特殊，在民國期間始終不乏熱心語言統一研究者嘗試粵語與標準語之間的翻譯工作，但沒有取得成功。〔註21〕

20世紀40年代初，澳門中華教育會主席陳道根就廣東普及國語問題總結道：

> 「自國語統一運動提倡後，各省胥積極推行，其蓬勃氣象，大有風發泉湧之勢，而粵省進行，獨形塞緩。雖經教育有司屢申明令，熱心人事不絕鼓吹，顧言者諄諄，而聽者藐藐。推其故，良由我粵處五嶺之南，在昔與中原聯繫殊鮮，方音獨特，矯革維艱，少數學者從有志研究於先，亦輒感艱難於後。此所以經年累月仍未能普遍推行，斯不特友朋交際每苦情意隔閡，抑亦民族統一前途之一大障礙也。」〔註22〕

上述制約因素，當然首先是對於社會上的國語教育產生直接的影響。但毫無疑問，這種影響對於學校的國語教育同樣是不可避免的。正如英國著名

〔註17〕 羅時實：《由南高到東大》，《傳記文學》1卷4期，1962年9月。
〔註18〕 梁容若：《梁任公先生印象記》，夏曉虹編：《追憶梁啓超》，北京：中國廣播電視出版社，1997年，第339～340頁。
〔註19〕 《趙元任語言學論文集》，北京：商務印書館，2002年，第880頁。
〔註20〕 參見〔美〕本尼迪安特．安德森：《想像的共同體——民族主義的起源與散佈》，上海：上海人民出版社，2003年，第10頁。
〔註21〕 到1949年，國內還有研究者試圖設計廣州話的新文字，如上海新文字工作者協會於當年出版《廣州話新文字的方案和寫法》。參見費錦昌：《中國語文現代化百年大事紀（1892～1995）》，北京：語文出版社，1997年，第122頁。
〔註22〕 黃元：《國粵音對照速解字彙》「序」，香港：商務印書館1946年。

教育家薩德勒所說的，「我們不應忘記校外的事情比校內的事情更重要，並且制約和說明校內的事情」。〔註23〕

（二）國語教育滯後對廣東教育的影響

國語教育之所以對學校教育產生影響，與國語的重要性是有關的。在學校，國語是各學科教育以及社會教育的基礎。正如當時有人所指出的，「國語科為小學全課程的骨幹，與其它學科的聯絡關係非常深切。」而且國語「是研究各種學術的基礎學科，是適應社會的需要，對於兒童的精神生活有巨大的貢獻。」〔註24〕而在社會，當時處於文化、教育乃至哲學等領域主流地位的著作、讀物，主要是以北方方言的白話文體國語創作或譯介的。很顯然，在一個相對統一語言的國家裏，地方方言的封閉圈只能使得本區的教育難以吸納社會教育革新與發展的成果，從而降低該區域現代教育的水平。〔註25〕

國語教育落後，對國語國文學科教育的影響毫無疑問是最直接的。首先，這種影響表現在學校的國語課程的教學成效上。以下是對民國期間廣東中學國文教育的情況進行的考察。〔註26〕之所以選擇中學，主要基於：一、可以在國內各省區之間進行橫向對比，二、中學教學水平比小學、大學更能代表一省區的整體教育水平。

1925年，教育家陳東原在《教育雜誌》第17卷第9號上，發表了《去年

〔註23〕 趙中建、顧建民選編：薩德勒：《我們從對外國教育制度的研究中究竟能學到多少有實際價值的東西？》，人民教育出版社，1994年，第89頁。

〔註24〕 羅玉堂：《小學國語科是什麼》，《廣州市教育月刊》第2卷6期，1933年6月，第33、36頁。

〔註25〕 根據英國學者約翰‧波特的研究，加拿大魁北克中小學的大量天主教神學經典和法語的教育，嚴重影響了法裔人提高他們在北美社會中的成就和地位。有國外學者稱這種現象為「種族主義陷阱」。參見 J.Porter, "Ethnicn Pluralism in Canadian Perspective", N.Glazer and D.Moynihan（eds），Ethnicity; *Theory and Experience*, Cambridge, 1975, p.98; N.F.Wiley, "The Ethnic Mobility Trap and Stratification Theory", Social Problems, vil.15, no.2, 1967, pp.147~159.

〔註26〕 根據1932年教育部公佈的中學課程標準，儘管課程名仍為「國文」，但對於語體文的要求十分明確的要求。1932年中學國文課標目標是，「使學生從本國語言文字上，瞭解固有文化，使學生從代表民族人物之傳記及其作品中，喚起民族意識並發揚民族精神。養成用語體文及語言敘事說理表情達意之技能。養成瞭解一般文言文之能力。」從這可看出，課程目標對語體文的要求要高於對文言文的要求。1936年頒布的課程標準基本延續了這一標準。詳見課程教材研究所編：《20世紀中國中小學課程標準》之《教學大綱彙編語文卷》，人民教育出版社，2001年，第289~312頁。

中學畢業生之升學成績》的文章。這是陳氏為瞭解國內中學生的整體水平所做的調查報告表中「國文成績」的部份從統計學的角度看，這種調查方式未必能得出準確的結論，因為報考北京大學的中學生考試分數顯然不能代表該省區的學生水平。不過調查表中的部份數據，對於人們瞭解當時廣東省中學教育的一些情況，還是有一定參考意義的。

省　別	投考生數	錄取生數	投考生國文平均分	錄取生國文平均分
廣東	121	5	32.5	52.5
廣西	10		27.5	
四川	246	13	42.2	58.4
江蘇	80	11	42.0	57.8
福建	20		42.9	
江西	88	8	37.8	59.1
河南	108	3	39.9	61.0
直隸	258	50	40.6	54.3
黑龍江	4		33.5	
吉林	26	3	49.7	63.5
山東	176	12	40.0	50.1
山西	119	4	38.9	63.5

從上表中可以看出，無論是投考學生，還是錄取學生，他們的國文成績都低於表中所涉及的絕大多數省區的學生。同時，從投考學生的錄取率來看，廣東僅為 4%，也與當時一些教育基礎較好的省區存在著不小的差距。

根據廣州市教育局對 1932、1933 年度廣州市立、市轄中等學校畢業會考的成績統計，大體可以看出當時廣州中等學校國文教育的成績。

考生類別（年份）	參考人數	國文平均分	總平均分
市立中等學校高中文科（1932 年）	45	72.69	76.07
市立中等學校高中理科（1932 年）	31	61.61	73.12
市立中等學校高中普通科（1933 年）	76	62.24	63.15
市立中等學校高中師範科（1933 年）	101	67.13	76.00
市轄中上學校高中師範科（1933 年）	82	75.67	77.08
市立中等學校初中（1932 年）	447	56.07	62.66
市轄中等學校初中（1933 年）	307	67.99	66.90

　　以上各類考生兩年畢業會考國文科平均成績，除市轄中等學校初中畢業生高出總平均分（即該年度某類畢業生所有會考科目的平均分）1.09 外，其餘都低於總平均分。其中高中理科的國文平均分爲該類畢業會考各科平均分最低，低於總平均分 11.5 分之多。〔註 27〕

　　而據教育部視察員 1933 年來粵視察教育時的報告，1932 年會考爲廣東省首次中學生會考「試題不甚艱深」。〔註 28〕同時，據教育部對全國中學 1932 年度畢業會考的成績進行調查，結果顯示高中會考成績最優科目爲國文和黨義。〔註 29〕

　　對於廣東中學生國文水平的低下，教育家林礪儒毫不避諱。1936 年，時任勷勤大學教育學院院長的他在一次演講中指出，「近十年以來，大家異口同聲地說大學生、中學生國文程度低落，這種現象以廣東省爲尤甚。」〔註 30〕

　　其次，國語教育的落後導致廣東教育在整體上落後於國內其它省區。1935 年，胡適公開指出，「廣東人的守舊風氣又使他們迷戀中國古文，不肯徹底改用國語課本。結果是在絕大多數的中文學校裏，文言課本還是很占勢力，師資既不易得，教學的成績自然不會好了。」〔註 31〕

　　誠然，在當時國內包括中學在內的各級各類學校裏，使用的各科教科書及文化讀物，都是以「北方」方言白話文進行編撰的——當時的廣東雖然試圖編制符合地方語言要求的相關教科書和讀物，但最終還是沒有成功。〔註 32〕因而，國語教育水平低下，不可避免地影響到各門學科教與學的效果。而在整個民國期間，廣東本地人士反思中學教育質量的情況也非常之多。

〔註 27〕廣州年鑒編纂委員會：《廣州年鑒》卷十二之教育（上），1935 年。
〔註 28〕《教育部視察員視察各省市教育報告彙編（下冊）》之《視察廣東省教育報告》，教育部編印，1933 年，第 24 頁。
〔註 29〕《教育部訓令（第 2593 號，1934 年 3 月 23 日）》，《教育部公報》第 6 卷 15、16 合期，1934 年 4 月，第 6 頁。
〔註 30〕林礪儒：《用科學培養青年以改造國民性》，《林礪儒文集》，廣東教育出版社，1994 年，第 642～643 頁。
〔註 31〕胡適：《南遊雜憶》，歐陽哲生編：《胡適文集》第五冊，北京大學出版社，1998 年，第 614 頁。
〔註 32〕1930 年，時任中山大學附屬中學師範科「小學國語科教材研究」科目教員劉孟晉，曾在中山大學教育研究所莊澤宣等人的支持下編輯《小學國語教材》，旨在改進當時坊間的「新時代教科書」、「新主義教科書」、「新小學教科書」。但是，劉氏最終選編材的主要材料還是出自當時商務印書館、中華書局、世界書局以及民智書局的國語讀本等。詳見劉孟晉編：《小學國語教材》，國立中山大學附屬中學印行，1930 年。

　　1931 年，有人指出，「我粵中等學校，據最近統計，凡二百七十七所，其數量殆爲全國各省之冠。……對於中等教育，尚無庸急急推廣，而質之改善，則爲今日所應一致努力以求之者。」〔註33〕

　　1932 年，有人根據廣州教育的調查提出，廣州教育不僅沒有發展，反而有下降趨勢。故認爲「廣州市夙以南中文化中心著稱，而粵人亦恒以此誇耀而不疑；然究其實際，則不特有關文化之著述與刊物，一無足稱，即研究學術之機關，亦寥寥可數，南中文化中心之命名，殊覺其實未副」。〔註34〕

　　同年，還有人提出，「廣東人對於『官話』──國語，向來是沒有緣份。因爲不但口音不同，而且詞類和結構相差的地方很大，要學習也很覺得困難，因而學習國語白話文也是一樣的困難，因此，自從一九一九五四運動之後，廣東的文化就得了衰落的因素。」〔註35〕在他看來，國語教育的落後直接導致了廣東文化的衰落。這一結論未必確鑿無疑，但至少表明，廣東國語教育的落後，或多或少地影響到了廣東文化教育的繼續發展。

　　1933 年，據廣東教育廳的統計，「本期考取高中生，投考者有四千餘人，取錄者只有一千餘人；分數最高的是六十五分，最低的是一十九分半。並且學生的程度一年比一年低，可見智識破產是不可諱言的。」〔註36〕

　　1936 年 11 月，廣東省政府主席黃慕松在勤勤大學成立三週年濟南典禮上的講話中指出，「廣東省的教育，比較江浙、兩湖、北平、山東等處落後，不論是文的方面、武的方面都一樣。」「在南京方面，對於投考學生成績的考查，照各大學的統計，都是廣東學生的成績來得低些。軍事學校固然是這樣，就是主要科目，像國文、英文、理化等成績，也都比不上江浙、兩湖、北平、山東等地的學生。本來，廣東是革命策源地，事事都應出人頭地，可是成績這樣，不但考試吃虧，就是做事也不得不落伍了。」〔註37〕

　　既然中學生的質量不高，大學教育質量自然可以想見。傅斯年在給胡適的一封信中，就聘請外國教員問題，對中山大學的學生提出了自己的看法，「此

〔註33〕　《廣東全省中等教育報告彙刊》「緒言」，廣東省政府教育廳印行，1931 年 12 月，第 1 頁。

〔註34〕　祺：《向下發展之廣州市教育》，1932 年 8 月 18 日《晨報》。

〔註35〕　易岸雲：《爲討論『粵語文字』答笑花君》，《青春》第 1 卷 17 期，廣州青春旬刊社，1932 年 10 月 25 日出版。

〔註36〕　喬棣華：《從中國底不良現狀說到教師的職責》，《廣州市教育月刊》第 2 卷 1 期，1933 年 1 月，第 52 頁。

〔註37〕　《勤大學旬刊》第 8 期，1936 年 11 月 21 日版，第 27～28 頁。

地本科程度不齊，只要略有點文學知識，教得明白，就可以敷衍一時。」〔註38〕如前所及，儘管中山大學名爲國立大學，但招生範圍實際上主要在兩廣地區，而其中廣東學生尤占絕大多數。

　　著名科學家、教育家任鴻雋在參觀中山大學後，對於陳濟棠花費鉅資建設世界上最宏大的大學的做法很不以爲然。他認爲，「教育事業是教育事業，我們以爲除了從政治及情感的立場來觀察外，還應當從教育的立場來加以考慮。從教育的立場來說，我們以爲與其先有了一個輪廓，然後慢慢的去充實內容，不如先充實了內容，待到內容膨脹到輪廓不能範圍的時候，然後放大輪廓的較爲合理。……用學術的實際貢獻來作紀念，也比用幾座空洞的房子來作紀念要永久而榮譽得多。」〔註39〕不難看出，任氏不僅不認同陳濟棠、鄒魯辦大學的方式，對中山大學當時的教育水平也並不看好。

二、中國國語教育的另一個鏡像

　　結合 20 世紀中國國語運動的實際，有學者總結性地指出了一條「惰性規律，」即「難則勤學，易則惰習」。〔註40〕從總體上看，這是符合實情的。中國漢語方言區可以分爲兩大區域，一是官話區，一是東南方言區。對於多數官話區的人們來說，他們的日常語言儘管千差萬別，與國語也不盡相同，但是這些差異一般不構成人們交流上帶來很大的困難。因此，在整個民國時期的國語運動，其實在北方倒是乏善可陳。由於方言眾多的緣故，南方人首先意識到統一語言重要和必要。因而現代國語運動、國語教育多由南方人發起，也興盛於南方。

　　當然，從區域比較的角度來看，南方各地的國語教育也存在著巨大的差異。比如，當時的江浙一帶國語教育運動以及成效比較引人注目。除了國語運動、國語教育的重要發起者如蔡元培、胡適、吳稚暉、朱希祖、錢玄同等出自江浙外，當時絕大多數白話文、標準國音以及相關教學方法等教科書也多出自江浙文人之手。但在國民革命策源地的廣東，雖然有中山大學研究重鎮的教育研究所、語言文字研究所，但在國語教育方面始終處於「失語」狀態。這到底是廣東國語教育落後的原因，還是結果？這顯然是一個值得玩味的問題。

〔註38〕《胡適來往書信選（上）》，北京：中華書局，1979 年，第 452 頁。
〔註39〕叔永：《南遊小識》，《獨立評論》第 102 號，1934 年 5 月 27 日出版。
〔註40〕周有光：《周有光語文論集》第四卷，上海：上海文化出版社，2002 年，第 283 頁。

　　但是，如果人們過於強調廣東國語教育的特殊性，還是有一定問題的。在某種程度上講，民國時期廣東國語教育是中國現代國語運動的一面鏡子。只不過，相較於其它省區，廣東的國語教育落後的狀況顯得更突出一些罷了。

　　美國政治學家阿爾蒙德和小鮑威爾曾對政治決策過程中的政策意圖和政策結果的關係進行過研究。按照他們的結論，這二者之間始終存在著巨大的差距，而導致這種差距的重要原因是：第一，政策要經過一個執行的過程，而在這個過程中，政策會被改變；第二，政策是同政策所要影響的國內和國際環境中的社會、經濟和文化過程相互作用的，而這種作用常常並未被決策者充分理解，或者受到無法預測的外部因素的影響。〔註41〕

　　人們不難想像，在中國這樣一個國情複雜的超大國家，政策的制定有時是一回事，具體的執行恐怕又是另外一回事。正如民國學者石春帆所言，德國的疆域人口比之中國均不過大一些的省，中國有二十二省，新事業的推動，發軔於少數先知先覺的努力而收果於多數人風雲景從，潛移默化。地域愈廣，人民愈多，則創導與同化均愈難，而且還不是一個單純的數目比例關係。「同化二十二省的中國，比同化一省大小的德國並不是二十二倍困難，比二十二倍更多。有一萬個先知先覺，一省大小的國家裏，或者很可以創造一種風氣，若在二十二省大小的國家裏，或許反過來，對一萬個先知先覺包圍消滅了」。〔註42〕

　　具體到國語教育政策，作爲國家語言政策的一部份，推行統一語音、白話文的國語教育政策在推行的過程中自然也不會不受到地方上方方面面的影響或制約，因而會產生與政策制定者意圖相悖的某種變形。對於這種變形的體察，國語教育的推動者、著名語言教育家王森然早在 1929 年就有所表示：

　　　　「一國之內，省自爲政：一省之內，校自爲風：一校之內，人自爲主：而一人之先後，又各異其主張，朝秦暮楚，彼此矛盾，昨標一理，近樹一說，日新月異，各趨所便，以致中學國文教學，無一穩定之基礎，無一貫徹之主張，震蕩搖撼，迄無重心。於是教者彷徨瞻顧，學者莫適所從。」〔註43〕

〔註41〕〔美〕加布里埃爾·A·阿爾蒙德、小 G·賓厄姆·鮑威爾著，曹沛霖等譯：《比較政治學：體系、過程和政策》，上海：上海譯文出版社，1987 年，第 331～332 頁。

〔註42〕石春帆：《中國工業化通論》，上海：商務印書館，1947 年版，第 155 頁。

〔註43〕王森然：《中學國文教學概要》「緒論」，北平：商務印書館，1929 年。

　　從這個意義上講，對廣東國語教育產生制約的諸因素，在國內多數方言區都存在。只不過，沒有想廣東那樣典型而已。

　　在政治方面，在整個民國時期，無論是北洋政府，還是國民黨政府，全國統一的任務都沒有真正完成，中央對於地方的控制總是顯得心有餘而力不足。因此，中央政府的各項政策一旦到地方上實施，大多難以得到與政策制定者期望相符的結果。

　　在文化方面，由於中國正處於文化大轉型時期，故難免新舊雜糅，一些不合時宜的舊傳統只要遇到合適的土壤便會隨時復活。早在國語運動初期，吉林省就曾竭力反對白話文。〔註 44〕陳濟棠主粵時期，在地方依強力推行讀經的，還有湖南省政府主席何鍵。因此 30 年代有人評論道，「現在的湖南，與廣東的復古，真可說是『無獨有偶』，但如果再同滿洲偽國相聯起來，又可說是『鼎足而三』了。」〔註45〕

　　另外，進入民國以後，國內知識階層在推動國語教育方面所發揮的作用與影響力越來越小。黎錦熙在談到國語運動的實際成效時感喟，「這種革命運動，實實在在牽涉了幾千年來的文化和社會生活，要以人力辦到，政府的力量和社會的潮流必須合拍。」〔註 46〕很顯然，民國時期的國語運動中，政府的力量和社會的潮流並不合拍。在這裡，知識階層的態度極重要。在民國時期，知識階層雖然與歷屆政府保持大體一致，極力支持國語運動、呼籲國語教育，但他們在行為上卻總是一方面總試圖獨立於政府之外，〔註 47〕另一方面又疏離市井百姓。對此，胡適曾批評道知識階層「把社會分作為兩個階級，一邊是『我們』士大夫，以便是『他們』齊氓細民。」〔註 48〕因此，國語教育雖然有來自「上層」的推動，卻並沒有得到民間社會的認同和真正參與。

〔註44〕 1925 年 7 月 19 日《國語周刊》第 6 期。
〔註45〕 向長清：《湖南的復古》，《華年》第 3 卷 16 期，1934 年 4 月 21 日。
〔註46〕 黎錦熙：《國語運動史綱》，上海：商務印書館，1934 年，第 129～130 頁。
〔註47〕 如民國時期民間最大的國語教育機構「全國國語教育促進會」。該會 1926 年成立於上海，由蔡元培發起。當時，教育界、文化界大批的知名人士為促進會的主要負責人。如胡適，錢玄同，周樹人等。促進會在上海成立，表示蔡元培是刻意表明這一組織的非官方性。蔡元培認為，推行國語單靠政府是遠遠不夠的；國語運動要想取得的成功，必須從民間社會做起，把民眾真正發動起來。
〔註48〕 胡適：《中國新文學大系》第 1 集導言，《胡適學術文集・新文學運動》，北京：中華書局，1993 年，第 237 頁。

可以說，1920 年教育部訓令各校文言改白話、國語教授代替方言教授，只是政策層面上語言及其教育實現了現代轉型。在今天來看，儘管這種語言變革的新陳代謝確實代表了當時語言教育發展的總趨勢，但當時現實中的情況顯然要複雜得多。

1923 年 10 月，全國教育會聯合會第九次年會召開。鑒於各處代表均反映國語教育實施三年來成效不著，全國教育會聯合會再次作出議決案，強調「吾國語言分歧，為教育普及、文化進步之障礙」。〔註49〕

在浙江，20 年代初期國語教育非常發達，但是這種盛況也並沒有持續多長時間。1927 年，有人在《教育雜誌》上發表文章，稱浙江的國語教育出現了退步的迹象。文章的作者說他回到家鄉嘉善，發現家鄉早已改用語體文課本的小學，現在又改迴文體文課本了。原因不是語體文課本編寫得不完善，而是社會人士反對語體。其理由，一是語體文不實用，二是語體文降低了國文的水平，三是小學自改用語體文課本後成績並無進步。而這種情形並不只在嘉善。〔註50〕

其實，對國語教育的敷衍，在當時的國內是一種普遍現象。據 30 年代一位教育界人士撰文，「至於各科教員，比較的似乎國文教員和指導課外活動者最難得了。關於前者，並不是難於文字之不通，乃難於思想之落後。許多國文教員非惟不勸導學生去參閱報志，往往其自己亦不閱新出的書報。就令中西貫通，新舊都涉獵了，也很少實負其責者。作文之日，故意告假迴避；應改之卷，另請廉價者暗中代辦；應由國文教員負責的壁報和刊物稿件，還要訓育部的人員去勉強改削。這些豈不是常見的事嗎？……至於課程方面，我所經驗的縣市立兩校，是以國語當作第二或第三外國語的──許多班級，完全沒有國語；有的，亦不外每周授課兩小時而已；講書、辦事和開會，卻都用本地方言。」〔註51〕

在廣大的農村地區，國語推行的情況更不如人意。1930 年，舒新城在中央大學教育學院演講時說，注音符號推廣與識字運動在各省農村轟轟烈烈，但收效並不大。「因為鄉村農人，他們根本就不需要文字，要使他們願意識字，

〔註49〕 《函請國語統一籌備會從速編定國語詞典及國語會話範本》；邱爽秋：《歷屆教育會議議決案彙編‧第九屆全國教育會聯合會大會議決案》，上海：教育編譯館，1935 年，第 11 頁。

〔註50〕 趙軼塵：《一個令我驚訝的教育消息》，《教育雜誌》第 17 卷，1927 年。

〔註51〕 時西林：《我國教育雜評》，《南華評論》第 4 卷 13 期，1933 年 4 月 15 日。

必須根本從改造社會上著手。」〔註52〕

　　總之，在整個民國期間，中國語言的現代轉型仍然十分遲緩——至少與當時教育界、學術界的期望相距甚遠。如果說國語運動、國語教育在 20 年代能夠蓬勃發展是得益於新文化運動的推動，那在新文化運動後，國語教育舉步維艱理應是自然而然的了——儘管北洋政府和南京國民政府尤其是後者在推行國語教育方面可謂不遺餘力。從這個意義上講，廣東的國語教育並不完全是一個「另類」，而在很大程度上反映了整個民國時期全國國語教育中的一些真實面相。

　　在歷史考察時，有一個很有意思的現象：政府社會極力所倡導的，歷史記錄中經常所言說的，恰恰是現實中所缺失的。而前人閱世、後人閱史時，總難免為這種現象所惑。很顯然，在今人回看民國時期國語教育的成效時，也多有這種過於粉飾的情形。

　　很顯然，當時表面上轟轟烈烈的國語運動在很大程度上掩蓋了諸多地方當局對推行國語教育敷衍其事的真相。而無論是當時的人們，還是後世的研究者，所看到的恐怕更多的是這種驚天動地的表象或時人對這種表象的記載。因此，考察廣東國語運動的具體狀況，對於長期以來國人觀念及印象中民國時期國語教育成效的認識與判斷，恐怕還是要打上一個不小的折扣。事實上，中國真正在語言統一上取得實質性成效，是在中華人民共和國建立以後才發生的事情。

三、從歷史看當代中國語言教育

　　在考察民國時期的國語教育時，一個多維的視角我們無法繞開：無論是統一語言，還是語言文字改革（語言變革在本質上也還是為了更利於促進語言統一），均存在著一個如何處理中央與地方、現代與傳統之間的關係。可以說，中國語言現代化的遲滯，在很大程度上是因為國人在這個問題的困擾中沒有能夠走出來。語言如何統一，對於晚清政府是一個大問題，對於民國期間的政府同樣是一個沒有解決的難題。而觀照當代中國的語言教育，國人在解決這個問題的道路上依然會遇到曾困擾前人的許多窘境。

　　在人類社會歷史上，中國當然不是語言統一的先行者。事實上，從 17 世

〔註52〕舒新城：《我和教育》，呂達、劉立德編《舒新城教育論著選》，北京：人民教育出版社 2004 年版，第 754 頁。

紀到 20 世紀,世界相當多的國家先後都經歷了語言統一過程。〔註53〕正如中國社會的現代演進過程中一直不缺乏特定時期需要特定的參照國一樣,民國時期的國語教育也是在其它國家語言統一啟發下的產物。

讀史以鑒今。在面對這個前人未能解決好的問題上,今天的國人有理由顯示出比前人更多的智慧。

(一)國語與方言

關於語言統一,晚清以後的中國社會上有一種極具代表性的觀點:「言語統一之國家,文化必發達。反之,言語複雜之國家,其文化必落後。」〔註54〕儘管這種觀點並不正確,但確實反映了當時國人在強烈的憂患意識下對語言的反省。

語言的統一在一定程度上確實有助於國家的統一。英國語言學家簡‧愛切生認為,「一旦標準化實現了,整個社會把某種變體接受為標準語言了,那麼這種標準語就不但會成為一種強大的統一力量,而且也會成為民族的驕傲和獨立的象徵的來源。」〔註55〕土耳其的語言變革,即是為了實現歐化。從當時知識界的言論來看,中國國語教育多受到土耳其語言變革成功的啟發。而日本在很短的時間內完成了國語的基本統一,實現了強國的理想,更是增強了國人進行語言現代變革的信心。人們認為,只要全體中國人都會講國語,民族就不再是一盤散沙了。

毫無疑問,這種反省確實有些過頭了。在人類歷史上,倒是更多的相反的例子。即語言的統一往往是國家統一的結果,而非條件。如當時極受國人關注的土耳其語言變革,即是在國家統一的前提下進行並取得成效的。同時,中國的語言統一在中華人民共和國成立之後取得重大成效的事實也說明了這一點。由此可見,語言統一併不是國家民族統一的前提性條件,甚至不是一個很重要的條件。

當然,這並不意味著一個國家的語言統一是毫無意義的。近年來,國內

〔註53〕 參見蔡永良:《語言‧教育‧同化——美國印第安語言政策研究》,北京:中國社會科學出版社,2003 年;Richard Foster Jones, The Triumph of the English Language: a survey of opinions concerning the vernacular from the introduction of printing to the Restoration, Stanford: Stanford University Press, 1953.

〔註54〕 丘國鈞編:《廣州市中上學校概況》,出版者不詳,1934 年,第 62 頁。

〔註55〕 〔英〕簡‧愛切生著,徐家禎譯:《語言的變化:進步還是退步?》,北京:語文出版社 1997 年,第 288 頁。

不斷有一些強勢方言區人士提出「保護方言」的主張。他們認為在方言區的小學裏應進行方言教學，在某些地區甚至還有方言文章出現在小學課本上。〔註56〕人們之所以主張保護方言，其主要動機是通過方言教育使得本區域地方文化能夠延續而不至於衰落乃至中斷。〔註57〕

其實，地方文化的保存不一定以方言為前提。而且，「保衛方言」本身就是徒然的。任何語言的存留，取決於現實社會對其的需要程度，而不是刻意保護的結果。況且，前文中已論及，在一個相對統一語言的國家裏，地方方言的封閉圈只能使得本區的教育獨立於整體社會之外，難以吸納社會教育革新與發展的成果。這對於方言區教育文化發展必然會產生消極的影響。對此，簡・愛切生也指出，「不地區的人在發音上有些不同是小事，但是如果有一種語言變化起了破壞社會上人與人之間相互理解的能力，那就會造成社會和政治方面的不利。」〔註58〕

值得注意的是，簡・愛切生在論及語言的功能時，強調語言的統一應該遵循一定的「自願」的原則：「標準語是不能強加於民的……促成一種標準化的語言可能是有用的——也就是在地方性語言或方言存在的同時，把每個人都會用的某一種語言的變種採用為標準形式。這樣的情況一定要慢慢形成，要做得巧妙而小心。因為一個社會只會採用人們『想要』說的一種語言和方言。」〔註59〕

在這裡，只有當人們真正意識到了需要某一種為多數人主動接受的語言的時候，這種語言成為標準語並得到最大程度的普及，自然會變得很容易。如改革開放之後的廣東，越來越多的人為了個人或企業的發展，開始主動學習普通話，使得該地區推廣普通話的步伐迅速加快。〔註60〕其次，文化教育的發展，文明程度的提高，在很大程度也能矯正方言過度使用中的一些缺陷。比如，越來越多的人意識到，在公共場合使用多數人所認可的標準語言，是

〔註56〕《基礎教育中該不該引入方言教學？》，2005年9月8日《信息時報》；《人大代表建議小學開展方言教學》，2007年3月15日《羊城晚報》。

〔註57〕張演欽：《生長在廣州不會說粵語》，2008年12月7日《羊城晚報》。

〔註58〕〔英〕簡・愛切生著，徐家禎譯：《語言的變化：進步還是退步？》，北京：語文出版社，1997年，第288頁。

〔註59〕〔英〕簡・愛切生著，徐家禎譯：《語言的變化：進步還是退步？》，北京：語文出版社，1997年，第290頁。

〔註60〕參見黃淑娉：《廣東族群與區域文化研究》，廣州：廣東高等教育出版社，1999年，第235頁。

公民文化素養的一種表現。

因而，對於政府來說，尊重國內各區域方言以及少數民族語言的自然存在，會是一個合理而明智選擇。美國政府的印第安語政策是一個極好的前車之鑒。爲謀求語言統一，美國曾對境內的印第安語實行高壓政策，導致印第安語在極短的時期內迅速走向衰敗。後來，在國內多方勢力的強烈反對之下，政府才停止這一做法。同時，美國政府花費大量的人力、物力以及財力，對印第安語進行搶救性保護。〔註61〕

隨著人類文明的發展，語言多元化並存已經成爲深入人心的一種文化觀念。有意思的是，這種觀念與孔子「和而不同」的思想有著驚人的相似。爲避免走美國政府印第安語政策這一彎路，國家語言政策在保證學校以及公共領域使用標準語的前提下，應體現出一種容納語言多元及文化多元的寬容心態。

（二）文言文與白話文

在民國時期，白話文與文言文之爭，首先是一個語言內部的問題。

主張白話文教育的認爲，文言文教學不但浪費學生時間和精力，更主要的是使人們醉心於浮華藻飾的文字遊戲之中，而對現實生活中所亟需的知識經驗棄而不顧。因此，要普及教育，必須改革文言文教育。關於這一認識，陳榮袞的觀點具有一定的代表性：「學習文言之時，費許多精神，耗許多歲月，尚未得到恰可地步。若改爲淺說，則從前須識六千字者，今則識二千字可矣。從前須解二千字，今則解一千字可矣。」〔註62〕

而白話文遭到反對主要有兩個方面的原因。其一，儘管文言文改白話文得到了行政上的許可和規定，但白話文內容的選擇卻是一個令人困惑的難題。在當時，即使標榜爲白話文教材的，其語言並不十分規範。因此，當時比較多的教育界人士並不贊同名爲統一實爲龐雜的白話文。對於這種情況，語言學家陸費逵就曾指出：「各雜誌各教科書所用的口語文，沒有一定的規則。往往你寫的北京官話，我寫的南京官話，……我懷疑的，將來弄了這許多種的官話，怎樣統一。」〔註63〕

其二，對於當時相當多的中小學教員來說，更習慣於教授文言文。國文

〔註61〕 參見蔡永良：《語言‧教育‧同化──美國印第安語言政策研究》，北京：中國社會科學出版社，2003年。
〔註62〕 陳子褒：《俗話說》，陳子褒：《教育遺議》，香港：1952年。
〔註63〕 陸費逵：《小學校國語教授問題》，《中華教育界》第8卷1期，1921年。

改國語的 60 年後，葉聖陶回憶當時的情況說，「那時候，教師最不歡喜白話文，說白話文『沒教頭』。很多教師乾脆不教，叫學生自己看看就算了。『有教頭』的是文言文。為什麼？兩個字的一個詞，可以講它十分鐘，一篇五六百字的文章，可以講它三課時，很容易應付。」〔註64〕況且，在社會社會領域，如政府公文法律條文，公私請柬，報紙社論，民間墓銘等，文言文的使用遠多於白話文。因此，在學校推廣白話文國語教育，遇到許多的阻力。如前文已提及，一些教員雖然不公開反對白話文，但在私底下仍舊教授文言文。

在確定白話文標準後，白話文與文言文之爭開始超出了語言的範疇。抵制白話文的人士認為，如果沒有文言文，中國文化的發展將會發生斷裂。這種觀點在當時非常盛行，以至於有些外國學者也認為，「古文言的遺存不僅確保了傳統文化的存留，而且保證了傳統社會態度的永久延續性。所以，這場文學革命的目標就遠遠超出了對一種文學風格的破壞。這場革命的反對者所保護的是一完整的社會價值體系。而反對文言之僵死古風與舊文學之陳詞濫調的文學革命的擁護者，所拋棄的也是一個完整的文化與社會遺產。」〔註65〕

到了白話文已經完全戰勝文言文的今天，這種觀點在這個社會仍有一定的勢力。近些年來，國內關於加強大中學生甚至小學生文言文教育的呼聲始終沒有停歇過。〔註66〕毫無疑問，在中國社會現代轉型期間，這種傳統觀念還將會持續相當長的一段時間。

如前所及，語言的政治功能不可誇大，文化功能也同樣不能被無限制地放大。事實上，語言是文化的外殼，但不是文化的唯一承載者。因為民族優秀文化成果，完全可以以一種更為簡便的語言形式加以轉換並傳承下去。而文化成果傳承得是否久遠，與本民族民眾對這種成果的認可程度，與語言的形式並沒有直接的關係。從這個意義上講，語言始終只是一種工具。

人是一種聰明的動物，沒有理由去創造一種繁難的語言束縛自己的意思表達。因此，人類語言發展演變的趨勢是簡單化。正如語言學家葉斯帕森認為：「能在用最少的手段完成最多的任務這種技藝方面做得越好，這種語言的

〔註64〕 葉聖陶：《在開幕式上的講話》，劉國正編《語文教學在前進──全國中學語文教學研究會第三次年會論文集》第 1 頁，人民教育出版社 1984 年。

〔註65〕 格里德著，魯奇譯：《胡適與中國的文藝復興》，南京：江蘇人民出版社，1996年，第 84 頁。

〔註66〕 《文言文教學價值的再認識》，《語文教學之友》2001 年第 6 期；《小學階段文言文教學談》，《小學語文教學》，2008 年第 5 期。

級別也越高。換句話說，也就是能用最簡單的辦法來表達最大量的意思的語言是最高級的語言。」〔註67〕

從教育的角度講，社會的現代化意味著教育最大程度的普及化。事實上，教育從特權階層所獨有到面向普羅大眾共享，是世界各國教育現代發展的共同的趨勢，也成爲了現代社會發展的基本要求。在這種教育大眾化的過程中，語言同樣也要從飽學之士獨霸的專有品，成爲大眾能容易接受並自由運用的一種工具。因此，在學校教育尤其是基礎教育階段，要求學生花費大量的時間和精力去學習文言文並不是一個合理的選擇。

（三）漢字改革

與古文一樣，漢字的繁難也是近代以來國人極力倡導文字改革的重要原因。曾任中山大學教授的莊澤宣指出，「中國幾千年傳下來的漢文，爲什麼要改革？答案是：中國文字有三難：（甲）看難，（乙）作難，（丙）寫難。因爲這三樣難處，所以文字斷不能普及。」〔註68〕林礪儒更認爲，「中國人受著這套笨拙文字的束縛，其害比不平等條約還大十百倍。」〔註69〕

極有意思的是，當前國內學術界在漢字變革的問題出現了兩種截然相左的觀點：一種主張由目前的簡體漢字恢復爲繁體漢字。最近還有政協委員倡議，要用 10 年時間恢復使用繁體字。〔註70〕另一種則主張廢除漢字，徹底向拼音化的方向發展。〔註71〕

有學者指出，「文字是記載人類語言的符號。人類的語言，隨著時代變遷，那麼記載語言的符號，也應隨著時代變遷的。」〔註 72〕以中國文字而言，在其本身自產生以後並非一成不變，而是經歷了由繁而簡的變化過程。尤其是上個世紀後期所取得的漢字簡化的成功，是漢語文字變革具有可能的一個明證。從這個角度上講，近代以來漢字朝著簡化的改革方向是是符合現代社會

〔註67〕 Mühlhäusler, P（1979）. Growth and structre of the lexicon of New Guinea Pidgin. Pacific Linguistics C-52. Canberra: Australian National University. p151.

〔註68〕 莊澤宣：《中國的言文問題》《我的教育思想》，北京：中華書局，1934 年，第221 頁。

〔註69〕 林礪儒：《中國師範教育之檢討》，《林礪儒文集》，廣州：廣東教育出版社，1994 年，第 740 頁。

〔註70〕 《政協委員潘慶林：用 10 年時間恢復使用繁體字》，2009 年 3 月 4 日《揚子晚報》。

〔註71〕 http://amitosis.ycool.com/post.751909.Html。

〔註72〕 呂雲彪等：《白話文做法》，上海太平洋學社，1920 年，第 1 頁。

發展的。據有關報導，大洋彼岸美國華人學校的中文教程已經開始廢棄長期以來使用的繁體字，而轉用大陸通用的簡體字了。〔註73〕

至於漢字拼音化，其實是在國語運動初期比較普遍的一種主張。最典型的是語言學家錢玄同。他曾信誓旦旦地宣稱要消滅漢字，「漢字不革命，則教育決不能普及，國語決不能統一，國語的文學決不能充分發展，全世界的人們公有的新道理、新學問、新智識決不能很便利、很自由的用國語寫出。何以故？因漢字難識、難記、難寫故；因僵死的漢字不足以表示活潑潑的國語故；因漢字不是表示語音的利器故；因有漢字作梗，則新學、新理的原字難以輸入於國語故。」〔註74〕

不過，方塊漢字的變革是一個比語體變革要複雜得多的問題。文言文轉化爲白話文畢竟還只是漢語語言內部的變革與轉化，而漢字的改革則意味著要走得更遠。如前所及，文字改革的主要目的在於有利於語言的統一，而非可以完全獨立進行的。因此，文字的變革總是有一定的限度的。

吳稚暉算是民國時期文字改革的激進者，但他也承認立即廢除漢字幾乎不可能。他認爲，「中國人之智識程度，一躍即能採用萬國新語，我輩日望之，而亦未敢取必。」〔註75〕他關於文字改革的進程受制於中國人智識程度的觀點未必恰當與合理，但正如今天的人們所看到的，漢語文字未滅，國家卻得到了空前的發展；而關於漢字拼音化的改革在爭執了一個多世紀後終究還是沒有成爲現實。正因爲如此，儘管當代也還有人不斷地發出主張文字全面變革的聲音，但已很難得到社會上的同情。

至於漢字未來的命運，學者薩空了曾指出，「過去提倡拼音文字都以代替方塊漢字爲口號，那實在是一個錯誤的口號，事實上拼音文字決不會一下子取漢字而代之。……拼音文字就是在中國推行成功，方塊漢字和文言文一樣，在中國仍有它的地位。」〔註76〕顯然，他關於文言文的判斷不夠準確，而關於漢字的說法卻還是有道理的。

〔註73〕《用簡體字已成潮流　中文學校捨棄繁體字》，2007年3月29日《環球時報》。
〔註74〕錢玄同：《漢字革命》，1923年《國語月刊》第1卷「漢字改革專號」。
〔註75〕燃（吳稚輝）：《書〈駁中國用萬國新語說〉後》，《新世紀》第57號。
〔註76〕薩空了：《報紙和拼音文字》，1946年12月8日《語文》（上海《時代日報》副刊）。

附　錄

附錄 1：《國語教育促進會廣東分會簡章（草案）》[*]

國語教育促進會廣東分會，經已組織成立。該分會簡章經已議定。

第一章　總綱

第一條　定名　本會定名為全國國語教育促進會廣東分會。

第二條　宗旨　本會以研究國語學術調查廣東國語教育實況，力謀國語
　　　　　　　教育進行，協助總會辦理廣東會務。

第二章　會務

第三條　本會會務如下：

一、調查廣東方言；

二、研究國語學術；

三、培養國語人才；

四、調查廣東國語教育實施狀況；

五、編行國語書報；

六、促成國語統一、言文一致，以期教育普及；

七、其它關於國語教育進行事項；

八、執行總會議決進行事項。

第三章　組織

---

* 1926 年 12 月 1 日《廣州民國日報》。

第四條　會員資格分兩項

一、機關會員　凡機關擔任本會每屆（一年）合組費十元以上者；

二、個人會員　個人研究國語，或辦理國語教育有成績者，以及贊助國語教育每屆（一年）納會費一元以上者。合以上兩項資格之一者，由本會會員二人以上之介紹，經執行委員會通過，得爲本會會員。

第五條　執行委員會

本會由會員大會選舉執行委員若干人，組成執行委員會。再由執行委員會中，互推常務委員若干人，分部執行日常會務。執行委員任期一年，常務委員每半（年——原文漏）改選半數

第六條　常務委員　本會常務委員分部如下：

一、總務部

二、研究部

三、調查部

四、編輯部

五、宣傳部

六、交際部

第七條　各部常務委員依事務的簡繁，支配人數的多少、因繕等事。得酌用雇員若干人，支部辦事細則另定之。

第八條　特別贊助本會或特別捐助者，經執行委員通過，得推爲本會名譽會員。

第四章　職務

第九條　執行委員會的職權如下：

一、規定執行方針；

二、籌募經費；

三、核定預決算；

四、審核各部辦事細則；

五、審查會員資格及名譽會員資格；

六、執行會員大會議決事項。

第十條　常務委員會的職權如下：

　　　　一、規定進行方針；

　　　　二、編擬預決算；

　　　　三、辦理執行委員會議決事項；

　　　　四、執行本會一切推進事務。

第五章　經費

第十一條　本會的經費來源如下：

　　　　一、機關會員合組費；

　　　　二、個人會員會費；

　　　　三、特別捐助；

　　　　四、政府輔助費。

第六章　會議

第十二條　本會大會分為兩種

　　　　一、每六個月全省各縣區舉行全縣會員大會一次。日期、地
　　　　　　點，由各縣自定；

　　　　二、每年春季舉行全省大會一次。開會地點，臨時酌定；

　　　　三、遇總會舉行全國會員大會時，於本年本會會員大會推舉
　　　　　　代表出席。

第十三條　執行委員會會議，每兩月至少開會一次。日期由常務委員通
　　　　　告。

第十四條　各部常務委員聯席會議，每兩星期至少開會一次。日期由總
　　　　　務部通告。

第七章　會址

第十五條　本會設在廣州（現設辦事處在文德路文德樓三號）。

第八章

第十六條　本會簡章有不適宜處，經執行委員半數以上，或會員二十人
　　　　　以上的提議，大會到會會員四分之三以上通過，得以修正。
　　　　　本簡章俟本會成立大會正式通過。

附錄 2：《汕頭國語教育促進會國語專修科簡章》*

宗旨　本科以養成國語人才促進國語教育普及為宗旨。

入學　以中小學校教員，教育行政人員，中等學校學生，以及熱心研究國語人士，不拘男女，年齡在十六歲以上的，都可入學。

班次　分研究組、民眾組二系，凡對國語已有相當研究，而想再求深造的入研究組；熱心研究國語而未經學習的，入民眾組。

學　程

班　別	研究組第一周至第三周					
時次 ＼ 星期	一	二	三	四	五	六
第一時	標準國音	國語話	標準國音	國語話	標準國音	國語話
第二時	常用詞彙	方音校正	語助詞	常用詞彙	方音校正	旗語燈語

班　別	研究組第四周至第七周					
時次 ＼ 星期	一	二	三	四	五	六
第一時	標準國音	國語話	標準國音	國語話	標準國音	國語話
第二時	常用詞彙	方音校正	語助詞	常用詞彙	方音校正	注音字母與速記

班　別	民眾組第一周					
時次 ＼ 星期	一	二	三	四	五	六
第一時	注音字母	國語話	注音字母	國語話	注音字母	國語話
第二時	國語故事	注音字母	常用詞彙	國語故事	國語故事	常用詞彙

班　別	民眾組第二周至第七周					
時次 ＼ 星期	一	二	三	四	五	六
第一時	國語話	國語話	國語話	國語話	國語話	國語話
第二時	注音字母	國語故事	常用詞彙	國語故事	國語故事	常用詞彙

*汕頭市市政府秘書處編印：《汕頭市政公報》第 49 期「教育」，1929 年 10 月 1 日出版。

時間　研究組每天早晨八時半至十時半，民眾組每天上午九時半至十一時半。

待遇　爲力謀國語教育普及起見，無論會員非會員，一律都不收學費和堂費，惟每人須納講義費五毫，報名費一毫。

畢業　陽曆七月有十六日開講，至八月卅一日畢業。研究組聽講員，如有相當成績的，畢業時，由本會給予證明書。

校址　研究組在本市外馬路省立商業學校，民眾組在中山馬路立民學校。

報名　七月十一日起，在外馬路五十九號之廿八而樓本會，或外馬路省立商業學校門房。

講員　國語話——盧子防、張海珊　　　標準國音——盧子防
　　　常用詞彙——陳亦修　　　　　　方音校正——陳亦修
　　　注音字母——林述人　　　　　　語助詞——林述人
　　　國語故事——林述人　　　　　　旗語燈語——張海珊
　　　注音字母與速記

附錄 3：《廣東省推行國語教育辦法》*

（甲）小學方面。（一）國語科內說話一項應完全用國語。（二）教學國語科遇有生字時，應切實教學字旁注音符號拼讀法。（三）一切歌詞應用國語唱讀。（四）體育上一切術語應用國語。（五）舉行紀念周時應用國語唱黨歌及讀總理遺囑。（六）應指導學生於課餘舉行國語演講比賽會。（七）各小學生平日能多用國語說話者應由學校予以獎勵。（八）各級小學教員由廿六年度起一律用國語教學，廿五年度在可能範圍內用國語教學。（九）各級小學擔任國語科（廣義的國語）教員如不能用國語（狹義的國語，下同）教學應入國語傳習所學習，由所在地主管教育行政機關予以檢定，其能以國語教授者得免除學習，逐予證明書。（十）二十七年度起，凡小學教員之檢定，應列入國語及注音符號科目。

（乙）中等以上學校方面。（一）在校內成立國語推行委員會。（二）指導學生組織國語練習會。（三）舉行國語演講比賽，每班每學期至少兩次。（四）收聽教育播音，每星期每學生至少一次。（五）童軍軍訓、救護、體育上一切術語一律用國語。（六）各學生對於注音符號及國語如有未能運用純熟者應設

---

* 《廣東省教育廳旬刊》第 3 卷 5、6 合期。

法令其補習。（七）中上學校各教員由二十六年度起，一律用國語教學，廿五年度在可能範圍內用國語教學。（八）各縣市所屬短期小學教員及民眾學校教員訓練班，應加入注音符號一門，須訓練至相當程度方能取得該項教員資格。（九）師範及中學現任國文教員如不能用國語教學，應於二十六年五月以前入國語傳習所學習，由本廳定期檢定之，其能操國語者應即用國語教授，由各校長呈報本廳予以查明得免除學習，逕予證明書。（十）師範會考科目自二十六年度起加入國語口語及注音符號科目。

（丙）民眾教育方面。（一）各縣市及省民教館應附設國語傳習班。其未設民眾教育館之縣市，由縣市政府籌設國語傳習所。（二）各縣市應定期舉行國語運動宣傳周。（三）各縣市電影院應多選國語片。（四）各電臺播音應多用國語。（五）各縣市及省民眾教育機關應指導民眾多演國語白話劇。（六）各縣市及省民眾教育機關應舉行民眾國語演講比賽會。

（丁）其它。（一）各縣市政府應於各重要適中地點之學校，設立國語傳習所，令各級不能用國語教授之教員分期學習。（二）各縣市應於最短期間一律成立國語推行委員會。（三）視察各地短期義務教育及民眾教育專員及各縣市暨省督學等應切實考核國語之教學情況並為指導改進，分別獎懲。

參考文獻

一、檔案

  1. 廣東省檔案館館藏教育類檔案
  2. 中山圖書館地方文獻館教育類、方志類、文史資料類檔案
  3. 廣州市檔案館館藏教育類檔案

二、期刊

  1. 《國語月刊》
  2. 《國語周刊》
  3. 《國語旬刊》
  4. 《新教育》
  5. 《中華教育界》
  6. 《教育雜誌》
  7. 《教育研究》
  8. 《東方雜誌》
  9. 《獨立評論》
 10. 《廣東省教育公報》
 11. 《廣東教育廳旬刊》
 12. 《廣東教育官報》
 13. 《廣州市教育月刊》
 14. 《大埔旅省年刊》
 15. 《南海教育月刊》
 16. 《大埔縣教育會季刊》

17. 《汕頭市政公報》
18. 《社會與教育》
19. 《廣東高等師範雜誌》
20. 《勤大旬刊》
21. 《勤勤大學師範學院月刊》
22. 《廣州世界語周刊》
23. 《梅中月刊》
24. 《金中周刊》
25. 《四中周刊》
26. 《番禺縣立鄉村師範學校叢刊》
27. 《粵風》
28. 《青春》
29. 《風社》
30. 《礐光》

三、報紙

1. 《廣州民國日報》（1923～1936）
2. 《申報》
3. 《晨報》
4. 《民國日報》（上海）

四、方志

1. 《廣州市志》
2. 《汕頭市志》
3. 《中山市志》
4. 《興寧市志》
5. 《佛山市志》
6. 《東莞市志》
7. 《新會縣志》
8. 《臺山縣志》
9. 《廣寧縣志》
10. 《德慶縣志》
11. 《梅縣志》
12. 《南海縣志》

五、資料彙編

1. 廣州市教育局編：《廣州市教育局報告書》，1924 年。
2. 廣東省教育廳刊行：《廣東省督學民國十七年度視察全省學務報告書》，1929 年。
3. 廣東省教育廳：《廣東現行教育法規彙編》，1931 年。
4. 廣東省教育廳編印：《廣東全省二十一年度教育概況》，1933 年。
5. 廣州市教育局編印：《廣州市教育事項報告》，1925 年。
6. 廣州市教育局編：《廣州市教育局報告書》，1934 年。
7. 廣州年鑑編纂委員會：《廣州年鑑》卷十二之教育（上），1935 年。
8. 教育部編印：《教育部視察員視察各省市教育報告彙編（下冊）》，1933 年。
9. 教育部教育年鑑編纂委員會：《第二次中國教育年鑑》，上海商務印書館 1948 年。
10. 鄭彥棻編：《國立中山大學鄉村服務試驗團報告書》，國立中山大學出版部，1936 年。
11. 廣雅中學編印：《廣雅的一日》，1937 年。
12. 廣州私立國光中學編印：《國光概況》，1936 年。
13. 臺山縣立中學校編印：《臺山縣立中學校概覽》，1937 年 10 月。
14. 廣州市政協文史資料研究委員會：《廣州近百年教育史料》，廣州：廣東人民出版社，1983 年。
15. 《廣東區黨、團研究史料（1921～1926）》，廣州：廣東人民出版社，1983 年。
16. 廣州市政協文史資料研究委員會編：《南天歲月——陳濟棠主粵時期見聞實錄》，廣州：廣東人民出版社，1987 年。
17. 廣東省政協文史資料研究委員會編：《孫中山與辛亥革命史料專輯》，廣州：廣東人民出版社 1981 年。
18. 廣東省政協文史資料研究委員會編：《廣東辛亥革命史料》，廣州：廣東人民出版社 1981 年。
19. 廣東省檔案館編：《孫中山與廣東——廣東省檔案館庫藏海關檔案選譯》，廣州：廣東人民出版社，1996 年。
20. 《廣東文史資料存稿選編》編委會編：《廣東文史資料存稿選編》全六卷，廣州：廣東人民出版社，2005 年。
21. 廣東省檔案館編：《陳濟棠研究史料（1928～1936）》，1985 年。
22. 廣州市政協文史資料研究委員會編：《廣州百年大事記》（上、下），廣州市文史館稿，1984 年。

23. 廣州市政協學習和文史資料委員會編：《廣州文史資料存稿選編》，北京：中國文史出版社，2008 年。

24. 中國第二歷史檔案館編：《中國國民黨第一、二次全國代表大會會議史料》，南京：江蘇古籍出版社，1986 年。

25. 中國第二歷史檔案館編：《中華民國史檔案資料彙編》，南京：江蘇古籍出版社，1991 年。

26. 邰爽秋：《歷屆教育會議議決案彙編》，上海：教育編譯館，1935 年。

27. 舒新城：《中國教育指南 1926 年》，上海：商務印書館，1928 年。

28. 舒新城：《中國近代教育史資料》，北京：人民教育出版社，1961 年。

29. 舒新城：《中國近代教育史資料》，北京：人民教育出版社，1962 年。

30. 多賀秋五郎：《近代中國教育史資料》，臺北：文海出版社，1976 年。

31. 朱有瓛：《中國近代學制史料》（第 1～4 輯），上海：華東師範大學出版社，1983～1993 年。

32. 陳學恂：《中國近代教育史教學參考資料》，北京：人民教育出版社，1986～1987 年。

33. 李桂林：《中國現代教育史教學參考資料》，北京：人民教育出版社，1987 年。

34. 李桂林：《中國近代教育史資料彙編・普通教育》，上海：上海教育出版社，1991 年。

35. 宋恩榮等選編：《中華民國教育法規選編》（修訂本），江蘇教育出版社，2005 年。

六、著作

1. 呂雲彪等：《白話文做法》，上海太平洋學社，1920 年。

2. 朱麟公編：《國語問題討論集》，上海中華書局，1921 年。

3. 胡以魯：《國語學草創》，北京：商務印書館，1923 年。

4. 吳研人：《白話西廂記》，上海新華書局，1924 年。

5. 王森然：《中學國文教學概要》，北平：商務印書館，1929 年。

6. 樂嗣炳：《國語學大綱》，上海：大眾書局，1935 年。

7. 倪海曙：《中國拼音文字運動史簡編》，上海：時代書報出版社，1948 年。

8. 錢玄同：《錢玄同文集》第二卷，北京：中國人民大學出版社，1999 年。

9. 黎錦熙：《國語運動史綱》，上海商務書局，1934 年。

10. 莊澤宣：《我的教育思想》，中華書局，1934 年。

11. 黃錫淩：《粵音韻彙》，中華書局，1940 年。

12. 馮傑民編著：《國語的基礎》，廣州青年會議職業學校，1944 年。

13. 羅常培：《中國人與中國文》，上海：開明書店，1945 年。

14. 黃元：《國粵音對照速解字彙》，香港：商務印書館，1946 年。

15. 黃遵憲：《人境廬詩草箋注》，上海：上海古籍出版社，1981 年。

16. 文字改革出版社編：《清末文字改革文集》，北京：文字改革出版社，1958 年。

17. 香港中國新文字學會：《魯迅先生與語文改革運動》（語文研究叢刊第一種），出版年份不詳。

18. 朱自清：《語文零拾》，名山書局印行，1946 年。

19. 倪海曙：《拉丁化新文字運動的始末和編年紀事》，北京：知識出版社，1986 年。

20. 姜義華主編：《胡適學術文集·語言文字研究》，北京：中華書局，1993 年。

21. 李新魁：《廣東的方言》，廣州：廣東人民出版社，1994 年。

22. 費錦昌主編：《中國語文現代化百年記事》，北京：語文出版社，1997 年。

23. 課程教材研究所：《20 世紀中國中小學課程標準·教學大綱彙編——語文卷》，北京：人民教育出版社，2001 年。

24. 蔡永良：《語言·教育·同化——美國印第安語言政策研究》，北京：中國社會科學出版社，2003 年。

25. 高名凱、石安石《語言學概論》，北京：中華書局，1963 年。

26. 呂叔湘：《呂叔湘語文論集》，北京：商務印書館，1983 年。

27. 高天如：《中國現代語言計劃的理論和實踐》，上海：復旦大學出版社，1993 年。

28. 周有光：《周有光語文論集》，上海：上海文化出版社，2002 年。

29. 趙元任：《趙元任語言學論文集》，北京：商務印書館，2002 年。

30. 譚彼岸：《晚清時期的白話文運動》，武漢：湖北人民出版社，1956 年。

31. 李杏保等：《中國現代語文教育史》，成都：四川教育出版社，2004 年。

32. 王建軍：《中國近代教科書發展研究》，廣州：廣東教育出版社，1996 年。

33. 陳必祥編：《中國現代語文教育發展史》，昆明：雲南教育出版社，1987 年。

34. 王松泉等：《中國語文教育史簡編》，北京：社會科學文獻出版社，2002 年。

35. 鄭國民：《從文言文教學到白話文教學——我國近現代語文教育的變革歷程》，北京：北京師範大學出版社，2000 年。

36. 康有爲：《大同書》，上海：上海古籍出版社，2005 年。

37. 馬鶴天：《新廣東教育考察日記》，北京國民大學，1924 年。

38. 李宗黃：《模範之廣州市》，商務印書館，1929 年。

39. 丘國鈞編：《廣州市中上學校概況》，出版者不詳，1934 年。

40. 朱謙之：《文化哲學》，上海：商務印書館，1935 年。

41. 樊自覺：《粵桂視察印象記》，中國生存學社，1935 年。

42. 黃文山：《文化學術論文集》，廣州中國文化學會，1938 年。

43. 莊澤宣：《鄉村建設與鄉村教育》，北平：中華書局，1939 年。

44. 孫中山：《孫中山全集》第 9 卷，北京：中華書局，1986 年。

45. 《胡適來往書信選》，北京：中華書局，1979 年。

46. 蔡元培：《蔡元培全集》，北京：中華書局，1984 年。

47. 丁旭光：《孫中山與近代廣東社會》，廣州：廣東人民出版社，1999 年。

48. 羅永明編：《我們的中大》，廣州：中山大學出版社，2001 年。

49. 林礪儒：《林礪儒文集》，廣州：廣東教育出版社，1994 年。

50. 呂達、劉立德編《舒新城教育論著選》，北京：人民教育出版社，2004 年。

51. 毛禮銳：《中國教育史簡編》，北京：教育科學出版社，1984 年。

52. 陳景磐：《中國近代教育史》，北京：人民教育出版社，1979 年。

53. 陳元暉：《中國現代教育史》，北京：人民教育出版社，1979 年。

54. 毛禮銳、沈灌群主編：《中國教育通史（第四卷）》，濟南：山東教育出版社，1988 年。

55. 白光耀：《中國近代學校教育》，北京：北京科學技術出版社，1995 年。

56. 熊明安：《中華民國教育史》，重慶：重慶出版社，1997 年。

57. 李華興：《民國教育史》，上海：上海教育出版社，1997 年。

58. 李國鈞、王炳照總主編：《中國教育制度通史》（第七卷），濟南：山東教育出版社，2000 年。

59. 孫培青主編：《中國教育史》，上海：華東師範大學出版社，2000 年。

60. 張彬：《從浙江看中國教育近代化》，廣州：廣東教育出版社，1996 年。

61. 周鴻、朱漢國主編：《中國二十世紀紀事本末》，濟南：山東人民出版社，2000 年。

62. 傅長祿：《中國現代文化史略》，長春：吉林大學出版社，1991 年。

63. 蔡翔、孔一龍主編：《二十世紀中國通鑒》，北京：改革出版社，1994 年。

64. 《中國全鑒》編委會：《中國全鑒（1900 年～1949 年）》（全六卷）北京：團結出版社，1998 年。

65. 何國華：《民國時期的教育》，廣州：廣東人民出版社，1996 年。

66. 吳宣德：《中國區域教育發展概論》，武漢：湖北教育出版社，2003 年。

67. 鍾叔河等編：《過去的大學》，長沙：長江文藝出版社，2005 年。

68. 夏曉虹編：《追憶梁啟超》，北京：中國廣播電視出版社，1997 年。

69. 陳萬雄：《五四新文化的源流》，北京：三聯書店，1997 年。

70. 唐德剛：《胡適雜憶》，桂林：廣西師範大學出版社，2005 年。

71. 鄒魯：《回顧錄》，長沙：嶽麓書社，2000 年。

72. 梁啟超：《梁啟超全集》，北京：北京出版社，1999 年。

73. 胡適：《胡適文集》，歐陽哲生編，北京：北京大學出版社，1998 年。

74. 蔣廷黻：《蔣廷黻回憶錄》，長沙：嶽麓書社，2003 年。

75. 李宗仁口述，唐德剛撰寫：《李宗仁回憶錄》，桂林：廣西師範大學出版社，2005 年。

76. 程美寶：《地域文化與國家認同：晚清以來「廣東文化」觀的形成》，北京：三聯書店，2006 年。

77. 趙立彬：《民族立場與現代追求：20 世紀 20～40 年代的全盤西化思潮》，北京：三聯書店，2005 年。

78. 廣東民國史研究會編：《廣東民國史》上下冊，廣東人民出版社，2004 年。

79. 黃淑娉主編：《廣東族群與區域文化研究》，廣東高等教育出版社，1999 年。

80. 袁徵：《孔子‧蔡元培‧西南聯大──中國教育的發展和轉摺》，北京：人民日報出版社，2007 年。

81. 廣東炎黃文化研究會編：《嶺嶠春秋：嶺南文化論集（二）》，中國社會科學出版社，1995 年。

82. 張朋園：《梁啟超與民國政治》，臺北，食貨出版社，1978 年。

83. 肖自力：《陳濟棠》，廣東人民出版社，2002 年。

84. 殷海光：《中國文化的展望》上冊，臺北：桂冠圖書公司 1988 年。

85. 王爾敏：《中國近代文化生態及其變遷》，南昌：百花洲文藝出版社，2002 年。

86. 栗洪武：《西學東漸與中國近代教育思潮》，北京：高等教育出版社，2002 年。

87. 朱德發：《中國五四文學史》，濟南：山東文藝出版社，1986 年。

88. 桑兵：《晚清民國的國學研究》，上海：上海古籍出版社，2001 年。

89. 張憲文：《中華民國史》，南京：南京大學出版社，2005 年。

90. 冷德熙：《我們這一個世紀：20 世紀中國的現代化歷程》，北京：中國財政經濟出版社，2001 年。

91. 丁文江、趙豐田編：《梁啓超年譜長編》，上海：上海人民出版社，1983年。

92. 石春帆：《中國工業化通論》，上海：商務印書館，1947年版。

93. 王立新：《美國對華政策與中國民族主義運動（1904～1928）》，北京：中國社會科學出版社，2000年。

94. 尚明軒等：《孫中山生平事業追憶錄》，北京：人民出版社，1986年。

95. 車吉心：《民國軼事》，濟南：泰山出版社，2004年。

96. 夏以洛主編：《中國革命史話》，長沙：湖南少年兒童出版社，1995年。

97. 〔法〕佩雷菲特：《停滯的帝國——兩個世界的撞擊》，北京：三聯書店，1993年。

98. 〔美〕亨特：《廣州「番鬼」錄》，廣州：廣東人民出版社，1993年。

99. 〔英〕簡·愛切生著，徐家禎譯：《語言的變化：進步還是退步？》，北京：語文出版社，1997年。

100. 〔美〕格里德著，魯奇譯：《胡適與中國的文藝復興》，南京：江蘇人民出版社，1996年。

101. 〔日〕深町英夫：《近代廣東的政黨·社會·國家——中國國民黨及其黨國體制的形成過程》，北京：社會科學文獻出版社，2003年。

102. 〔澳〕費約翰：《喚醒中國——國民革命中的政治、文化與階級》，北京：三聯書店，2004年。

103. 〔美〕魏斐德：《大門口的陌生人——1839～1861年間華南的社會動亂》，北京：中國社會科學出版社，1988年。

104. 〔美〕吉爾伯特·羅茲曼主編，《中國的現代化》，南京：江蘇人民出版社，1988年。

105. 〔美〕本尼迪安特.安德森：《想像的共同體——民族主義的起源與散佈》，上海：上海人民出版社，2003年。

106. 〔美〕傑西·格·盧茨著，曾鉅生譯：《中國教會大學史》，杭州：浙江教育出版社，1987年。

107. 〔德〕威廉·馮·洪堡特：《論人類語言結構的差異及其對人類精神發展的影響》，北京：商務印書館，1999年。

108. 〔英〕馬林諾夫斯基：《文化論》，北京：中國民間文藝出版社，1981年。

七、論文

1. 阮眞：《初中國文教材程度的比較研究》，《嶺南學報》第1卷2期。

2. 阮眞：《中學國文課程之商榷》，《嶺南學報》第1卷2期。

3. 容肇祖：《一件反抗讀經的舊事》，《獨立評論》第114期。

4. 容肇祖:《廣州青年的呻吟》,《獨立評論》第 151 期。

5. 崔載陽:《廣東教育幾個問題》,《教育研究》第 72 期,1936 年 12 月。

6. 曾昭森:《初等教育幾個衝突問題》,《教育研究》第 70 期,1936 年 10 月。

7. 陳序經:《廣東與中國》,《東方雜誌》第 36 卷 2 期,1939 年。

8. 陳覺全:《廣州市推行普通話(國語、官話)史略》,《嶺南文史》2000 年第 6 期。

9. 袁徵:《1924～1927 年廣東教育的基本制度與史實》,《學術研究》2001 年第 5 期。

10. 李興韻、袁徵:《國立廣東大學的成因與格局變動》,《華南師範大學學報(社會科學版)》,2006 年第 3 期。

11. 曹琴仙、吳洪成:《中國近代白話文運動與白話文教材》,《課程·教材·教法》2004 年第 7 期。

12. 瞿海燕、易武:《胡適與中國現代語文教育》,《湖南師範大學教育科學學報》2003 年第 1 期。

13. 郭立亞:《語文課程標準研究》,東北師範大學 2003 年度碩士學位論文。

14. 高玉:《語言變革與中國文學現代轉型》,華中師範大學 2000 年度博士學位論文。

15. 趙慧峰:《簡析民國時期的國語運動》,《民國檔案》2001 年第 4 期。

16. 武玉鵬:《20 年代的語文「課程綱要」》,《語文教學通訊》2000 年第 5 期。

17. 吳曉峰:《國語文教科書中的文言白話之爭》,《學術論壇》2005 年第 10 期。

18. 於錦恩:《民國時期官方確定漢民族共同語標準音的歷史回顧與思考》,《雲南社會科學》2004 年第 1 期。

19. 於錦恩:《吳稚暉制定注音字母的指導思想概述》,《語言文字應用》2005 年第 4 期。

20. 村田雄七郎:《五四時期統一國語的論爭——從白話到國語》,《中國の知識人》1999 年 1 月。

21. 劉又辛:《六十年來現代漢語書面語言的發展》,《西南師範學院學報》(人文社會科學版)1979 年第 3 期。

22. 王運來、吳輝陽:《五四運動與中國近代高等教育》,《南京理工大學學報》(社會科學版)2002 年第 5 期。

23. 江明:《影響中國 20 世紀的語文課程綱要——民國時期課程綱要介紹(二)》,《語文教學通訊》2005 年第 9 期。

24. 孟先梅、馮旭洋:《語文教學目的觀的發展——20 世紀上半葉中學語文課程標準研究》,《教學與管理》2005 年第 36 期。

25. 羅玉明：《20 世紀 30 年代文言白話之爭及其影響》，《安徽史學》2004 年第 5 期。

26. 羅志田：《文學史上白話的地位和新文學中白話的走向——後五四時期提倡新文學者的內部論爭》，《近代史研究》2002 年第 2 期。

27. 程美寶：《由愛鄉而愛國——清末廣東鄉土教材的國家話語》，《歷史研究》2003 年，第 4 期。

28. 陳紅民：《胡漢民‧西南政權與廣東實力派（1932～1936）》，《浙江大學學報》（人文社會科學版）2007 年第 1 期。

29. 金以林：《地域觀念與派系衝突——以二三十年代國民黨粵籍領袖爲中心的考察》，《歷史研究》2005 年第 3 期。

30. 喻忠恩：《方志編纂的史學訴求——以《廣州方志》個案爲例》，《中國地方志》2008 年第 7 期。

八、外文資料

1. Mühlhäusler, P(1979). Growth and structre of the lexicon of New Guinea Pidgin. Pacific Linguistics C-52. Canberra: Australian National University.

2. Richard Foster Jones, The Triumph of the English Language: a survey of opinions concerning the vernacular from the introduction of printing to the Restoration, Stanford: Stanford University Press.

3. Garvin, Paul L. 1959: The Standard Language Problem-Concepts and Metheds: Anthropological Linguistics

4. Kuhn Philip A.1970. Rebellion and Its Enemies in Late Imperial China: Militarization and Social Structure, 1796~1864.Cambridge, Mass.

5. Whorf, B.L.The Relation of Habitual Thought and Behavior to Language, in John b. Carrol(ed) language, Thought and Reality: Selected Writings of Benjamin Lee Whorf, Cambridge, Massachusetts: The MIT Press.

6. Yuan Zheng:《The Partification of Education: A Pivotal Turn in Modern Chinese Education, 1924~1929》, Twentieth-Century China, Vol.1, April 2000.